„Boris Meissner, Osteuropa und das Völkerrecht"
zum 100. Geburtstag von Boris Meissner

**11 Beiträge zum
27. Baltischen Seminar 6. – 8. 11. 2015**
in Lüneburg

Herausgegeben von

Hans-Dieter Handrack

Lüneburg 2022

Bibliografische Information der Deutschen Nationalbibliothek:
Die Deutsche Nationalbibliothek verzeichnet diese Publikation in der
Deutschen Nationalbibliografie; detaillierte bibliografische Daten sind im
Internet über http://dnb.d-nb.de abrufbar

Das Seminar wurde veranstaltet von der Carl-Schirren-Gesellschaft in
Zusammenarbeit mit dem Göttinger Arbeitskreis und der Kulturstiftung
der Deutschen Vertriebenen und durch das Auswärtige Amt unterstützt.

Redaktion, Layout und Bildbearbeitung: Hans-Dieter Handrack

Umschlagentwurf: Ilmar Anvelt

Herstellung und Verlag: BoD – Books on Demand, Norderstedt

ISBN: 9783755792000

Vorwort

Vom 6. – 8. November 2015 organisierte ich in Lüneburg eine internationale Tagung, die dem Gedenken an den **100. Geburtstag** des berühmten Ostwissenschaftlers Prof. **Boris Meissner** (1915-2003) gewidmet war und sich sowohl an Völkerrechtler/innen als auch an historisch und politisch Interessierte richtete. Mit Lüneburg war Boris Meissner dadurch verbunden, dass er viele Jahre in Lüneburg zum Vorstand der **Carl-Schirren-Gesellschaft** gehörte, die zusammen mit der **Kulturstiftung der deutschen Vertriebenen** und dem **Göttinger Arbeitskreis**, deren Präsident er fast vier Jahrzehnte war, diese Tagung veranstaltete. Mich persönlich verband eine vier Jahrzehnte lange Bekanntschaft und Freundschaft mit Boris Meissner: er war Ehren-Präsident der **Baltischen Gesellschaft in Deutschland**, als ich dort Präsident war, er holte mich auch in den Göttinger Arbeitskreis; eine besondere Beziehung entstand auch dadurch, dass er als Angehöriger der Dorpater Corporation **Neobaltia** bis zu seinem Tode auch Mitglied der Altherrenschaft der **Curonia Goettingensis** war.

Referenten aus Deutschland und Osteuropa hatten den 100. Geburtstags Boris Meissners zum Anlass genommen, seine Werke und sein Wirken zu würdigen und in Beziehung zu setzen zu den aktuellen völkerrechtlichen Problemen in Osteuropa. Nicht zuletzt die aktuelle Situation in der **Ukraine** hat die Bedeutung völkerrechtlicher Normen für das Zusammenleben von Staaten und Völkern wieder deutlich gemacht. Die in diesem Band vereinten Beiträge sind thematisch genauso breit angelegt wie die vielseitigen Interessensgebiete Boris Meissners.

Hans-Dieter Handrack

INHALTSVERZEICHNIS

Niels v. Redecker:
Boris Meissner und das Auswärtige Amt

Boris Meissner wurde in einer Würdigung einmal als „Phänomen"
bezeichnet. Ich selber lernte den Doktorvater meines eigenen Dok-
torvaters kennen, als er bereits 80 Jahre alt war. Das war vor genau
zwanzig Jahren auf einer Tagung in Travemünde. Seitdem bin auch
ich fasziniert vom **Phänomen Boris Meissner:** Seiner intellektuellen Neugier, seiner sozialen Umtriebigkeit und seiner menschlichen
Anteilnahme, die auch am Ende einer großen Karriere so gar nichts
Abgehobenes hatten, sondern großväterlich-bescheiden daherka-
men.

Auf der einen Seite war Boris Meissner **Großintellektueller**, Hoch-
schullehrer und Publizist. Ich habe diese Woche einmal in das „Lexikon deutschbaltischer Wissenschaftler" von Bastian Filaretow ge-
schaut. Sein Schriftenverzeichnis ist mit Abstand das längste. Meissner war hochspezialisiert und galt über Jahrzehnte als ein führen-
der Sowjetologe nicht nur in Deutschland, sondern weltweit. Zugleich war er breit gebildet. Er betrachtete seinen Forschungs-ge-
genstand unter ganz verschiedenen Blickwinkeln. Zum Beispiel als
Völkerrechtler, Historiker, Volkswirt, Politologe und Systemforscher.

Boris Meissner war aber auch ein **außenpolitischer Praktiker**, der
unsere Beziehungen zur Sowjetunion über Jahre hinweg prägte wie
kaum ein anderer. Für seine **Verdienste** um die außenpolitischen
Beziehungen der Bundesrepublik wurde er 1979 mit dem Bundesverdienstkreuz Erster Klasse ausgezeichnet, und anschließend
noch zweimal bis zum „Großen Bundesverdienstkreuz mit Stern"
hochgestuft – ein äußerst seltener Vorgang in der protokollarischen
Praxis.

Aus Anlass seines 100. Geburtstags möchte ich heute diesen letzteren Aspekt in Erinnerung rufen. Also den **Diplomaten Boris Meissner**. Hierfür habe ich mich ins Politische Archiv des AA begeben
und die Fragen gestellt: *Was zeichnete den Diplomaten Boris*

Meissner aus und wie verlief seine Karriere im Auswärtigen Amt? In einem zweiten Teil will ich dann auch mit einigen Thesen der Frage nachgehen: *Was können wir heute von Boris Meissner lernen?*

<u>Zunächst zur Frage:</u> **Was zeichnete den Diplomaten Boris Meissner aus?**

Rückblickend ist es vielleicht sein größtes Verdienst, dass er die Welt des Großintellektuellen mit der des Diplomaten in Einklang brachte. Er suchte immer den **Brückenschlag** zwischen beiden Welten, die er jede für sich auf das Vortrefflichste verkörperte. Er war zugleich abgeklärter Wissenschaftler und aufgeklärter Diplomat. Einerseits verlor er bei seinen wissenschaftlichen Abhandlungen nie die praktische Bedeutung seiner Erkenntnisse aus dem Blick und wusste um Möglichkeiten und Grenzen deutscher Außenpolitik zu Zeiten des Kalten Krieges. Andererseits machte er als Diplomat seinen ungeheuren Erkenntnisfundus für seinen Dienstherrn nutzbar und verwandelte ihn in konkrete Verhandlungspositionen.

Hierfür möchte ich <u>einige Beispiele</u> nennen:

1. Meissner wurde 1953 unter **eigenartigen Bedingungen** in den Diplomatischen Dienst der Bundesrepublik aufgenommen. Er war bereits ein etablierter Wissenschaftler und Russlandkenner und wurde auch als solcher behandelt. Er brachte seine private wissenschaftliche Bibliothek von ca. 3.000 Büchern und eine Kartothek von 20.000 Karten mit in den Dienst ein. 20.000 Karten – das würde heute auf einen USB-Stick passen. Damals hingegen war sein „Zettelkasten" in zwei großen Schränken untergebracht, hinzu kamen 100 Regalmeter Bücher. Meissner hat sich beim Eintritt in das AA ein Privatbüro in seiner Wohnung ausbedungen, für das der Arbeitgeber aufzukommen hatte. Das Auswärtige Amt akzeptierte. Ein solcher Vorgang wäre heute schwer vorstellbar, aber war auch damals eher ungewöhnlich.

Für das AA hat sich dieses Entgegenkommen mehr als ausgezahlt. Meissner legte in den folgenden Jahren den Grundstein für die Sowjet-Expertise des Hauses. Bereits wenige Monate nach seiner

Einstellung wurde ihm 1954 die Leitung des Sowjetunion-Referats und damit auch das sog. „Ost-Lektorat" übertragen. Hier hatte er eine wahre **Aufbauarbeit** zu leisten. Zumal es damals noch keine Botschaften und Generalkonsulate in der Sowjetunion gab. Meisner musste sich auf andere Informationsquellen stützen. So bestellte er insgesamt 14 Zeitungen aus den Bundesrepubliken der Sowjetunion und las sie auch alle regelmäßig. Lange vor Internet und anderen technischen Erleichterungen erstellte er eine Personal- und Sachkartei zur Sowjetunion, die schon nach einem Jahr ca. 40.000 Karten aufwies. Außerdem erstellte und pflegte er eine Dokumentensammlung zum sowjetischen Paktsystem in Europa und Asien. Die neuen Einträge in seinem so genannten „**Ostpakt-System**" wurden auch im Kanzleramt mit Interesse gelesen.

2. Als weiteres Beispiel für den Brückenschlag zwischen Wissenschaft und Politik möchte ich zitieren aus seiner umfangreichen und damals hochaktuellen Abhandlung zur sowjetischen Deutschlandpolitik, die im Februar 1953 gewissermaßen sein „Bewerbungsschreiben" für die Aufnahme ins Auswärtige Amt war. Hier beschrieb er, warum die **genaue Kenntnis** der sowjetischen Deutschlandpolitik und der sowjetischen Völkerrechtstheorie und -praxis so wichtig sei:

„Die Schaffung einer dauerhaften Friedensordnung in Europa setzt eine Wiederherstellung der gesamtdeutschen Einheit voraus, die nur auf Grund eines Interessenausgleichs zwischen West und Ost erhofft werden kann. Zu einem solchen Ausgleich kann das deutsche Wissen um die Probleme und Methoden des Ostens im Rahmen eines Verhandlungsfriedens wesentlich beitragen. Möge das vorliegende Werk mithelfen, dieses Wissen zu vermehren, um auf dem Wege zu einer gesamteuropäischen Friedensregelung als zuverlässiges Orientierungsmittel zu dienen."

Anfang 1953, lange vor der Brandt'schen Ostpolitik, dem KSZE-Prozess und den 2+4-Verhandlungen, skizzierte er den Weg zur deutschen Wiedervereinigung. Einen Weg, der eine aufgeklärte Außenpolitik erforderlich machte. Eine genaue Kenntnis des

Gegenübers auf der anderen Seite des Verhandlungstisches. Und einen Weg, auf dem er selber später wesentliche Meilensteine gesetzt hat. Nicht nur als Diplomat, sondern auch als Wissen-schaftler, der zeitlebens auf das Engste mit dem Auswärtigen Amt verbunden blieb. Ich denke etwa an die von ihm initiierte **Gründung des legendären BIOst**, des Bundesinstituts für Ostwissenschaftliche Studien 1961, das über Jahrzehnte unser wichtigster Think Tank für Fragen des Sowjetsystems und unserer östlichen Nachbarn war.

Erklärtes Ziel war für ihn aber nicht nur die deutsche Wiedervereinigung, sondern eben auch eine „dauerhafte **Friedensordnung in Europa**", und zwar in West <u>und</u> Ost. Die haben wir heute immer noch nicht erreicht, auch wenn Einige sich in den 1990er Jahren hier schon am Ziel wähnten. Die völkerrechtswidrige Annexion der Krim durch Russland im Jahr 2014 und Versuche zur Destabilisierung der Ostukraine belehren uns hier eines Anderen. Meissners Plädoyer für eine intime Kenntnis der „Probleme und Methoden des Ostens" als Orientierungsmittel auf dem Weg zu einer gesamteuropäischen Friedensordnung bleiben insoweit aktuell. Es ist kein Zufall, dass das Auswärtige Amt aktuell versucht, an die Traditionslinie des im Jahr 2000 geschlossenen BIOst anzuknüpfen und mit Bundesmitteln ein **neues Institut für Osteuropaforschung** aus der Taufe zu heben. Ein Blick ins Politische Archiv zeigt, dass hier noch einige Geburtswehen bevorstehen könnten. Beim BIOst dauerte die Suche nach dem ersten Geschäftsführer fast drei Jahre.

1. Lassen Sie mich ein letztes Beispiel für den von Meissner zeitlebens verkörperten Ansatz nennen, also für eine an Völkerrecht und Wissenschaft orientierte Außenpolitik. Für die Würdigung seines Lebenswerks ist dieses Beispiel vielleicht das bedeutsamste. Es geht um die völkerrechtliche **Nichtanerkennung der sowjetischen Annexion der drei baltischen Staaten**.

Diese Doktrin war von Meissner mit seiner Doktorarbeit aus dem Jahr 1956 nicht begründet worden. Das waren mit Blick auf die deutsche Praxis v.a. Meissners akademische und berufliche Ziehväter

Rudolf von Laun und **Wilhelm Grewe**. Aber Meissner hat diese Doktrin, die kurz nach Gründung der Bundesrepublik zur außenpolitischen Praxis wurde, mit seiner juristischen Promotion wissenschaftlich untermauert. Und damit den Grundstein gelegt für einen Brückenschlag, der bis zur Wiederherstellung der diplomatischen Beziehungen mit den baltischen Staaten 1991 reichte.

Wir haben hier einen Fall einer seltenen **strategischen Langlebigkeit**, fast möchte man sagen: Hartnäckigkeit. Meissner hat aktiv dazu beigetragen, die Doktrin aufrecht zu erhalten und zu verhindern, dass sie Opfer politischer Opportunität wurde. Er tat dies auf der wissenschaftlichen Schiene mit zahlreichen Vorträgen und Abhandlungen. Er tat dies aber auch als Referatsleiter „Sowjet-union" im AA. Er war es, der darauf drang, dass bei den Verhandlungen mit der Sowjetunion über die Aufnahme diplomatischer Beziehungen am 13. September 1955 ein **territorialer Vorbehalt** eingelegt wurde. Ein Vorbehalt, der nicht nur die deutschen Ostgebiete betraf, sondern eben auch die Annexion der baltischen Staaten. Ein Vorbehalt, der nachfolgend von allen Bundesregierungen stets berücksichtigt wurde.

<u>Nun zur Frage:</u> **Wie verlief Meissners Karriere im Auswärtigen Amt?**

Boris Meissners Karriere im Auswärtigen Amt von 1953 bis 1959 war spät, schnell und steil. Sie endete schlagartig mit seinem Wechsel zurück in die Wissenschaft, als er einen Ruf an die Universität Kiel erhielt.

Blickt man auf diese sechs Jahre im AA, so waren sie gewiss nicht die langweiligste Zeit seines Lebens. Als er im reiferen Alter von 37 Jahren am 16. Mai 1953 in den Dienst des neu gegründeten Auswärtigen Amts eintrat, wurden seine Kenntnisse auf den Gebieten der Sowjetunion, des Völkerrechts und Ostrechts sowie seine Sprachkenntnisse dringend gebraucht. Bereits wenige Monate nach Dienstantritt war er Mitglied der von Professor Grewe geleiteten Beobachter-Delegation bei der ersten Viermächtekonferenz über

Deutschland. Auch an den drei Folgekonferenzen bis 1959 nahm er teil.

Anfang 1956 wurde der frisch gebackene Gesandtschaftsrat an die neu eingerichtete Botschaft Moskau versetzt. An der Botschaft arbeiteten in den ersten Monaten ihrer Tätigkeit offenbar überhaupt keine Russland-Experten. Der Botschafter schrieb sogar, er sei auf die Expertise vorübergehend in Moskau anwesender Journalisten angewiesen, z.B. auf Klaus Mehnert. Allerdings verzögerte sich der Dienstantritt des sehnlichst erwarteten Russlandkenners Meissner in Moskau zunächst ein wenig. Denn die Zentrale wollte den Sowjetunion-Experten nicht ziehen lassen.

Erst am 7. Juni 1956 trat Meissner seinen Dienst in Moskau an. Seine **Familie** musste er in Niederdollendorf zurücklassen, was ihm sicher nicht leichtfiel. Wie stark der Eintritt in den Diplomatischen Dienst eine existenzielle Veränderung bedeutet, zeigte sich im Fall Boris Meissner daran, dass seine Mutter aus Anlass der Versetzung ihres Sohnes nach Moskau die Sowjetzone verlassen und nach Bonn ziehen musste. 1957, also im vierten Jahr nach dem Eintritt in den diplomatischen Dienst, wurde Meissner zum Beamten auf Lebenszeit ernannt und wenig später zum **Gesandtschaftsrat Erster Klasse** befördert. Das entspricht nach heutigem Dienstrecht ungefähr dem Vortragenden Legationsrat Erster Klasse, also Ministerialrat (A16).

Während Meissner an der Botschaft Moskau tätig war, gab es eine intensive politische **Berichterstattung.** Allerdings lässt sich sein Beitrag hierzu aus den Akten schwer nachvollziehen. Anders als heute war es damals unüblich, die Verfasser der Drahtberichte zu nennen: Nur der Botschafter unterschrieb.

Politisch waren die Jahre nach Stalins Tod äußerst spannend und standen auch im Zeichen der Unruhen in den Satellitenstaaten der Sowjetunion. Einmal wurde die Botschaft von staatlich organisierten **Demonstranten** belagert, die Steine auf das Gelände warfen und Fenster zertrümmerten. Es war eine Reaktion auf Ausschreitungen ungarischer Demonstranten vor der Sowjetbotschaft in Bad Godesberg.

Meissner wurde bereits im März 1958 wieder zurück in die Zentrale gerufen und war bis zu seinem Ausscheiden aus dem Auswärtigen Amt **Leiter der zwei Strukturreferate** der Ostabteilung (Referate 703 und 704). Aus dieser Zeit sind umfangreiche politische Aufzeichnungen zur Lage in der Sowjetunion erhalten, die Boris Meissner für die Leitung des Hauses erstellte, etwa zu Wendungen der Sowjetunion in der Deutschland- und Europapolitik, zur Bildungsreform oder zur Ablösung des Primats der Innenpolitik durch eine proaktivere Außenpolitik unter Chruschtschow. In einer seiner Analysen macht Meissner 1959 z.B. drei konstante Ziele der Moskauer Deutschland- und Europapolitik aus: Neutralisierung und Herauslösung der Bundesrepublik aus dem westlichen Bündnissystem; dadurch Schwächung der Widerstandskraft des freien Teils Europas; schließlich Herbeiführung eines „kalten Staatsstreichs" in einer von der übrigen westlichen Welt isolierten Bundesrepublik.

Seine **wissenschaftliche Tätigkeit** betrieb er in seinen Jahren im AA weiter. So wurde er am 14.12.1955 an der Universität Hamburg promoviert zum Thema „Die sowjetische Intervention im Baltikum und die völkerrechtliche Problematik der baltischen Frage". Die mündliche Prüfung war am 13. Juni 1956. Die **Dissertation** wurde als Buch unter dem Titel „Die Sowjetunion, die baltischen Staaten und das Völkerrecht" veröffentlicht und ist seither das Referenzwerk zur Nichtanerkennung der völkerrechtswidrigen Annexion der baltischen Staaten durch die Sowjetunion. 1956 nahm er an einer **Sowjetologen-Tagung** in Bad Münstereifel teil, die führende Ostforscher aus der ganzen Welt versammelte. Im Juni 1957 an der Folgekonferenz an der Universität Oxford, die die Veränderungen in der sowjetischen Gesellschaft zum Thema hatte.
Am 31. Oktober 1959 schied Boris Meissner aus dem Bundesdienst aus und übernahm am Folgetag eine Professur an der Uni Kiel. Der Dienstherr war von dieser Entscheidung überrascht. Immerhin drohte der beste Kenner des Sowjetsystems dem Auswärtigen Amt an die Wissenschaft verloren zu gehen bzw. in den Schoß der Alma Mater zurückzukehren.

Bemerkenswert ist, dass Meissner einen **Rückfahrschein** erhielt: Das AA war, auf seine Bitte hin, bereit, ihn nach Beendigung seiner Lehrtätigkeit wieder zu übernehmen. Meissner löste diesen Fahrschein, der ihm in der neuen Verwendung eine große Unabhängigkeit gab, nie ein. Aber die **Nähe zum Auswärtigen Amt** behielt er zeitlebens bei. Bereits bei seinem Ausscheiden wurde eine Beratertätigkeit für die Ostabteilung des AA vereinbart – zweimal im Monat für jeweils drei Tage bei Beibehaltung der zugewiesenen Bundeswohnung sowie eines Arbeitsraums im AA und Nutzung des Sekretariats. Mit dieser ehrenamtlichen Beratertätigkeit behielt Meissner ein Bein im AA, und im Übrigen auch ein Bein im Rheinland. Außerdem blieb er persönlich eng verbunden mit seinen früheren Kollegen, nicht zuletzt mit dem späteren Staatssekretär **Andreas Meyer-Landrut** und mit **Berndt von Staden**, seinem Stellvertreter und Nachfolger als Leiter des Sowjetunion-Referats, 1981-83 ebenfalls Staatssekretär im Auswärtigen Amt.

Boris Meissner hat in den Folgejahren immer wieder zahlreiche wissenschaftliche **Auftragsarbeiten** für das Auswärtige Amt durch-geführt und sich auch mit eigenen Projekten um eine Förderung durch das AA beworben. Er hat auch im Auftrag des Auswärtigen Amts mehrere **Studienreisen** durch die Einflussgebiete der Sowjetunion durchgeführt, die ihn 1960 nach Süd- und Südostasien sowie nach Fernost und 1963 nach Schwarzafrika und in den Nahen Osten führten. Ausführliche Reiseberichte sind im Politischen Archiv des Auswärtigen Amts erhalten. Sie belegen ein **weltweites Netz von Kontakten** über Sprach- und Kulturgrenzen hinweg.

Insgesamt lässt sich festhalten, dass Boris Meissners **schneller Aufstieg** im AA umrahmt war von den jeweils besonderen Bedingungen seines Eintritts in den Diplomatischen Dienst und seines Abschieds auf Raten, die seiner Ausnahmestellung als Russland-kenner und seiner Doppelfunktion als Diplomat und Wissenschaftler Rechnung trugen. Meissner war aus Sicht des Auswärtigen Amts ein diplomatischer Komet, der nicht verglühte, sondern sich verwandelte in einen **Fixstern** am östlichen Firmament deutscher Außenpolitik.

Als Vertreter des Auswärtigen Amts möchte ich den Ausrichtern dafür danken, dass dieses Seminar ganz im Zeichen des **100. Geburtstags** von Boris Meissner steht. Daher haben wir auch sehr gerne die finanzielle Förderung dieser Veranstaltung übernommen.

<u>Zum Schluss ein paar Anmerkungen zur Frage:</u>
„Was können wir heute von Boris Meissner lernen?"

Diese Frage ist gewissermaßen selbstreflexiv. Hilft sie uns wirklich weiter bei den aktuellen Überlegungen, wie wir uns außenpolitisch noch besser aufstellen können? Ich denke schon – solange wir bei diesem vergleichenden Blick auf die Schaffenszeit Boris Meissners die grundverschiedenen politischen und gesellschaftlichen Rahmenbedingungen und die völlig anders gelagerten außenpolitischen Herausforderungen in Rechnung stellen.

Die Bereitschaft zu einer solchen Selbstvergewisserung ist jedenfalls derzeit im AA sehr hoch. Unser Minister Frank-Walter Steinmeier hat letztes Jahr einen **Review-Prozess** auf den Weg gebracht, der bereits Früchte trägt. Wir wollen auf die Herausforderungen des 21. Jahrhunderts angemessen reagieren können. Insbesondere Krisenprävention und Konfliktlösung mit diplomatischen Mitteln sind ständige Herausforderungen. Wir haben dafür zwei neue Abteilungen gegründet. Wir sind seit ein, zwei Jahren gewissermaßen in einer **Gründungsphase**, in der alte Gewissheiten deutscher Außenpolitik in Frage gestellt werden und in der wir eine Neuorientierung vornehmen. Insofern kann man die Zeit heute mit der Gründungszeit der 50er Jahre, an der Boris Meissner aktiv beteiligt war, ein Stück weit vergleichen – mit den Einschränkungen, die ich eben angedeutet habe.

Das Besondere am **Review-Prozess** ist, dass er partizipativ angelegt ist. Es gibt eine Atmosphäre der offeneren Kommunikation, die auch kritische Selbstreflexion zulässt. Alle Mitarbeiter können sich am Review beteiligen, aber auch die Öffentlichkeit. Wir suchen gezielt Anregung von außen, geben Studien in Auftrag und versuchen, uns noch besser zu vernetzen. Außenminister Steinmeier beginnt beispielsweise dieser Tage einen strategischen Dialog mit den

privaten Stiftungen. Und wir schauen in dem Prozess der Nachjustierung nicht nur nach vorn, sondern gelegentlich auch zurück: Was hat sich bewährt? Was sollte wiederbelebt werden? Auch die geplante Neugründung eines **Instituts für Osteuropaforschung** mit Mitteln des Auswärtigen Amts steht in diesem Kontext.

Was können wir also aus dem Fallbeispiel Boris Meissner lernen? Hier einige Thesen als Denkanstöße und Beiträge zur weiteren Diskussion:

1.Mehr Spezialisierung zulassen: Das Generalisten-Prinzip war stets das Leitbild für die Diplomaten des Auswärtigen Amts. So ist es auch weiterhin. Allerdings zeigt das Beispiel Boris Meissner, dass mit den außenpolitischen Herausforderungen auch die Anforderungen an die Mitarbeiter wachsen. Die deutsche Außenpolitik zu den beiden damaligen Grundproblemen, zur deutschen Frage und zur Sowjetunion, wäre ohne einen solchen Sachverstand wie den von Boris Meissner flach und wirkungslos geblieben. Dies gilt umso mehr in einer **hoch arbeitsteiligen und immer komplexeren Welt**. Zu Zeiten des Kalten Krieges war die Welt gewissermaßen überschaubar. Alle Außenpolitik stand im Zeichen des Systemgegensatzes. Heute brauchen wir noch mehr Spezialisten als früher – mit fachlicher und regionaler Expertise für ganz unterschiedliche Gebiete. Wir werden den multiplen Krisen des 21. Jahrhunderts nur durch Generierung von und Zugriff auf jeweiliges **Spezialwissen** gerecht, z.B. in Sachen atomarer Abrüstung, Cyberkriminalität, Klimawandel, islamischer Terrorismus, Russland, Iran, Funktionsweise der EU oder Finanzökonomie.

2. Besseres Wissensmanagement: Wir müssen in den eigenen Reihen Fachkenntnisse vorhalten, aber auch Expertise von außen ins Amt bringen. Ein flexibleres Dienstrecht dient diesem Ziel. Das Beispiel Meissner zeigt, wie ein absoluter Experte über Jahrzehnte eng in die Arbeit des AA eingebunden werden konnte, obwohl er bei uns nur sechs Jahre als Beamter im Einsatz gewesen war. Er stellte bei seinem Dienstantritt quasi seinen gesamten Erkenntnisfundus in den Dienst des Auswärtigen Amts. Tatsächlich beschäftigt sich derzeit ein Projektteam im AA bei der Umsetzung unseres Reviews mit der Frage eines verbesserten Wissensmanagements. Hier geht es darum, das vorhandene Wissen und bestehende Fähigkeiten der Mitarbeiter zu mobilisieren. Wir wollen so eine noch bessere Basis für außenpolitische Analyse und Entscheidungsfindung schaffen.

3. Vernetzung: Wir müssen für die wachsende Zahl an Themen und Regionen, die im Fokus deutscher Außenpolitik stehen, jeweils „Communities" schaffen: ein stabiles Netzwerk mit persönlichen Kontakten und institutioneller Tiefe. Boris Meissner hat seinen **Gründergeist** nicht nur im AA zur Geltung gebracht, etwa mit dem Aufbau der politischen Abteilung der Botschaft Moskau und der sog. Strukturreferate zur Sowjetunion im AA. Er hat auch jahrzehntelang die Wissenschaftslandschaft und die **ost- und außenpolitische Community** mit auf- und ausgebaut. Er war z.B. Gründer des Osteuropaseminars an der Uni Köln, Gründer des BIOst, jahrzehntelanger Vorsitzender des Göttinger Arbeitskreises, Mitglied in zahlreichen Lenkungsausschüssen, Arbeitskreisen, Studiengesellschaften und wissenschaftlichen Vereinigungen. Kurz gesagt: Er hat das gemacht, was ein Diplomat beherrschen muss – Menschen zusammenbringen, Gesprächsformate schaffen, den Dialog suchen und fördern. **Öffnung und Vernetzung** stehen auch bei unserem Review-Prozess im Fokus.

4. Recht als Ordnungsrahmen: Das zwischen den Staaten vereinbarte Recht, also das Völker- und Europarecht, bilden einen soliden Rahmen und eine Richtschnur für unser außenpolitisches Handeln. Es zahlt sich aus, den Ordnungsrahmen, den uns das Recht vermittelt, nicht aus Gründen tagespolitischer Opportunität aufzugeben. Manchmal ist hierfür ein sehr langer Atem notwendig. Boris Meissner hat im Fall der Nichtanerkennung der Annexion der baltischen Staaten über Jahrzehnte hinweg am Anspruch auf die Geltung des Rechts festgehalten. In Zeiten multipler Krisen gilt der Grundsatz, dass an den vereinbarten Regeln festzuhalten ist, umso mehr. Er ist auf alle Krisen anwendbar, sei es die Staatsschuldenkrise, die Griechenlandkrise, die Ukrainekrise oder aktuell die Flüchtlingskrise.

Alfred Eisfeld:

Boris Meissner und der Göttinger Arbeitskreis,
seine Nachwirkungen in Wissenschaft und Politik

Boris Meissner ist bekanntlich in der Familie eines deutschbaltischen Juristen in Pskov (Pleskau) zur Welt gekommen.[1] Der erste Lebensabschnitt war auf das Engste mit der Stadt Pärnu verbunden, in der er das Deutsche Private Gemeinschaftsgymnasium absolvierte. Danach folge ein Studium an der Universität Dorpat (Tartu), das er 1934 mit dem Diplom in Wirtschaft abschloss. 1939 setzte er sein Studium an der Universität Dorpat fort. Er widmete sich den Rechtswissenschaften, doch die große Politik setzte der Friedenszeit schon bald ein Ende.

1939 schlossen das Deutsche Reich und die Sowjetunion den Nichtangriffspakt, teilten Ostmitteleuropa in Einflusssphären auf und leiteten einvernehmlich eine "ethnische Entflechtung" beiderseits der Demarkationslinie von der Ostsee bis zum Schwarzen Meer ein. Die deutschen Minderheiten jenseits der Reichsgrenze wurden von Reichsführer A. Hitler in seiner Reichstagsrede am 6.10.1939 bekanntlich als Störfaktor in den zwischenstaatlichen Beziehungen bezeichnet, den es zu beseitigen galt.

Boris Meissner hat am eigenen Leib erleben müssen, was das bedeutet. Die Umsiedlung nach Posen und die Einberufung in die Wehrmacht, fast 5 Jahre Kriegsteilnahme (1940-1945) und die britische Kriegsgefangenschaft prägten ihn als Menschen und machten das Osteuropäische Recht zum Schwerpunkt seines wissenschaftlichen Interesses.

---

[1] Professor Dr. Dr. h.c. Boris Meissner †, in: www.iorr.uni-koeln.de/11473.html?&L=0;
Boris Meissner - Internet-Auftritt der Baltischen Historischen Kommission www.balt-hiko.de/mitglieder/nachrufe/boris-meissner/; Boris Meissner, in: www.gelehrtenverzeichnis.de/.../244f75ba-b4e7-eae0-f277-4e4ba9094e...
Als Geburtsort wurde die Stadt Pleskau, Sowjetunion, angegeben, die es 1915 noch nicht gab.

Seine wohl bedeutendste wissenschaftliche Arbeit aus den frühen 1950er Jahren war die 1954 erschienene Dissertation *"Die Sowjetische Intervention im Baltikum und die völkerrechtliche Problematik der baltischen Frage"*. 1956 erschien sie in Buchform unter dem Titel: *"Die Sowjetunion, die baltischen Staaten und das Völkerrecht"*. Dieses Werk gilt als juristischer Nachweis dafür, dass die Besetzung und Angliederung der Baltischen Staaten durch die Sowjetunion ungerecht-fertigt war und einen Bruch des Völkerrechts darstellte.

Ohne den nachfolgenden Referenten vorzugreifen, muss an dieser Stelle aber doch wenigsten erwähnt werden, dass Boris Meissner von 1953 bis 1959 in Diensten des Auswärtigen Amtes stand. Als Leiter des Referats Sowjetunion gehörte er der deutschen Beobachter-Delegation auf den Außenministerkonferenzen von Berlin (Februar 1954) und von Genf (Juli und November 1955) an. Im September 1955 gehörte er der Delegation von Konrad Adenauer an, die in Moskau über die Freilassung der deutschen Kriegsgefangenen verhandelte. Im Frühjahr 1956 wurde Boris Meissner Gesandtschaftsrat an der Deutschen Botschaft Moskau.

Auf den Dienst im Auswärtigen Amt folgte von 1959 bis 1964 die Tätigkeit als Ordinarius für Ostrecht, Politik und Soziologie Osteuropas und Direktor des Seminars für Politik, Gesellschaft und Recht Osteuropas der Universität Kiel. In diese Zeit (1961) fällt auch die Berufung zum Gründungsvorsitzenden des wissenschaftlichen Direktoriums des Bundesinstituts für ostwissenschaftliche und internationale Studien in Köln.[2] 1964 folgte Prof. Meissner einem Ruf der Universität Köln, wurde Ordinarius für Ostrecht und Direktor des Instituts für Ostrecht der Universität Köln bis 1985.

---

[2]   Meissner, B.: Die Entwicklung des Göttinger Arbeitskreises e. V. seit 1946 und sein Beitrag zur Osteuropaforschung, in: 50 Jahre Göttinger Arbeitskreis e. V. Hrsg.: B. Meissner, A. Eisfeld. Göttingen 1999, S. 23. Ausführlich dazu: Meissner, B.: Die deutsch-sowjetischen Beziehungen von 1941 bis 1967, in: Jahrbuch der Albertus-Universität zu Königsberg/Pr. Bd. XVIII. Hrsg.: Der Göttinger Arbeitskreis. Würzburg 1968, S. 42-44.

Dies sind nur einige Stationen der beruflichen Laufbahn von Boris Meissner, doch sie verdeutlichen seine hohe wissenschaftliche Reputation und die Nähe zu politischen Entscheidungen.

Der Göttinger Arbeitskreis, zu dessen Präsidenten Boris Meissner 1965 gewählt wurde, sollte für 35 Jahre (bis 2000) zu einem seiner Instrumente des Wissenschaftsmanagements werden. Er wählte Themen für die 1966 bis 1973 jährlich in Göttingen und von 1974 bis 1996 in der renommierten Akademie der Wissenschaften und der Literatur zu Mainz durchgeführten Wissenschaftlichen Jahrestagungen. Dabei ging es vor allem um die Ost-West-Beziehungen, die Deutschlandfrage und die Entwicklung in der DDR. So machte er auf der Wissenschaftlichen Jahrestagung des Göttinger Arbeitskreises 1967 den "Vorschlag eines bilateralen Friedenspaktes zwischen der Bundesrepublik Deutschland und der Sowjetunion, der die Bereitschaft der Sowjetunion zur Freigabe der DDR erhöhen sollte".[3] 1998 schrieb Meissner rückblickend: "Als Mitglied der Expertengruppe im Bundeskanzleramt habe ich den Vorschlag, der Sowjetunion einen zweiseitigen "Großen Vertrag" anzubieten, wiederholt. Er ist von Bundeskanzler Kohl aufgegriffen worden und hat dazu beigetragen, die Ablehnung der Sowjetführung gegen die Einbeziehung des vereinigten Deutschland in die NATO zu überwinden."[4] Im weiteren Verlauf wurde am 19. September 1990 der Vertrag "Über gute Nachbarschaft, Freundschaft und Zusammenarbeit zwischen der Bundesrepublik Deutschland und der Sowjetunion" paraphiert.

Boris Meissner teilte 1996 die Entwicklung des Göttinger Arbeitskreises rückblickend in 3 Phasen ein:

I. Von der Gründung des Göttinger Arbeitskreises bis zu den Ostverträgen

II. Von den Ostverträgen bis zur Wiedervereinigung Deutschlands

---

[3] Meissner, B.: Die Entwicklung des Göttinger Arbeitskreises e. V. seit 1946 und sein Beitrag zur Osteuropaforschung, in: 50 Jahre Göttinger Arbeitskreis e. V. Hrsg. B. Meissner, A. Eisfeld. Göttingen 1999, S. 27.
[4] Ebenda

III. Von der Wiedervereinigung und dem Zerfall der Sowjetunion
bis zur Gegenwart (1996).
Diese Phase kann man bis 1999 verlängern, bis nach dem
Regierungswechsel in Berlin eine Neuordnung im Bereich der
Forschungs- und Kultureinrichtungen, die nach § 96 BVFG
gefördert wurden, begann.

IV. Die Phase der Neuordnung des Bereichs des § 96 BVFG bis
zur Gegenwart.

Nachstehend soll nicht die Anzahl und der Inhalt der Konferenzen
und Publikationen[5] analysiert, sondern auf die Bedeutung Meissners für die jeweilige Periode in gebotener Kürze eingegangen
werden.

I. Von der Gründung des Göttinger Arbeitskreises bis zu den Ostverträgen

Das Festhalten an der Gültigkeit der Grenzen Deutschland von
1937, die Präsenz der Millionen von Heimatvertriebenen aus den
ostdeutschen Provinzen und deren starke emotionale Bindung an
ihre Heimat bildeten sozusagen den Boden, auf dem der Göttinger
Arbeitskreis in dieser Phase seine Aktivitäten entwickelte. Der damals vorherrschende Geist kam wohl am eindrucksvollsten in der
Charta der deutschen Heimatvertriebenen mit dem Verzicht auf Rache und Vergeltung sowie dem Bekenntnis zum freien Europa zum
Ausdruck, die im Göttinger Arbeitskreis formuliert wurde. Dank der
Förderung durch das Bundesministerium für Vertriebene, Flücht-
linge und Kriegsgeschädigte konnten bis zu 28 Personen hauptamt-
lich in Göttingen beschäftigt werden. 409 Publikationen, teils in
mehreren Sprachen, waren der publizistische Ertrag. Der Göttinger
Arbeitskreis hat mit seinen Publikationen ganz wesentlich dazu beigetragen, dass die Geschichte und Kultur Ost- und Westpreußens

---

[5] Übersicht über die Konferenzen und Publikationen des Göttinger Arbeitskreises
e. V. siehe in: 50 Jahre Göttinger Arbeitskreis e. V. Hrsg. von B. Meissner und
Alfred Eisfeld. Göttingen, 1999. S. 83-132; 10 Jahre Institut für Deutschland- und
Osteuropaforschung des Göttinger Arbeitskreises e. V. Forschungs- und Publika-
tionsbericht. Red.: S. Eichwald. Göttingen 2001, S. 35-112; www.goettinger-ar-
beitskreis.de (Rubriken: Publikationen, Veranstaltungen).

sowie Schlesiens im Bewusstsein und in der wissenschaftlichen Diskussion präsent blieben.

II. Mit den Ostverträgen veränderte sich die politische Landschaft in Deutschland. Der Göttinger Arbeitskreis wurde von Regierungsseite als überflüssig, ja störend eingestuft. Meissner schrieb darüber u.a.: "Aus dem Moskauer Vertrag mit der Sowjetunion und dem Warschauer Vertrag mit Polen von 1970 war zu ersehen, daß von der Bundesregierung der sozial-liberalen Koalition die Hoffnung auf eine Änderung des territorialen Besitzstandes Deutschlands im weiter ausstehenden Friedensvertrag mit Deutschland aufgegeben war. Damit fiel auch das bisherige Interesse an einer beratenden Funktion und den publizistischen Aktivitäten des Göttinger Arbeitskreises weg."[6]

Die institutionelle Förderung wurde ihm entzogen. Das Personal musste entlassen werden. Der Verein setzte seine wissenschaftliche und publizistische Tätigkeit aber in einem kleineren Rahmen fort. Er hatte in den 1960er Jahren ein Gebäude im Göttinger Ostviertel erworben und nach Ausbleiben der institutionellen Förderung eine größere Spende aus der Wirtschaft eingeworben. Das musste ausreichen, bis bessere Zeiten kamen.

Meissners Handschrift war bei der Wahl der Jahrestagungen nicht zu verkennen. 1970 war das Thema "Die Stellung der Oststaaten zu einer gesamteuropäischen Friedens- und Sicherheitsordnung", 1972 "Die Rechtsstellung Deutschlands nach den Ostverträgen", 1975 "Die Beziehungen der beiden deutschen Teilstaaten zur Sowjetunion", 1976 "Die Beziehungen der beiden Teilstaaten zu Polen", 1977 "Die KSZE, die UN-Menschenrechtskonvention und Deutschland", 1978 "Entspannungsbegriff und Entspannungspolitik in Ost und West". Deutschlandpolitische Fragestellungen und die Ost-West-Beziehungen (bis hin zu China) führten Jahr für Jahr namhafte Wissenschaftler zu den wissenschaftlichen Fachtagungen nach Göttingen und wissenschaftlichen Jahrestagungen nach Mainz.

---

[6] 50 Jahre Göttinger Arbeitskreis e. V., S. 24.

In den frühen 1980er Jahren wurde von der Wissenschaft und von der Politik das Thema "Deutsche in der Sowjetunion" entdeckt. In der Sowjetunion selbst, aber auch für westliche Beobachter, war das Thema allerdings schon seit Anfang der 1970er Jahre, seit den Unterschriftensammlungen von Ausreisewilligen, dem Sitzstreik im Moskauer Telegraphenamt und kurzzeitigen Protestzeichen auf dem Roten Platz oder vor der Deutschen Botschaft präsent.

1987 gelang es Boris Meissner bei der Niedersächsischen Landesregierung Personalmittel für einen Referenten zu bekommen, der sich mit den Deutschen in der Sowjetunion befassen sollte. Sein Anruf erreichte mich im Osteuropa-Institut München und war kurz. "Kommen Sie nach Göttingen, ich habe eine Stelle für Sie". Ich kam. Boris Meissner kannte mich aufgrund meiner damals noch nicht zahlreichen Publikationen und der Teilnahme an Konferenzen. Wenig später wurde Gerhard Schröder Ministerpräsident in Hannover und die Mittel wurden gestrichen. Meissner fand andere Mittel, denn das Bundesinnenministerium, u. a. zuständig für Spätheimkehrer, später auch Aussiedler genannt, hatte Informationsbedarf.

Nachdem Bundespräsident R. v. Weizsäcker eine evangelische Gemeinde in Novosibirsk aufgesucht und Bundeskanzler Kohl im Herbst 1988 in Moskau mit Vertretern der deutschen Bevölkerung zusammentraf, war das Thema endgültig in der Politik angekommen.[7] Ein Jahr später hat der Vorstand des Göttinger Arbeitskreises beschlossen, ein Forschungsinstitut zu gründen. Es verging noch ein Jahr, bis die Mitgliederversammlung die Vereinssatzung verabschiedete. § 1, Abs. 3 lautete jetzt:

"Der Verein bezweckt die wissenschaftliche Erforschung der rechtlichen, politischen und sozial-ökonomischen Lage der Deutschen im östlichen Europa sowie der Probleme der Entwicklung Deutschlands und seiner osteuropäischen Nachbarn und ihrer

---

[7] Eisfeld, A.: Die Stellung der Russlanddeutschen in der sowjetisch-russischen Deutschlandpolitik, in: 50 Jahre sowjetische und russische Deutschlandpolitik sowie ihre Auswirkungen auf das gegenseitige Verhältnis. Hrsg. von B. Meissner und A. Eisfeld. Berlin 1999, S. 252-254.

Zusammenarbeit im gesamteuropäischen Rahmen". Das Institut bekam die Bezeichnung **Institut für Deutschland- und Osteuropaforschung** des Göttinger Arbeitskreises. Die Arbeit auf Basis von Projektförderung war indes nicht einfach. Jährliche Mittelbeantragung und getrennte Abrechnung der Sachkosten etwa, werden manchem noch gut in Erinnerung sein. Für Boris Meissner war das nur Ansporn. Für mich öffnete sich der weite Bereich der Sowjetunion. Meine Kenntnisse von Land und Leuten, erfreulicherweise auch die über die Deutschen in der Sowjetunion, fanden Anwendung.

Ein paar Jahre später sagte Dr. Eckart Werthebach, Staatssekretär im Bundesministerium des Innern, in der Festveranstaltung anlässlich des 50. Gründungstages des Göttinger Arbeitskreises am 31.10.1996: „Für die großartigen Leistungen zur Erforschung der deutschen Geschichte im Osten danke ich jedem Mitglied des Göttinger Arbeitskreises ganz persönlich. – Und ich füge hinzu: Die Bundesregierung hatte in der schwierigen Umbruchsphase nach 1990 im Göttinger Arbeitskreis und besonders in Herrn Dr. Eisfeld einen kompetenten Berater, um den Russlanddeutschen heute die Bundesunterstützung zukommen zu lassen, die half, Not zu lindern und Lebensperspektiven zu geben. Gerne erwähne ich, dass zum Beispiel die erste Konzeption für Hilfsmaßnahmen von Begegnungsstätten über die Hilfen für Kindergärten, Schulen und Organisationen bis hin zu Kleinbetrieben im Bereich der Lebensmittelverarbeitung als Hilfe an die Deutschen an der Wolga, in Westsibirien und in Nordkasachstan in Zusammenarbeit mit Ihnen zustande kam. Auch in anderen Regionen, sei es in Kirgistan, in der Ukraine oder im früheren Nordostpreußen, konnte das Bundesinnenministerium auf Ihren Rat zählen".[8]

---

[8] Werthebach, E.: Grußwort anlässlich der Festveranstaltung des 50. Gründungstages des Göttinger Arbeitskreises e. V. am 31.10.1996 in Göttingen, in: 50 Jahre Göttinger Arbeitskreis. Hrsg.: B. Meissner, A. Eisfeld. Auflage. (Veröffentlichung des Göttinger AK Nr. 473). Göttingen 1999, S. 12-13.

III. Von der Wiedervereinigung und dem Zerfall der Sowjetunion bis 1999.

Die Mühen Meissners und der wenigen Projektmitarbeiter lohnten sich. Der Göttinger Arbeitskreis bekam ab 1. Januar 1994 eine institutionelle Förderung der Bundesregierung und konnte binnen Kurzem eine grenzüberschreitende Zusammenarbeit mit Nachwuchswissenschaftlern und Archivaren in der Russischen Föderation, in der Ukraine, in Kasachstan, Kirgisien und Aserbajdžan in die Wege leiten. Mitte der 1990er Jahre waren in Projekten des Göttinger Arbeitskreises auf Honorarbasis bis zu 25 Archivare in Saratov, Wolgograd, Engels, Dnepropetrovsk, Odessa, Baku, Almaty und Biškek, darüber hinaus Museumsfachleute in Omsk, Saratov, Doneck, Dnepropetrovsk, Cherson, Odessa und Simferopol' mit der Erschließung von Archivalien und Exponaten zur deutschen Geschichte und Kultur im Russischen Reich und in der Sowjetunion beschäftigt. Wo sich neue Projekte in Angriff nehmen lassen würden, war selten sicher vorherzusehen. Der Weitblick Meissners und meine, während häufiger Reisen gesammelten Erfahrungen, machten es allerdings leicht zu übereinstimmender Einschätzung der Lage zu kommen.

Hilfreich waren dabei Projekte zur empirischen Sozialforschung, die der Göttinger Arbeitskreis im Auftrag des Bundesinnenministeriums in Kirgisien[9] und im Gebiet Omsk[10] sowie auf Vorschlag des Deutschen General-Konsulats in Novosibirsk[11] mit Partnern vor Ort durchführte.

---

[9] Arbeitsbericht über die Ergebnisse der Befragungsstudie "Deutsche in Kyrgyzstan (September 1992 - Januar 1993)". Hrsg.: Institut für Deutschland- und Osteuropaforschung - Göttinger Arbeitskreis, Meinungsforschungszentrum der Republik Kyrgyzstan. Göttingen 1993, 38 S.

[10] Statističeskij otčet "O nekotorych rezul'tatach konkretno-sociologičeskogo issledovanija 'Sociokul'turnyj portret nemeckogo naselenija Omskoj oblasti'" [Statistischer Bericht "Über einige Ergebnisse der konkret-soziologischen Untersuchung 'Das sozio-kulturelle Portrait der deutschen Bevölkerung des Gebiets Omsk]. [Göttingen 1994].

[11] Deutsches Forschungszentrum an der Staatlichen Universität Nowosibirsk: Probleme des Bildungswesens der Rußlanddeutschen in Orten Westsibiriens mit geringem deutschen Bevölkerungsanteil. Nowosibirsk 1996, 41 S.; Ders.: Lebensbedingung, Wertvorstellungen und Bildungsprobleme der russlanddeutschen Jugend in Westsibirien. Nowosibirsk 1997, 79 S.; Ders.: Integrationsprobleme der

Die Sichtung und Erschließung von Quellen zur deutschen Geschichte im Osten Europas konnte unter Einbeziehung von Archivkräften in der Ukraine und Russland binnen weniger Jahre bemerkenswerte Ergebnisse vorweisen.

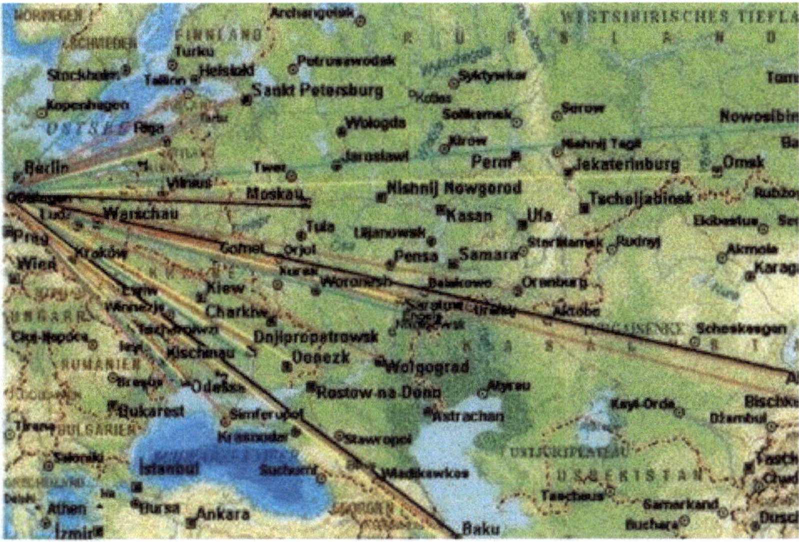

Zusammenarbeit mit: — Akademien d. Wissenschaften
— Wiss. Hochschulen
— Archiven
— Museen

Im Gebietsarchiv Dnepropetrovsk konnte ein annotiertes Findbuch für den Aktenbestand des Fürsorgekontors für ausländische Ansiedler Neurußlands (1781-1818) erarbeitet und im Gebietsarchiv Odessa die Sichtung und Annotation des 20 000 Archiveinheiten umfassenden Bestands des Fürsorgekomitees für ausländische Ansiedler in Südrußland (1799-1876) durchgeführt werden. Bis 2010 konnten 7 der geplanten 20 Bände erscheinen, wobei die Verzögerung mit der Herausgabe des Gesamtwerks nur durch den Wegfall

---

Rußlanddeutschen in ihren neuen Siedlungsgebieten in Sibirien und Aufbau einer Datenbank. Novosibirsk 1998, 48 S.; Ders.: Bericht über das Forschungsprojekt "Die sozialökonomische Lage der Russlanddeutschen in Sibirien: Wirtschafts- u Erwerbstätigkeit, Lebensbedingungen u. sozialer Status". Übersetzung aus dem Russischen. Novosibirsk 2000, 55 S.

der Finanzierung nach der von der rot-grünen Koalition 1999 einge-
leiteten Neuordnung im Bereich der Forschungs- und Kultureinrichtungen, die nach § 96 BVFG gefördert wurden, und fehlendes Interesse auf Seiten des neuen Instituts für Kultur und Geschichte der
Deutschen in Nordosteuropa zurückzuführen ist.

Parallel dazu wurden Findbücher für die Aktenbestände des Sara-
tover Fürsorgekontors für ausländische Ansiedler und etwas später
für ausgewählte Bestände der Archive in Engels, Wolgograd und
Simferopol' erarbeitet. Damit konnte der Zugang zu den bis zur Auflösung der UdSSR kaum bis gar nicht genutzten Dokumenten wesentlich erleichtert werden.

1994 wurde unter maßgeblicher Beteiligung des Göttinger Arbeitskreises e. V. eine Konferenz "Die Russlanddeutschen am Don, im
Kaukasus und an der Wolga" durchgeführt, auf die jährlich Konferenzen zu verschiedenen Perioden und Ereignissen der Geschichte
und Kultur der Deutschen im Russischen Reich, in der Sowjetunion
und in deren Nachfolgestaaten folgten. 1995 konnte die "Associacija issledovatelej istorii i kul'tury rossijskich nemcev" (Assoziation
zur Erforschung der Geschichte und Kultur der Russlanddeutschen)[12] und das Wissenschaftliche Informationsbulletin gegründet
werden, das vom Auswärtigen Amt gefördert wurde.

Im Bericht der Bundesregierung über ihre Maßnahmen zur Förderung der Kulturarbeit gemäß § 96 BVFG in den Jahren 1995 und
1996 war nachzulesen:

---

[12] O sozdanii Associacii issledovatelej istorii i kul'tury rossijskich nemcev [Über die
Gründung der Assoziation zur Erforschung der Geschichte und Kultur der Russ-
landdeutschen], in: Naučno-informacionnyj bjulleten' № 3-4. Wissenschaftliches
Informationsbulletin Nr. 3-4. Hrsg.: Associacija issledovatelej istorii i kul'tury rossijskich nemcev (Moskva), Wissenschaftliche Kommission für die Deutschen in
Rußland und in der GUS (Göttingen, Deutschland), Institut für Deutschland- und
Osteuropaforschung (Göttingen, Deutschland), Meždunarodnyj sojuz nemeckoj
kul'tury (IVDK). Moskva, ijul' - dekabr' 1995, S. 4.; Meždunarodnaja Associacija
issledovatelej istorii i kul'tury rossijskich nemcev. 1995-2010. Spravočnik. [Inter-
nationale Assoziation zur Erforschung der Geschichte und Kultur der Russlanddeutschen. 1995-2010. Handbuch]. Nauč. red.: I. V.; Sost.: I. V. Čerkaz'janova,
T. B. Smirnova [Wiss. Red.: I V. Čerkaz'janova. Bearb.: I. V. Čerkaz'janova, T. B.
Smirnova]. Moskva 2010, 220 S.

"Das Institut für Deutschland- und Osteuropaforschung - der Göttinger Arbeitskreis e. V. - erforscht schwerpunktmäßig die politische, wirtschaftliche, rechtliche und kulturelle Entwicklung der Deutschen im Russischen Reich, in der ehemaligen Sowjetunion, deren Nachfolgestaaten und in den baltischen Republiken. Im Berichtszeitraum wurden aus Mitteln nach § 96 BVFG u. a. die Projekte "Rechtsformen der nationalen Autonomie und des Minderheitenschutzes in den baltischen Staaten und in der Sowjetunion/GUS von 1918 bis heute in ihrer Wahrnehmung durch die Deutschen", "Die kulturelle Selbstverwaltung der Deutschen in Lettland und die gegenseitigen deutsch-lettischen kulturellen Beziehungen von der Errichtung der Republik Lettland 1918 bis zur Gegenwart", "Einwanderung in die Wolgaregion 1764 bis 1767", "Politische Bewegungen in den deutschen Kolonien an der Wolga von Februar 1917 bis November 1918" u "Deutsche in der Ukraine 1917 bis 1921" gefördert.

Mitarbeiter d. Instituts für Deutschland- und Osteuropaforschung (1996)
o.R. v.L.: Dipl.-Germ. Victor Held, Sabine Eichwald, Dr. Alfred Eisfeld,
Bibl.-Ass. Dipl.-Bibl. Kristina Heide, Dr. Viktor Bruhl, Detlef Henning M.A.,
u.R. v.L.: Ingrid Möhring, Friedrich Meyer, Marion Hanke,
Dipl.Sprachmittler Norbert Kaufmann, Dr. Eva-Maria Auch

Zwei internationale Konferenzen in Göttingen galten den Themen "Deutsche in Rußland und in der Sowjetunion 1914 bis 1928" und "Lage und Perspektiven der Rußlanddeutschen in Rußland und den GUS-Republiken nach den russischen Duma- und Präsidentenwahlen".

In Zusammenarbeit mit ausländischen Hochschulen und wissenschaftlichen Einrichtungen wurden zwei Konferenzen in Rußland und eine in der Ukraine durchgeführt".[13]

Nicht zu vergessen das Symposium "Saratov-92", zu dem über 100 deutsche Wissenschaftler, Ingenieure und Techniker mit einem Sonderflug der LH auf den Stützpunkt der strategischen Bomberflotte Russlands in Engels gebracht werden konnten. Prof. Dr. Dietrich Rauschning gelang es für die 11 thematisch sehr unterschiedlichen Sektionen Fachleute für Reaktorsicherheit, für kommunale Wirtschaft, Landwirtschaft, Umweltschutz usw. zu gewinnen. Eines der Ergebnisse dieses Symposiums war die Fortbildung der russischen Ingenieure für Reaktorsicherheit im AKW Balakovo. Die russische Seite konnte damals von vielen, durch das Symposium gebotenen Kontakten und Möglichkeiten, keinen Gebrauch machen, weil die Wirtschaft sich im Sinkflug befand. Die Idee der weitgefächerten Zusammenarbeit wurde aber überzeugend vorgetragen und kam in den 1990er Jahren auch im Wolgagebiet punktuell zur Anwendung. Zu einer engeren Kooperation zwischen dem Patenland der Wolgadeutschen, Hessen, und dem Gebiet Saratov kam es bedauerlicherweise nicht.

Deutschlandpolitische Fragestellungen und die Baltikumforschung waren ureigene Forschungs- und Publikationsfelder Meissners. Er holte aber auch junge Baltikumforscher nach Göttingen. Zwei von ihnen möchte ich besonders hervorheben:

---

[13] Deutscher Bundestag: Drucksache 13/8096 vom 23.06.1997, in: http://dipbt.bundestag.de/dip21/btd/13/080/1308096.asc

Egils Levits, geboren 1955, Absolvent der Fakultäten für Rechtswissenschaften und politische Wissenschaften der Universität Hamburg, wissenschaftlicher Mitarbeiter an der Fakultät für Rechtswissenschaften der Universität Kiel; seit 2019 **Staatspräsident** von Lettland.

Während der singenden Revolution im Baltikum kommentierte er fast täglich das Weltgeschehen für die lettischen Medien aus der Calsowstraße 54 in Göttingen. Von hier aus arbeitete er auch an der Reform des Justizwesens Lettlands. Sein weiterer Werdegang war kometenhaft:

Berater des lettischen Parlaments für Fragen des internationalen Rechts, des Verfassungsrechts und der Gesetzgebungsreform; Botschafter Lettlands in Deutschland und der Schweiz (1992-1993) sowie in Österreich und Ungarn (1994-1995); stellvertretender Ministerpräsident und Justizminister, Wahrnehmung der Aufgaben des Ministers für auswärtige Angelegenheiten (1993-1994); Schlichter am Vergleichs- und Schiedsgerichtshof innerhalb der OSZE (seit 1997); Mitglied des Ständigen Schieds-hofes (seit 2001); 1995 Wahl zum Richter am Europäischen Gerichtshof für Menschenrechte, Wiederwahl 1998 und 2001; Richter am Europäischen Gerichtshof seit 11. Mai 2004, zahlreiche Veröffentlichungen in den Bereichen des Verfassungsrechts und des Verwaltungsrechts, der Gesetzgebungsreform und des Gemeinschaftsrechts.[14] Bei der Wahl zum **Staatspräsidenten der Republik Lettland** reichten die Stimmen 2015 nicht für einen Sieg, jedoch **2019!**

Cornelius Hasselblatt (geb. 1960 in Hildesheim), aus einer Pastorenfamilie stammend, studierte an der Universität Hamburg Finnougristik, Geschichts- und Literaturwissenschaften. Er kannte sich in Estland und Finnland aus, bevor Boris Meissner ihn im Herbst 1992 als Referenten nach Göttingen holte. Bis Oktober 1995 befasste er sich in Göttingen vor allem mit historischen Fragestellungen. Aus dieser Zeit stammen seine Monographie "Minderheitenpolitik in

---

[14] Egils Levits, in: https://de.wikipedia.org/wiki/Egils_Levits

Estland. Rechtsentwicklung und Rechtswirklichkeit 1918-1995"[15] und der mit Boris Meissner und Dietrich Loeber herausgegebene Tagungsband "Die deutsche Volksgruppe in Estland während der Zwischenkriegszeit und aktuelle Fragen des deutsch-estnischen Verhältnisses".[16]

Nach einem Zwischenaufenthalt an der Universität Hamburg hatte Hasselblatt von 1998 bis 2014 den Lehrstuhl für finnougrische Sprachen und Kulturen an der Reichsuniversität Groningen inne. Im Internet wird er deshalb auch als "niederländischer Finnougrist deutscher Herkunft" vorgestellt.

Über die 2006 erschienene *"Geschichte der estnischen Literatur. Von den Anfängen bis zur Gegenwart"*[17] schrieb Carsten Wilms: "Cornelius Hasselblatt, Professor für Finnougrische Sprachen und Kulturen an der Rijksuniversiteit Groningen, ist einer der bedeutendsten zeitgenössischen Kenner der estnischen Literatur. Seine kürzlich erschienene und vor allem als Nachschlagewerk zu benutzende Geschichte der estnischen Literatur erhebt den Anspruch, eine Gesamtdarstellung der Literatur in estnischer Sprache zu geben, bei der sich „Lesbarkeit, Detailreichtum und Faktensicherheit" die Waage halten. Es handelt sich um die erste deutschsprachige Gesamtdarstellung der estnischen Literatur, die annähernd einen Anspruch auf Vollständigkeit erheben kann. Damit wird eine Lücke geschlossen, die wieder einmal bewusstmacht, wie wenig literaturwissenschaftliche Forschung in Deutschland zu den „kleineren" Nationalliteraturen Europas betrieben wird". [18]

Ulrich M. Schmidt schrieb über die 2. Auflage dieses Werkes u. a.: "Der Estland-Experte Cornelius Hasselblatt, der an der Universität

---

[15] Hasselblatt, C.: Minderheitenpolitik in Estland. Rechtsentwicklung und Rechtswirklichkeit 1918-1995. Hamburg 1996, 154 S.

[16] Die deutsche Volksgruppe in Estland während der Zwischenkriegszeit und aktuelle Fragen des deutsch-estnischen Verhältnisses. Hrsg: Boris Meissner, Dietrich A. Loeber, Cornelius Hasselblatt. Hamburg 1996, 311 S.

[17] Hasselblatt, C.: Geschichte der estnischen Literatur. Von den Anfängen bis zur Gegenwart. Berlin / New York: Walter de Gruyter 2006, 869 S.

[18] Wilms, C.: in: NORDEUROPAforum 2/2007, S. 211.

Groningen Finnougristik lehrt, hat die wechselvolle und spannende Geschichte der estnischen Literatur kenntnisreich aufgearbeitet. Das fast 900 Seiten starke Kompendium gibt nicht nur erschöpfend Auskunft über die wichtigsten Autoren, sondern auch über die gesellschaftlichen, kulturellen und politischen Rahmenbedingungen ihres Schreibens. Hasselblatt setzt damit einen hohen Maßstab, seine Darstellung darf jetzt schon als Standardwerk gelten. [19]

Die Tätigkeit Boris Meissners und des Göttinger Arbeitskreises in den 1990er Jahren wurde, je nach Standpunkt des Beobachters und seinem jeweiligen Weltbild sehr unterschiedlich bewertet. 1977 wurde ihm der schwedische Nordstern-Orden 1. Klasse, 1979 das Bundesverdienstkreuz 1. Klasse, 1995 der Orden des Marienland-Kreuzes 1. Klasse der Republik Estland. 1996 wurde Boris Meissner von der Universität Tartu die Ehrendoktorwürde der Rechtswissenschaften verliehen. Im gleichen Jahr erhielt er auch das Große Verdienstkreuz mit Stern der Bundesrepublik Deutschland.

Die PDS sah in der Erforschung der Nationalitäten- und Regionalprobleme, insbesondere der Lage der deutschen Minderheiten, in Verkennung von deren Bedeutung für die Entwicklung der Länder Ost-, Ostmittel- und Südosteuropas, "staatlichen Pangermanismus". Boris Meissner wurde 1994 in einer Publikation des Dietz Verlags Berlin u.a. unterstellt, dass er als erfahrener "SA-Mann in Estland" bei der Erforschung der "Deutschen im Russischen Reich und im Sowjetstaat…sowohl politische als auch militärische Erfahrungen beisteuern" konnte.[20]

Von der auf ehrenamtlicher Basis ins Leben gerufenen "Interdisziplinäre Studiengruppe für die Deutschen aus Rußland und in der Sowjetunion" hieß es nicht nur, dass diese "unmittelbar durch die Bundesregierung bezahlt" wurde, sondern auch, dass deren Vorsitzender, Alfred Eisfeld, ein "beim Innenministerium beschäftigter

---

[19] Ulrich M. Schmidt: Konstruktion einer Nation. Ein Standardwerk über die estnische Literaturgeschichte, in: NZZ 09.08.08 Nr. 184 Seite 70 li Teil 01, in: Downloads/Schmid_2008_NZZ_Hasselblatt.pdf (Abruf: 02.11.2015).

[20] Goldenbach, W. von; Minow, H.-R.: "Deutschtum erwache!". Aus dem Innenleben des staatlichen Pangermanismus. Berlin 1994, S. 379.

Minderheitenspezialist mit Kontakten ins Lager des Rechtsextre-
mismus" sei.[21] Diese, wie auch andere, in dieser Publikation aufge-
stellten Behauptungen, beruhten auf Unkenntnis und sollten diffa-
mieren. Sie zu übergehen wäre indes nicht angebracht, denn sie
hatten eine weitere Entwicklung mit, wie sich später zeigen sollte,
gravierenden Folgen.

Die PDS, namentlich Ulla Jelpke, richtete an die Bundesregierung
eine Kleine Anfrage, in der Boris Meissner in die Nähe zum Natio-
nalsozialismus gerückt wurde. Das Bundesinnenministerium ant-
worte darauf für die Bundesregierung u. a. folgendes:
"Professor Dr. Boris Meissner hat bei dem Aufbau der Osteuropaforschung und insbesondere der Baltikumforschung nach dem
Zweiten Weltkrieg große Verdienste erworben. Er hat seine Kompetenz und Erfahrungen auch den Regierenden und Politikern in
Ost und West zur Verfügung gestellt. Sein Anliegen war und ist es,
die osteuropäischen Staaten auf ihrem Weg in die Unabhängigkeit
zu unterstützen und die Verantwortlichen im Westen über die Veränderungen im Osten Europas in wissenschaftlich seriöser Weise
zu unterrichten".[22]

Boris Meissner kannte, wie kein anderer, auch die seit Jahrzehnten gewachsenen Defizite der deutschen Osteuropaforschung, die
sich zu Zeiten der Sowjetunion vor allem auf Moskau, Leningrad
und Novosibirsk fokussierte, während die Ukraine, die kaukasi-
schen und mittelasiatischen Republiken nur selten in den Fokus
wissenschaftlicher Untersuchungen genommen wurden. Daraus
folgerte er, dass interdisziplinäre Forschungsgruppen für den Kaukasus, Sibirien, Kasachstan und Mittelasien, Weißrussland, die
Moldau, den "Bereich zwischen Wolga und Ural" und den "Norden
mit Karelien" ins Leben gerufen werden sollten[23], um die wenigen
Fachkräfte für eine Zusammenarbeit zu gewinnen, so wie dies in
der von Meissner 1982 gegründeten Studiengruppe für gegenwartsbezogene Baltikumforschung erfolgreich praktiziert wurde.

---

[21] Ebenda, S. 430.
[22] Deutscher Bundestag. 13. Wahlperiode. Drucksache 13/7101 (25.02.97), S. 2.
[23] Meissner, B.: Die Entwicklung d. Göttinger Arbeitskreises e. V. ., S. 31-33.

Unter seiner Mitwirkung konnten die Interdisziplinäre Studiengruppe für die Deutschen aus Russland und in der Sowjetunion und die Studiengruppe für gegenwartsbezogene Kaukasien-Forschung gegründet werden. Erstere wurde 1995 in die „Wissenschaftliche Kommission für die Deutschen in Russland und in der GUS." umgewandelt.

Boris Meissner mit den Beratern des ehem. Präsidenten der UdSSR Michail Gorbatschow Vladimir Schenajew und Viktor Kuwaldin in einer Konferenzpause in Mainz (April 1995)

IV. Die 4. Phase begann mit dem Regierungswechsel 1998.

Nach dem Regierungswechsel von 1998 wurden die Angriffe gegen Boris Meissner und den Göttinger Arbeitskreis fortgesetzt, wobei es zu seltsamen Konstellationen und Begebenheiten kam, die Aufschluss über das Funktionieren der Politik gegeben haben. Ein in Göttingen im Februar 1994 ins Vereinsregister eingetragener "Verein zur Förderung der politischen Bildung"[24] warf den ersten Stein. Der Student Benjamin W. Studer, stellvertretender

---

[24] Laut Satzung bestand der Vorstand aus dem Vorsitzenden und dem stell. Vorsitzenden (§ 9). Im § 10 heißt es: "Der Vorstand ist beschlussfähig, wenn zwei Vorstandsmitglieder, darunter der Vorsitzende oder der stellv. Vorsitzende, anwesend sind, und entscheidet mit einfacher Mehrheit. Bei Stimmengleichheit entscheidet die Stimme des Leiters der Vorstandssitzung". Dem Wortlaut dieses § 10 zu Folge, müsste der Vorstand allerdings aus mindesten 3 Personen bestehen. Dieser Widerspruch fiel offensichtlich weder im Verein noch bei der Eintragung in das Vereinsregister auf.

Vorsitzender des Vereins, nahm sich in dem Blatt des Vereins mit der vielsagenden Bezeichnung "Pampa" des Göttinger Arbeitskreises an. Im Editorial wurde dem Göttinger Arbeitskreis unterstellt, er betreibe revanchistische Politik.[25] Im Beitrag selbst nahm Studer Anstoß daran, dass man im Göttinger Arbeitskreis "am Beispiel des Zerfalls der Sowjetunion die Bedeutung der Nationalitätenfrage untersuchte" und 1992/93 ein Projekt "Erstellung von Unterlagen zur aktuellen Entwicklung der Deutschen in der GUS zur Unterstützung bei der Planung und Durchführung von Hilfsmaßnahmen" durchgeführt habe. Er schrieb: "Nach dem Zusammenbruch der Sowjetunion Hilfsmaßnahmen nur für 'Russlanddeutsche' - das ist in höchstem Maße friedensstörend. Betriebe nur für "Deutsche" einzurichten, schürt den Nationalismus an und stört die einheimische Wirtschaft, zumal wenn Standorte gegen die Bedürfnisse der Bevölkerung bestimmt werden, wie es wohl geschehen ist".[26]

Mit kleinwenig Mühe hätte der Student Studer herausfinden können, dass seine Sicht der Dinge jeglicher sachlichen Grundlage entbehrt. In die Entscheidungen waren selbstverständlich nicht nur Vertreter der deutschen Bevölkerung, sondern die Gebiets- und Kreisverwaltungen mit allen relevanten Abteilungen und Behörden, und das unter dem wachsamen Auge der Sicherheitsbehörden, eingebunden. Die Projekte jeglicher Art, nicht nur die vorgeschlagenen Standorte für Bäckereien, wurden vom BMI in die Deutsch-Russische Regierungskommission für Angelegenheiten der Russlanddeutschen eingebracht und von dieser zur Kenntnis genommen. Darauf kam es Studer aber nicht an. Der Beitrag endete mit der Aufforderung: "...derartige Vereine wie den *Göttinger Arbeitskreis,* auch wenn sie sich einen noch so seriösen Anstrich geben, in keiner Weise mehr zu unterstützen". Das Heft wurde den drei Göttinger Bundestagsabgeordneten zugeschickt. Die Grünen antworteten darauf nicht, die PDS wegen Umzugs erst später.

---

[25] Editorial, in: Pampa. Politik und Kultur in Göttingen. Nr. 4. Herbst 1998
[26] Studer, B. W.: Großdeutschland made in Göttingen. Der begehrliche Blick nach Osten, in: Ebenda, S. 48.

Am 17. Dezember 1998 wurde dieser Beitrag vom Büro der Göttinger Bundestagsabgeordneten Wettig-Danielmeier, Bundesschatzmeisterin der SPD, an das Bundesministerium des Innern gefaxt. Gleichzeitig wurden die Parlamentarische Staatssekretärin Dr. Sonntag-Wolgast und die u.a. für die Hilfsmaßnahmen der Bundesregierung für die Russlanddeutschen zuständige Staatssekretärin Brigitte Zypries involviert. Das Förderreferat des BMI hat am nächsten Tag den beiden Staatssekretärinnen eine Stellungnahme zum Schreiben von Frau Wettig-Danielmeier, MdB vorgelegt mit den Worten: "Das übermittelte Schreiben von Frau MdB Wettig-Danielmeier beunruhigt aus zwei Gründen:

- Zum einen hat sich die Frage aufgedrängt, ob es berechtigte Vorwürfe gegen die fachliche Arbeit des Göttinger Arbeitskreises oder die politische Haltung seiner Mitglieder gibt, denen das Förderreferat [...] bislang nicht ausreichend nachgegangen ist.
- Zum anderen hat sich aus dem Schreiben von Frau MdB Wettig-Danielmeier eine negative Einschätzung des Göttinger Arbeitskreises und seines Forschungsinstituts ergeben.
  ("Sammelbecken revanchistischer Juristen, Historiker usw."), die sich angesichts einer objektiven Bewertung der Arbeit nicht verselbständigen darf.

Daher soll im Folgenden neben den von Ihnen geforderten Angaben zu den Aktivitäten des Göttinger Arbeitskreises auch auf den Revanchismusvorwurf eingegangen werden."

In der Stellungnahme des Fachreferats wurde auf 6 Seiten die Tätigkeit des Göttinger Arbeitskreises e. V. und seines Instituts für Deutschland- und Osteuropaforschung beschrieben, auf die Verdienste und internationale Anerkennung der Herren B. Meissner, D. Rauschning und A. Eisfeld hingewiesen. Zusammenfassend hieß es: "Aus wissenschaftlicher und wissenschaftspolitischer Sicht ist an der heutigen Tätigkeit des Göttinger Arbeitskreises und des ihm angeschlossenen Instituts für Deutschland- und Osteuropaforschung nichts auszusetzen. Vielmehr wird bei den jährlichen Begutachtungen durch das Bundesinstitut für ostdeutsche Kultur und Geschichte regelmäßig die hohe Qualität der Arbeiten bei einem enormen Tätigkeitsfeld und geringem Mitarbeiterstamm positiv gewürdigt".

Zum Revanchismusvorwurf hieß es: "Zur Klärung, ob berechtigte Vorwürfe bestehen, habe ich den zitierten Artikel der Zeitschrift "Pampa" (Hrsg.: Verein für politische Bildung e. V.) ausgewertet, der als Anlage 1 beiliegt. Ich empfehle, den Artikel zu lesen, weil er aus sich heraus bereits die Vorwürfe als unberechtigt erscheinen läßt". Und weiter, der Versuch, den Göttinger Arbeitskreis in Misskredit zu bringen; "ist jedoch nicht neu. In den *Antifaschistischen Nachrichten* geistert immer wieder die Formulierung vom Göttinger Arbeitskreis als dem ideologischen Zentrum des Bonner Revanchismus. Die Formulierung stammt aus dem Braunbuch des Nationalrates der Nationalen Front des Demokratischen Deutschlands".

Das Fachreferat hat dem Göttinger Arbeitskreis empfohlen, "Kontakt mit Frau MdB Wettig-Danielmeier aufzunehmen, um über seine Tätigkeit zu informieren und offensichtlich bestehende Vorurteile abzubauen". Den für den 4. Februar 1999 vereinbarten Gesprächstermin hat Frau Wettig-Danielmeier nach Erhalt von Informationsmaterial "für nicht zwingend erforderlich" gehalten und abgesagt. Ein neuer Termin konnte nicht vereinbart werden. Im Juli 1999 gab der Staatsminister für Kultur und Medien, Michael Naumann, in einer Fernsehsendung bekannt, dass die finanzielle Förderung einiger Institutionen im Rahmen des Bundesvertriebenenförderungsgesetzes (§96 BVFG), darunter die des Göttinger Arbeitskreises, beendet werden solle".[27]

Mit viel Mühe gelang es, Ministerialdirektor K. Nevermann zu einem Besuch in Göttingen zu bewegen. Unser Ziel war es, zu zeigen, dass das Institut für Deutschland- und Osteuropaforschung eine umfangreiche grenzüberschreitende Zusammenarbeit mit Wissenschaftlern, Archiven und Museen pflegt, wissenschaftliche

---

[27] Neues zum "Göttinger Arbeitskreis": Es bleibt alles beim Alten, in: Pampa. Nr. 9. Winter 2000, S. 29.

Konferenzen mit hoher internationaler Beteiligung im In- und Ausland durchführt, auch im Ausland und in osteuropäischen Sprachen publiziert. Herr Nevermann schaute sich die ausgelegten Bücher in russischer Sprache flüchtig an, sagte: "Das kann ich ja nicht lesen", und hatte kein Interesse mehr an einer Fortsetzung des Gedankenaustausches.

Bei der Neuordnung des Bereichs der nach § 96 BVFG geförderten Einrichtungen wurde auf das Regionalprinzip abgestellt, womit eine Zusammenführung verschiedener Einrichtungen gemeint war. Wie wenig durchdacht diese Konzeption in Teilen war, konnte man in der Antwort der Bundesregierung auf eine Kleine Anfrage der CDU/CSU Fraktion, vorgetragen vom Beauftragten der Bundesregierung für Angelegenheiten der Kultur und der Medien am 16. Juli 1999 nachlesen.

Dem Regionalprinzip entsprechend sollte ein Schwerpunkt "Nordosteuropa mit den großen Kulturlandschaften Pommern, Ost- und Westpreußen, Teilen der GUS-Staaten, Baltische Staaten" gebildet werden.[28] Dass der weit überwiegende Teil der Deutschen in den Nachfolgestaaten der UdSSR seit einem halben Jahrhundert ihren Wohnsitz im asiatische Sibirien, Kasachstan und Mittelasien hatte, spielte dabei offensichtlich keine Rolle. Es ging schließlich um Kulturlandschaften und nicht um Menschen.

Die institutionelle Förderung des Göttinger Arbeitskreises sollte eingestellt und dessen Aufgaben vom Bundesinstitut für ostdeutsche Kultur und Geschichte in Oldenburg wahrgenommen werden,[29] das jedoch weder konzeptionell noch personell darauf eingestellt war. Im Abschnitt 9.3 Förderung der Wissenschaft und Lehre hieß es: "Angesichts der angespannten Haushaltslage muß sich die Förderung auf solche Projekte beschränken, die möglichst effektiv und dauerhaft das Anliegen des § 96 BVFG in Forschung

---

[28] Antwort der Bundesregierung auf die Kleine Anfrage der Abgeordneten Hartmut Koschyk, Manfred Grund, Georg Janovsky, weiterer Abgeordneter und der Fraktion der CDU/CSU - Drucksache 14/1354, in: Deutscher Bundestag. 14. Wahlperiode. Drucksache 14/1432. 22.07.99, S. 5.

[29] Ebenda, S. 9.

und Lehre einbringen und erhalten: [...] Nach der Öffnung des östlichen Europas ist es in breitem Umfang möglich geworden, mit Wissenschaftlern in den ehemaligen deutschen Reichsprovinzen und Siedlungsgebieten der Deutschen im Osten bei der Aufarbeitung der gemeinsamen Geschichte zusammenzuarbeiten.

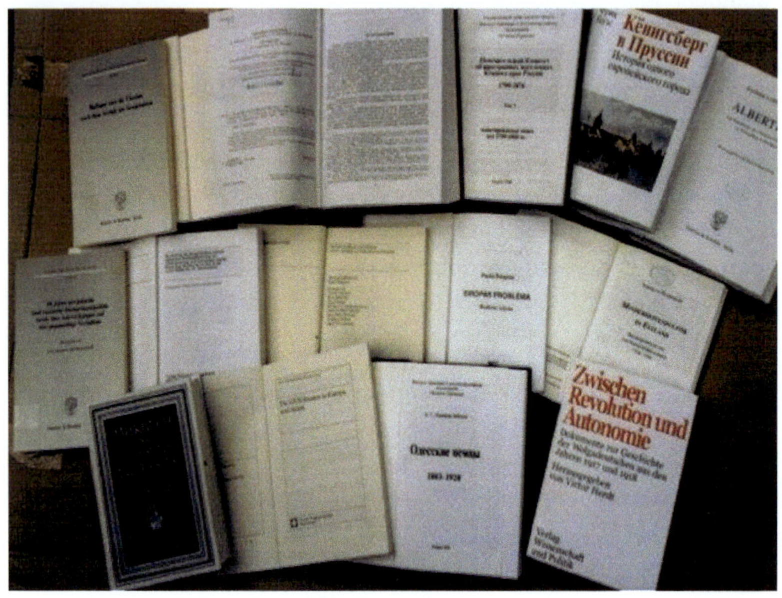

Auswahl von über 500 Publikationen des Göttinger Arbeitskreises e. V.

Diese Wissenschaftskontakte (internationale Tagungen, Publikationen usw.) insbesondere mit Polen, Tschechien und Rumänien sollten im Rahmen der vorhandenen Mittel gefördert werden".[30] Die wissenschafts- u. gesellschaftspolitische Bedeutung einer Zusammenarbeit mit Wissenschaftlern, Museen, Archiven u.a. Einrichtungen in Russland, der Ukraine, Kasachstan u.a. postsowjetischen Republiken wurde von den Verfassern dieser Konzeption offensichtlich nicht erkannt. Damit wurde ein Sprengsatz gelegt, der ganz wesentlich das vom Göttinger Arbeitskreis aufgebaute Netzwerk geschwächt und mehrere aus Bundesmitteln anfinanzierten Projekte zum Abbruch geführt hat. Der Göttinger

---

[30] Anm. 28, S. 11.

Arbeitskreis bekam Unterstützung vom Präsidenten der Republik Estland Lennart Meri. Auch die Vorsitzende des Ausschusses für Kultur und Medien Elke Leonhard, MdB (SPD) erkannte die wissenschafts- wie außenpolitisch negativen Auswirkungen der beabsichtigten Neuordnung. Es ist Boris Meissner, seinen Vorstandskollegen und Mitarbeitern jedoch nicht gelungen, Bundestagsabgeordnete für ihr Anliegend dauerhaft zu gewinnen.

"Pampa" legte in der Ausgabe Nr. 9 (Winter 2000) noch einmal nach mit Behauptungen, die von der Bundesregierung bereits zurückgewiesen worden waren. Um dem Göttinger Arbeitskreis dennoch "Revanchismus" vorwerfen zu können, hat der Student Studer in völliger Unkenntnis der Geschichte der Russland-deutschen und der damaligen öffentlichen Diskussion in Russland und anderen GUS-Republiken, das Erinnern an den Deportationserlass vom 28. August 1941 und die Liquidierung der ASSR der Wolgadeutschen als Revanchismus interpretiert. Er behauptete: "Das berechtigte Bedürfnis nach Reflektion der eigenen Geschichte[31] wird missbraucht zu einem neuen unheiligen Zweck: der Zersplitterung Europas in Völker und Regionen, in dem kapitalkräftige Nationen wie die deutsche die schwächeren beherrschen sollen. Darauf richtet sich die Arbeit des "Göttinger Arbeitskreises", nachdem der Traum, das "ganze" Deutschland in den Grenzen von 1937 wiederherzustellen, ausgeträumt war. Darum geht es ihnen heute: durch wiedererwecktes völkisches Bewußtsein möglichst viele deutsche Einflußgebiete in der ehemaligen Sowjetunion zu schaffen".[32] Die Fraktion der PDS griff diese Unterstellung bereitwillig auf um erneut in einer Kleinen Anfrage von der Bundesregierung zu erfragen: "Welche Kenntnisse hat die Bundesregierung darüber, wie der Göttinger Arbeitskreis e. V. die territoriale Situation der Bundesrepublik Deutschland und die bestehenden Grenzen in

---

[31] Im Informationsdienst Deutsche in der ehemaligen Sowjetunion im Wortlaut wiedergegebene Berichte über Veranstaltungen der Russlanddeutschen in Russland und in   Kasachstan anlässlich des Jahrestages des Deportationserlasses vom 28. August 1941 wurden als Aussagen des Göttinger Arbeitskreises suggeriert.

[32] Studer; B. W.: Neues zum "Göttinger Arbeitskreis": Es bleibt alles beim Alten, in: Pampa, Nr. 9. Winter 2000, S. 29.

Europa bewertet und welche Haltung der Göttinger Arbeitskreis e. V. zu den bestehenden internationalen Grenzverträgen einnimmt?".[33]

Der Kulturstaatsminister Dr. M. Nauman hat zwar in seiner Antwort für die Bundesregierung auf diese Kleine Anfrage der Fraktion der PDS am 14. März 2000 darauf hingewiesen, dass vom Göttinger Arbeitskreis und seinem Institut für Deutschland- und Osteuropaforschung Aufgaben wahrgenommen werden, "an deren Erfüllung der Bund im Rahmen des § 96 BVFG ein erhebliches Interesse hat". Das änderte aber nichts an seiner Absicht, dem Göttinger Arbeitskreis, die institutionelle Förderung zu entziehen. Die falschen Behauptungen eines Studenten, bereitwillig von der PDS im Bundestag instrumentalisiert, haben das Vorhaben des Beauftragten für Kultur und Medien eher noch befördert.

Es gelang Boris Meissner mit seinen Mitarbeitern immerhin den Erhalt der vorhandenen Planstellen zu erreichen, allerdings im Rahmen einer Fusion mit dem Nordostdeutschen Kulturwerk. Die neue Einrichtung bekam die Bezeichnung Institut für Kultur und Geschichte der Deutschen in Nordosteuropa. Es sollte sich im Verlauf der nächsten Jahre zeigen, dass die Entwicklung dieses Instituts hin zur Konzeption "Kulturlandschaft" Ostseeanrainerstaaten fortsetzen sollte, in der für das Thema "Kultur und Geschichte der Deutschen im Russischen Reich, in der Sowjetunion und in den GUS-Republiken" immer weniger Ressourcen zur Verfügung standen. Ein in den 1990er Jahren aufgebauter Forschungsschwerpunkt mit einem breitgefächerten Netzwerk wurde weitgehend aufgegeben, mit Bundesmitteln geförderte Projekte nicht zum Abschluss geführt bzw. deren Abschluss um 15 Jahre verzögert[34].

---

[33] Antwort der Bundesregierung auf die Kleine Anfrage der Abgeordneten Heidi Lippmann, Ulla Jelpke und der Gruppe der PDS - Drucksache 14/2831, in: Deutscher Bundestag. 14. Wahlperiode. Drucksache 14/2945, S. 5, Ziff. 8.

[34] Beiträge aus Wissenschaftlichen Konferenzen des Göttinger Arbeitskreises der Jahre 1998 bis 2000 sind erst 2016 in einem Sammelband erschienen (Deutsche im Schwarzmeergebiet, auf der Krim u. im Kaukasus vom 19. Jhdt bis 1941. Hrsg.: A. Eisfeld. Verlag Dr. Kovač, Hamburg. 2016.

Erst nach der Fusion wurde bekannt, dass einem Lehrstuhlinhaber der Universität Düsseldorf angeboten wurde "den Göttinger Arbeitskreis anzudocken und abzuwracken", was dieser jedoch dankend abgelehnt hat.

Der Göttinger Arbeitskreis hat trotz der Einstellung der institutionellen Förderung seine wissenschaftliche Tätigkeit in Kooperation mit in- und ausländischen Wissenschaftlern und Einrichtungen fortgesetzt. 2006 wurde in einer wissenschaftlichen Konferenz in der Aula der Universität Göttingen das Thema "Die Russlanddeutschen in den Migrationsprozessen zwischen den GUS-Staaten und Deutschland".[35] In den Jahren 2007-2008 konnte die vom Göttinger Arbeitskreis e. V. angeregte Erfassung und Dokumentation von musealem Kulturgut der Schwarzmeerdeutschen in Kreis-, Stadt- und Schulmuseen des Gebiets Odessa in Zusammenarbeit mit dem Historischen Heimatkundemuseum des Gebiets Odessa durchgeführt werden. 2008 konnte in Zusammenarbeit mit dem Lehrstuhl für Neuere und Osteuropäische Geschichte der Universität Freiburg und der Wissenschaftlichen Kommission für die Deutschen in Russland und in der GUS eine Konferenz "Der Erste Weltkrieg und die Zivilbevölkerung in den Gebieten von der Ostsee bis zum Schwarzen Meer"[36] abgehalten werden. Mit dem Staatlichen Gebietsarchiv Nikolaev, Ukraine, konnte ein thematisches Findbuch über die Deutschen in der Region Nikolaev in den Jahren 1918-1931[37], mit dem Internationalen Verband der Deutschen Kultur, Moskau, ein Bildband[38] zur Wanderausstellung im

---

[35] Die Russlanddeutschen in den Migrationsprozessen zwischen den GUS-Staaten und Deutschland. Hrsg.: O. Luchterhandt und A. Eisfeld. Veröffentlichung des Göttinger Arbeitskreises Nr. 519. Göttingen 2008, 216 S.

[36] Besetzt, integriert, deportiert. Der Erste Weltkrieg und die deutsche, jüdische, polnische und ukrainische Zivilbevölkerung im östlichen Europa. Hrsg.: A. Eisfeld, G. Hausmann, D. Neutatz. Veröffentlichungen zur Kultur und Geschichte im östlichen Europa. Bd. 39., Essen 2013. 384 S.

[37] Nemcy Nikolaevščiny. 1918-1931. Annotirovannyj reestr del. Die Deutschen der Region Nikolaev. 1918-1931. Annotiertes Findbuch. Verantw- Red.: A. Eisfeld, wiss. Red.: O. V. Eisfeld, Anxxx M. A. Mel'nik. Doneck 2013, 822 S.

[38] Deutsche in der russischen Geschichte. Bildband zur Wanderausstellung im Rahmen des 250. Jubiläums der Übersiedlung der Deutschen nach Russland. Bd. 1. Nemcy v rossijskoj istorii. Prezentacionnyj al'bom k peredvižnoj vystavke v

Rahmen des 250. Jubiläums der Übersiedlung der Deutschen nach Russland in deutscher und russischer Sprache, mit dem Institut für Geschichte der Nationalen Akademie der Wissenschaften der Ukraine und dem Archiv des Sicherheitsdienstes der Ukraine einen Dokumentenband über den vom NKVD erfundenen "Nationalen Verband der Deutschen in der Ukraine. 1935-1937"[39], mit der Assoziation der gesellschaftlichen Vereinigungen der Deutschen in Kasachstan "Wiedergeburt" eine Wanderausstellung "Deutsche in Kasachstan"[40] und in Zusammenarbeit mit Wissenschaftlern aus Deutschland und Kasachstan eine erste kollektive Monographie über die Geschichte und Kultur der Deutschen in Kasachstan in deutscher und russischer Sprache erarbeitet und für den Druck vorbereitet werden. Die Durchführung dieser Projekte war trotz der schwieriger gewordenen Bedingungen der Projektfinanzierung möglich, weil der gute Ruf des Göttinger Arbeitskreises, die Bereitschaft wissenschafts- und gesellschaftspolitisch relevanter Projekte zusätzlich zur Arbeitsplanung durchzuführen, ganz im Sinne von Boris Meissner, von in- und ausländischen Partnerorganisationen geschätzt wurden. Dies wurde auch vom BKM, dem BMI und dem AA sowie Stiftungen anerkannt und gefördert. Ganz im Sinne von Boris Meissner wurde die grenzüberschreitende Zusammenarbeit mit Wissenschaftlern und wissenschaftlichen Einrichtungen auch in einem erheblich schwierigeren Umfeld fortgesetzt, in der Gewissheit, dass sie, ungeachtet vorübergehender Störungen, zukunftsweisend sind.

---

ramkach prazdnovanija 250-letija pereselenija nemcev v Rossiju. T. 1. Verantw. Red.: A. Eisfeld, wiss. Red.: O. Eisfeld. Moskva 2012. 352 S., 813 Ill

[39] Delo "Nacional'nogo sojuza nemcev na Ukraine" 1935-1937 gg.: Dokumenty i materialy [Der Fall des "Nationalen Verbandes der Deutschen in der Ukraine" 1935-1937: Dokumente und Materialien]. Sost., avtor vstup. stat'i, primečanij i kommentariev: A. Rublev; Red. A. Ajsfel'd. Veröffentlichung des Göttinger Arbeitskreises Nr. 522. Kyjiv 2016, 608 S.

[40] Vorhölter, D.: Neue Wanderausstellung über Kasachstandeutsche, in: Deutsche Allgemeine Zeitung. 14. Mai 2015 // http://deutsche-allgemeine-zeitung.de/de/content/view/3297/1; Передвижная выставка «Немцы Казахстана». Wanderausstellung „Deutsche in Kasachstan". Редактор и составитель: д-р Альфред Айсфельд. Chefredakteur: Dr. A. Eisfeld. Posol'stvo Federativnoj Respubliki Germanija Astana. Botschaft d. Bundesrep. Deutschland Astana   // http://www.wiedergeburt.kz/images/pdf/book/ausstellung.pdf.

Lauri Mälksoo:

Boris Meissner und die baltischen Staaten: eine Würdigung

Boris Meissner war einer der größten und bedeutendsten Vertreter der sogenannten Ostrechtsforschung, nicht nur in Deutschland, sondern in der ganzen Welt (obwohl ‚Ostrecht' an sich ein sehr deutscher Begriff war). In meinem Beitrag möchte ich daran erinnern, wie die baltische Herkunft von Boris Meissner sein Schicksal beeinflusst hat. Seine Kindheit hat Boris Meissner im estnischen Pärnu (Pernau) verbracht, eine schöne und ruhige Kur-stadt an der Ostsee, die schon früher bedeutende Rechtswissenschaftler hervorgebracht hatte. So wurde im Jahre 1845 in Pärnu der später bedeutendste Völkerrechtler des russischen Zarenreiches, Friedrich Fromhold (Fjodor Fjodorowitsch) Martens geboren. Seit 2012 veranstaltet die juristische Fakultät der Universität Tartu in Pärnu ein „Martens Summer School on International Law" – vielleicht sollten wir auch an ein lebendiges Format denken, das Boris Meissner ehren würde?

Die Republik Estland war 1918 gegründet worden und die Universität Tartu – das alte und ehrwürdige Dorpat – war damals die einzige Bildungsstätte für Juristen in Estland. So hat Boris Meissner in den 1930er Jahren in Tartu Jura studiert. Sein Völkerrechts-Professor war der Jurist und Politiker Ants Piip, der 1942 im sowjetischen Gulag umgekommen ist. Es gibt einen Brief, den Boris Meissner in den 1990er Jahren dem estnischen Rechtshistoriker Professor Peeter Järvelaid geschickt hat und in dem er mit guten dankenden Worten an seine estnischen Juraprofessoren der Tartuer Studienjahre, incl. Ants Piip, zurückblickt.

Ich glaube, dass das Studium in Tartu Meissner insofern stark beeinflusst hat, dass Dorpat schon seit dem Anfang des 19. Jahrhunderts die Universität war, in welcher die Juristen viel im Gebiet der vergleichenden Rechtswissenschaft vollgebracht haben. Gerade das Studium des russischen Rechts und der russischen

Rechtsgeschichte von der (balten)deutschen Perspektive war ihre Herzenssache. Einer der Gründer dieser rechtswissenschaftlichen Richtung in Dorpat war der Rechtshistoriker Johann Philipp Gustav von Ewers (1779-1830), aber diese Tradition blühte in der ‚östlichsten Universitätsstadt des Westens' im ganzen 19. Jahrhundert. Anfang der 1880er Jahre war die Universität Dorpat jedoch weitgehend russischsprachig gemacht worden. Ein Versuch im Jahre 1918, die Universität Dorpat wieder deutschsprachig zu machen, scheiterte als die deutsche Besatzungsmacht das Baltikum wieder verlassen hatte.

Boris Meissner war Mitglied der deutschbaltischen Studenten-verbindung Neobaltia – das schöne und architektonisch sehr ‚deutsch' aussehende Gebäude steht immer noch an der Ecke der Kastani-Straße in Tartu. Jetzt befindet sich dort das deutsche Kulturinstitut in Tartu, das Sprachkurse, kulturelle Veranstaltungen u. ä. veranstaltet. Als Jurastudent in den 1990er Jahre habe ich dort manchmal thematische Veranstaltungen besucht; damals wusste ich aber noch nichts über Boris Meissner und seine Jahre in Tartu – und die Neobaltia.

Als Promotionsstudent in Berlin (1999-2002) habe ich mich der Frage gewidmet, ob die baltischen Staaten ihre staatliche Kontinuität behalten konnten, trotz der sowjetischen Annexion, oder ob diese These eine reine Fiktion war, so wie die russische Regierung es immer noch behauptet. Schnell habe ich festgestellt, dass ein führendes Werk in diesem Gebiet die Dissertation von Meissner, „Die Sowjetunion, die baltischen Staaten und das Völker-recht" (1956) war. Das Buch war und ist wichtig, weil es alle historischen und rechtlichen Argumente beinhaltet, die die sowjetische Annexion völkerrechtswidrig gemacht haben. Einmal um 2000 habe ich auch Boris Meissner in seinem Haus in Köln besucht und ich erinnere mich immer noch an die Klugheit von Boris Meissner und daran, wie nett und höflich seine liebende Frau Irene Meissner war.

Eine andere Szene habe ich in Erinnerung von meiner Promotionszeit in Berlin: Empfang des estnischen Präsidenten Lennart Meri

(1929-2006) in Berlin am Gendarmenmarkt. Nach allen offiziellen Worten setzten Meri und Meissner sich einfach zusammen und man konnte gleich sehen, dass die zwei befreundet und in gewisser Hinsicht auch Schicksalsgenossen waren. Vor allem war das aus meiner beobachtenden Sicht eine Stunde der Zufriedenheit für die beiden – Estland war wieder frei, Deutschland war wieder einig und beide waren unentbehrliche Teile Europas und der westlichen Welt.

Ich weiß auch, dass Herr Meri Herrn Meissner sehr geschätzt hat. Estland hatte keine eigenen Rechtswissenschaftler, die so gut wie Meissner mit den Fragen der Staatenkontinuität und Besatzung umgehen konnten wie Meissner. Darüber hinaus war für Meri bestimmt wichtig, dass Meissner als Deutschbalte Russland nicht durch rosa Brillen gesehen hat, sondern bestimmt einen realistischen und nicht euphorischen Blick über dieses Land bewahrt hat. Immer noch wundern sich viele Balten über das einzigartige Phänomen des Gewichts der ‚Russlandversteher' in Deutschland. Der Vorteil von Leuten wie Meissner war, dass sie wirklich eigene Erfahrungen im Land gemacht hatten und die russische Kultur in gewisser Hinsicht ‚von innen heraus' kannten.

Die ethnischen Deutschen und Esten blicken in Estland auf eine lange und wechselvolle Geschichte zurück. Natürlich waren die Deutsche im Mittelalter und später die dominierende Minderheit. Das estnische nationale Denken war vielfach auch vom deutschen nationalen Denken inspiriert worden – Fichte, Herder usw. Im Jahr 1918 führte dieses Denken zur Ausübung des Selbstbestimmungsrechts der Völker im Baltikum und die Republiken Estland und Lettland wurden gegründet. Der Hitler-Stalin Pakt vom August 1939 und die sowjetische Besatzung und Annexion von 1940 bedeuteten nur ein zeitweiliges Ende dieser Staaten. Estland hat damals mit der sog. Umsiedlung und Nachsiedlung auch seine jahrhundertealte deutsche Volksgruppe verloren; einer von ihnen Boris Meissner. Aber das Werk von Boris Meissner bedeutete: so ganz verloren ging diese Volksgruppe und seine besten Vertreter Estland nicht. In der dunklen sowjetischen Nacht hat Boris Meissner seinem Estland und seinem Baltikum seine helfende Hand, seinen juristischen Intellekt gereicht. Leute wie Lennart Meri, denen wir die unblutige Wiedererlangung unserer Staatlichkeit im Jahre 1991 verdanken, konnten diese Argumente effektiv benutzen; sie waren ‚bereit zum Anwenden‘. Dafür sind diejenigen, die in Estland in juristischen Sachen Bescheid wissen, Boris Meissner für immer dankbar.

Adrianna A. Michel:

Polens Beziehungen zu Russland – ein Blick in die Geschichte

I. Einleitung

Polen und Russland blicken in ihrer jahrhundertelangen Geschichte auf eine Vielzahl problematischer Phasen zurück. Der große Nachbar im Osten verhieß für Polen meist nichts Gutes: Unterdrückung, Kriege, Fremdherrschaft. Es wundert daher wenig, dass es bis heute in den polnisch-russischen Beziehungen dauerhafte Spannungen gibt.

Besonders verheerend für die gegenseitigen Beziehungen waren die Entwicklungen im 18. Jahrhundert, das durch die Entstehung des neuen russischen Imperiums und den Niedergang der polnischen Adelsrepublik geprägt war. So nahm etwa Russland bei den polnischen Teilungen 1772, 1793 und 1795 eine bedeutende Rolle ein. Dem gegenüber standen auch polnische Angriffe auf Russland wie etwa in den Jahren 1610 und 1709.[1]

Seit dem Jahre 1990 führten gegensätzliche politische Interessen zu einer Verschlechterung der polnisch-russischen Beziehungen. Zunächst lag der Fokus der polnischen Außenpolitik auf einer Verbesserung der Beziehung. Eine Annäherung der beiden Länder ist jedoch bisher nicht in Sicht. Am stärksten belastet werden die polnisch-russischen Beziehungen durch die historischen Streit-fragen und den unterschiedlichen Stellenwert, den beide Seiten der Geschichte zuweisen. Im Jahre 2000 wurden zwei polnische Militärfriedhöfe in Katyn und in Mednoje eröffnet, womit aus russischer Sicht der Streit um Katyn abgeschlossen war. Für die Russen waren und sind die polnischen Forderungen nach völliger Aufklärung des Verbrechens von Katyn unverständlich. Russland machte mehrmals deutlich, dass die polnische Seite nur deshalb in dieser Frage kontinuierlich Druck auf Russland ausübe, weil sie in der polnischen

---

[1] Hey, Patrizia, Die sowjetische Polenpolitik Anfang der 1980er Jahre und die Verhängung des Kriegsrechts in der Volksrepublik Polen. Tatsächliche sowjetische Bedrohung oder erfolgreicher Bluff?, 2010, S. 33.

Gesellschaft antirussische Stimmungen am Leben erhalten wolle, um sie für innenpolitische Zwecke zu nutzen. Im März 2005 beendete die russische Militärstaatsanwaltschaft die Untersuchung im Fall von Katyn, verweigerte die Anerkennung des dort Gesche-henen als Völkermord und sperrte den Großteil der einschlägigen Dokumente für die Öffentlichkeit. Dies rief in Polen, wo man nach wie vor auf der vollständigen Aufklärung des Verbrechens von Katyn beharrt, Befremden hervor.

Zu den historischen Streitfragen zählt zudem die diametral entgegengesetzte Bewertung und Umsetzung der Annexion der polnischen Ostgebiete auf der Grundlage des Ribbentrop-Molotow-Paktes nach dem 17. September 1939.

Die wichtigste Streitfrage zwischen Warschau und Moskau in den 1990er Jahren war jedoch eine sicherheitspolitische, die erheblich zur Verschlechterung der beiderseitigen Beziehungen beitrug. Polen wollte so schnell wie möglich der NATO beitreten, wogegen Moskau offen protestierte. Das unerwartete Einverständnis mit einer Mitgliedschaft Polens in der NATO, das Präsident Jelzin während seines Besuches in Warschau im August 1993 verkündete, wurde schnell zurückgenommen. Im Anschluss daran verschlechterten sich die polnisch-russischen Beziehungen kontinuierlich trotz Bemühungen von polnischer Seite.

Im Folgenden soll die gemeinsame Vergangenheit beider Staaten beleuchtet werden. Hierbei wird allerdings nur auf diejenigen historischen Ereignisse eingegangen, die die größten Auswirkungen auf das Verhältnis Polens und Russlands hatten und die gegenseitigen Beziehungen bis in die heutige Zeit beeinflussen.

II. Die Schatten der Vergangenheit

1. Die drei Teilungen des polnischen Staates 1772-1793-1795

a) Der Weg zur ersten Teilung 1772

Im Rahmen der Verhandlungen zwischen Preußen und Russland konnte Heinrich, der Bruder des preußischen Königs Friedrich II., die Zarin schließlich im Oktober 1770 zu einer Teilung von polnischen Gebieten überreden.[2] Russland gab sein Einverständnis, da die Unterwerfung der Aufständischen sich in Polen hinzog, sodass es handeln musste.[3] Preußen hatte schon lange das Ziel einer Landbrücke nach Ostpreußen verfolgt und Österreich erhoffte sich eine Entschädigung für die im Jahre 1740 verlorenen schlesischen Gebiete.[4] Demnach verfolgten zumindest Preußen und Österreich mit einer Teilung territoriale Kompensationen.[5] Der Abschluss der gegenseitigen Teilungsverträge erfolgte am 25. Juli 1772.[6] Bereits zuvor hatten Truppen der Vertragspartner die von ihnen beanspruchten Gebiete besetzt.[7]

In dieser ersten Teilung Polens[8] annektierte Russland den polnischen Teil Livlands und die östlichen Gebiete mit 84.000 km² und 1,25 Millionen Bewohnern. Österreich besetzte unter dem vermeintlich historischen Titel eines „Königreichs Galizien und Lodomerien"[9] Kleinpolen südlich der Weichsel und die Südostgebiete

---

[2] Vgl. Cegielski, Tadeusz, Das alte Reich und die erste Teilung Polens 1768-1774, 1988, S. 71; Beer, Adolf, Die Erste Theilung Polens, Zweiter Band, 1873, S. 44-46.

[3] Vgl. Boockmann, Hartmut, Deutsche Geschichte im Osten Europas. Ostpreußen und Westpreußen, 2. Aufl., 1992, S. 320.

[4] Vgl. Lemberg, Hans, Polen zwischen Russland, Preussen und Österreich im 18. Jahrhundert, in: Kaiser, Friedhelm Berthold/Stasiewski, Bernhard (Hrsg.), Die erste polnische Teilung 1772, 1974, S. 29-48

[5] Vgl. Ciegielski, Das alte Reich, S. 68.

[6] Text. Parry, Clive (ed.), The Consolidated Treaty Series, vol. 45 (1772-1775), 1969, S. 57 ff. (Österreich-Russland), 67 ff. (Österreich-Preußen), 73 ff. (Russland-Preußen).

[7] Vgl. Kaplan, Herbert H., The First Partition of Poland, 1962, S. 174; Łepkowski, Tadeusz, Polska – narodziny nowoczesnego narodu 1764-1870 [Polen - Geburt einer modernen Nation], 2003, S. 133.

[8] Konkret des polnisch-litauischen Unionsstaates.

[9] Diese Gesamtbezeichnung für die Region ist eine Ableitung vom mittelalterlichen „Halyč und Volodymr". Lodomerien gehörte nicht zur Neuerwerbung und blieb auch stets außerhalb der österreichischen Grenzen. Unter die Bezeichnung Galizien wurden nach 1772 auch Regionen subsumiert, die niemals dem früheren Fürstentum Halyč angehört hatten. Im kaiserlichen Erlass vom 3. Oktober 1772 wurde als Legitimation für die Besitzergreifung des neuen Territoriums angeführt, dass Galizien und Lodomerien ursprünglich als russische Fürstentümer seit dem 13. Jh. zum Königtum Ungarn gehörten und im Jahr 1412 rechtswidrig vom Königreich Polen eingenommen worden seien. Damit war die Erklärung geliefert, dass die Länder Teil der Krone Böhmens waren und die österreichische Erzherzogin Maria Theresia zugleich Königin von Ungarn und Böhmen war. Vgl. Glassl, Horst, Das österreichische Einrichtungswerk in Galizien (1772-1790), 1975, S. 54; Maner, Hans-Christian, Galizien.

Wolhynien, Podolien und Krakau mit 84.000 km² und 2,67 Millionen Menschen. Preußen nahm sich das „Königliche Preußen"[10], das Ermland sowie den sogenannten Netzedistrikt[11] mit nur knapp 35.000 km² und etwa 356.000 Einwohnern und hatte damit den zwar kleinsten, strategisch aber den für das Land wichtigsten Gebietsteil errungen.[12]

Die erste Teilung hatte ganz Polen unter Schock versetzt und dazu geführt, dass ein verstärkter Wunsch nach Reformen und dem Wiederaufbau Polens aufkam.[13] Der polnische König sympathi-sierte mit den Reformierungswünschen der Polen,[14] zu denen etwa die Abschaffung des *Liberum Veto*[15] gehörte, erregte aber damit den Widerspruch eines Teils des Adels, insbesondere der Magnaten.[16] Solange sich die Teilungsmächte in ihrem Vorgehen gegenüber Polen einig waren, bestand wenig Hoffnung, neue Reformen in Polen durchsetzen zu können. Die Einigkeit der drei Mächte zerbrach aber im Jahre 1788, als Russland und Österreich einen gemeinsamen

---

Eine Grenzregion im Kalkül der Donaumonarchie im 18. und 19. Jahrhundert, 2007, S. 41.

[10] Das Königliche Preußen wurde nun Westpreußen genannt. Mit dem preußischen Gebiets-zugewinn war die Teilung Preußens aus dem Jahre 1466 aufgehoben und Preußen hatte wieder eine Landverbindung zwischen seinen östlichen Landesteilen. Vgl. Rhode, Gotthold, Staatliche Entwicklung und Grenzziehungen, in: Rhode, Gotthold (Hrsg.), Die Ostgebiete des Deutschen Reiches, 4. Aufl., 1957, S. 111).

[11] Bei dem Netzedistrikt handelte es sich um an Preußen südlich angrenzende beiderseits der Netze liegende Landstreifen.

[12] Mewes, Konrad, Die polnischen Teilungen, in: Fechner, Helmuth (Hrsg.), Deutschland und Polen 1772-1945, 1964, S. 9-29 (16).

[13] Vgl. Serejski, Marian Henryk, Europa a rozbiory Polski. Studium historiograficzne [Europa und die Teilungen Polens. Eine historiographische Studie], 2. Aufl., 2009, S. 101.

[14] Vgl. Gierowski, Józef Andrzej, The Polish-Lithuanian Common-wealth in the XVIIIth Century. From Anarchy to Well-organised State, 1996, S. 254.

[15] Einspruchsrecht im polnischen Parlament. Jeder Abgeordnete konnte aufgrund seines Einspruchs Beschlüsse verhindern.

[16] Vgl. Łukaszewicz, Witold, Targowica i powstanie kościuszkowskie [Targowica und der Kościuszko-Aufstand], 1953, S. 90; Rolnik, Dariusz, Szlachta koronna wobec konfederacji Targowickiej (maj 1792-styczeń 1793) [Der Adel der Krone und die Konföderation von Targowica (Mai 1792-Januar 1793)], 2000, S. 61.

Krieg gegen die Türkei führten, Preußen sich jedoch mit England, Holland und der Türkei gegen sie verbündete.[17]

Im Vierjährigen Sejm in den Jahren 1788 bis 1792[18] formierten sich in Polen die Anhänger, die gegen eine enge Anlehnung an Russland waren, immer stärker zusammen. Dadurch kam eine tragfähige Mehrheit zustande, die es ermöglichte, durch innenpolitische Reformen die Handlungsfähigkeit des Staates wiederherzustellen.[19] Im Oktober 1788 kam der sogenannte „Große Reichstag" zusammen.[20] Am 3. Mai 1791 wurde schließlich ein Verfassungsentwurf vorgelegt und angenommen.[21] Die Verfassung vom 3. Mai 1791 schrieb als dritte Verfassung nach der Verfassung der Vereinigten Staaten und der Verfassung Frankreichs die Rechte und Pflichten der Bürger fest.[22]

b) Die zweite Teilung 1793

Russland sah die „polnische Revolution" als gegen seine Interessen gerichtet[23] und schlug Preußen vor, gemeinsame Schritte, insbesondere eine gewaltsame Wiederherstellung der alten polnischen Verfassung, einzuleiten.[24] Nachdem Katharina sich vergewissert hatte, dass Preußen keineswegs zu einer Garantie oder gar

---

[17] Vgl. Vahle, Hermann, Die polnische Verfassung vom 3. Mai 1791 im zeitgenössischen deutschen Urteil, in: Jahrbücher für Geschichte Osteuropas, Neue Folge 19 (1971), S. 347-370 (347).

[18] Eine detaillierte historische und rechtliche Aufarbeitung des Vierjährigen Sejm findet sich bei: Leśnodorski, Bogusław, Dzieło Sejmu Czteroletniego (1788-1792). Studium historyczno-prawne [Die Arbeit des Vierjährigen Sejm. Historisch-rechtliche Studie], Wrocław 1951.

[19] Vgl. Serejski, Europa a rozbiory Polski, S. 102; Russocki, Stanisław, Modernisierung oder Reform? Die „Einstimmigkeit" der polnischen Reichstagsbeschlüsse und ihr Wandel im 18. Jahrhundert, in: Conze, Werner/Schramm, Gottfried/Zernack, Klaus (Hrsg.), Modernisierung und nationale Gesellschaft im ausgehenden 18. U. im 19. Jahrhundert. Referate einer deutsch-poln. Historikerkommission, 1979, S. 28-33.

[20] Vgl. Kądziela, Łukasz, Narodziny Konstytucji 3 maja [Die Geburt der Verfassung vom 3. Mai], 1991, S. 37.

[21] Vgl. Lukowski, Jerzy, The Partitions of Poland 1772, 1793, 1795, 1999, S. 140. Zu Ehren der Maiverfassung wurde der 3. Mai in Polen zum Nationalfeiertag bestimmt. Seit 2007 ist dieser Tag auch Nationalfeiertag in Litauen.

[22] Vgl. Gierowski, Polish-Lithuanian Commonwealth, S. 255.

[23] Vgl. Lord, Robert Howard, Drugi Rozbiór Polski, 1984, S. 221.

[24] Vgl. Broszat, Martin, 200 Jahre deutsche Polenpolitik, 1963, S. 38.

Verteidigung der alten Verfassung bereit war, setzte sie im Mai 1792 russische Truppen gegen Polen-Litauen in Marsch.[25] In nur wenigen Wochen wurde das polnisch-litauische Heer von der russischen Übermacht geschlagen. Der Sturz der Maiverfassung war damit nach dem formalen Abschluss des Manifestes von Targowica nun auch faktisch vollzogen.[26] Katharina ging es aber keineswegs um eine erneute Teilung Polen-Litauens. Sie wollte vielmehr den Zuwachs Preußens durch polnische Gebiete verhindern oder möglichst in engen Grenzen halten. Ihr Ziel lag daher vor allem in der Wiederherstellung und Befestigung der russischen Oberhoheit über einen polnischen Protektoratsstaat.[27]

c) Der Kościuszko-Aufstand und das Gemetzel von Praga 1794

Die Befreiung Polens von der russischen Besatzungsmacht und seine vollständige staatliche Unabhängigkeit waren die erklärten Ziele des Kościuszko-Aufstandes.[28] Die Unruhen in Polen begannen zu Anfang des Jahres 1794. Zwischen den patriotischen Gesellschaften entstand ein Netz enger Verbindungen mit einer leitenden Zentrale in Krakau, die Kontakte zu den emigrierten Urhebern der Maiverfassung aufnahm. Die Polen sahen in Tadeusz Kościuszko ihren Führer der nationalen Befreiung.[29] Am 24. März 1794 wurde die Aufstandsakte proklamiert[30] und Kościuszko ließ sich offiziell zum Führer des nationalen Befreiungskampfes ausrufen.[31] Bei Racławice gelang ihm ein militärischer Überraschungs-erfolg gegen Russland, der im ganzen Land einen enormen Eindruck

---

[25] Vgl. Stone, Daniel, Polish Politics and National Reform 1775-1788, 1976, S. 84.

[26] Vgl. Broszat, 200 Jahre deutsche Polenpolitik, S. 39.

[27] Vgl. Broszat, 200 Jahre deutsche Polenpolitik, S. 40.

[28] Vgl. Góralski, Zbigniew, Der Kościuszko-Aufstand und die Monarchie, in: Haumann, Heiko/ Skowronek, Jerzy (Hrsg.), Der letzte Ritter und erste Bürger im Osten Europas. Kościuszko, das aufständische Reformpolen und die Verbundenheit zwischen Polen und der Schweiz, 1996, S. 221-226 (221).

[29] Bis heute wird er in Polen als Nationalheld gefeiert.

[30] Vgl. Tatarinoff-Eggenschwiler, Adele, Tadeusz Kościuszko 1746-1817. Kampf und Opfer für die Freiheit, 1967, S. 47 f.; Góralski, Der Kościuszko-Aufstand und die Monarchie, in: Haumann/Skowronek, Der letzte Ritter, S. 224.

[31] Vgl. Arnold, Stanisław/Żychowski, Marian, Abriss der Geschichte Polens. Von den Anfängen des Staates bis in die neueste Zeit, 1967, S. 78.

hinterließ.[32] Auf diese Weise konnte in er Folge im April Warschau erobert werden.[33] Die Befreiung setzte sich daraufhin erfolgreich in weiteren Städten durch.[34] Die von Kościuszko anfangs auf Preußen gesetzten Erwartungen wurden allerdings enttäuscht. Berlin entschloss sich nämlich, dem russischen Hilfeersuchen Folge zu leisten. Die preußischen Truppen schlugen Juni 1794 Kościuszkos Truppen und nahmen auch Krakau ein.[35]

Für die Verwirklichung der preußischen Annexionspläne war die Eroberung Warschaus von großer Bedeutung.[36] Die entscheidende Niederlage erlitten die polnischen Truppen schließlich am 10. Oktober 1794 unter dem Befehl von Kościuszko in der Schlacht bei Maciejowice.[37] Mit der Einnahme Warschaus sowie der Gefangennahme der polnischen Führer war das Schicksal des Volksauf-standes besiegelt.

Die Schlacht bei Praga vom 4. November 1794 verweist auf die militärische Auseinandersetzung zwischen den Truppen des Russischen Reiches und der Rzeczpospolita im östlichen Vorort Warschaus, Praga, während des Kościuszko-Aufstands. Im Verlaufe der Schlacht begannen die Russen die gesamte Vorstadt Warschaus zu plündern und niederzubrennen, was als blutige Rache für die vorherige Vernichtung der russischen Garnison von Warschau während der dortigen Erhebung vom April 1794 gesehen wurde, die nach der Zweiten Teilung Polens im Jahre 1793 in der Hauptstadt des Königreichs Polen stationiert war. Damals waren mehr als 4.000 russische Soldaten und Zivilisten getötet worden. Fast der gesamte Bereich von Praga wurde geplündert und dem Erdboden gleichgemacht, viele seiner Einwohner ermordet.

---

[32] Vgl. Rawski, Tadeusz, Powstanie kościuszkowskie 1794. Dzieje militarne [Der Kościuszko-Aufstand. Militärgeschichte], Bd. I, 1994, S. 184 ff.
[33] Vgl. Arnold/Żychowski, Abriss der Geschichte Polens, S. 78; Tatarinoff-Eggenschwiler, Tadeusz Kościuszko, S. 57.
[34] Vgl. Broszat, 200 Jahre deutsche Polenpolitik, S. 42.
[35] Vgl. Arnold/Żychowski, Abriss der Geschichte Polens, S. 79.
[36] Vgl. Moritz, Erhard, Preußen und der Kościuszko-Aufstand 1794. Zur preußischen Polenpolitik in der Zeit der Französischen Revolution, 1968, S. 103.
[37] Vgl. Wąsicki, Jan, Powstanie kościuszkowskie w Wielkopolsce [Der Kościuszko-Aufstand in Großpolen], 1957, S. 152; Arnold/Żychowski, Abriss der Geschichte Polens, S. 79.

d) Die dritte Teilung 1795

Russland hatte während des Kościuszko-Aufstandes den entscheidenden Schlag geführt und von Petersburg hing jetzt in erster Linie die weitere Zukunft des polnischen Staates ab. Nach dem Aufstand war absehbar, dass eine dritte Teilung folgen würde.[38] Anders als bei den ersten beiden Teilungen war jetzt auch Petersburg von vorneherein zur kompletten Aufteilung Polen-Litauens entschlossen. [39] Nach der dritten Teilung war Polen-Litauen von der Landkarte Europas verschwunden. Preußen erwarb den größten Teil Masowiens mit Płock und Warschau, fast ganz Podlachien mit Białystock und Teile Litauens bis zur Memel und Kleinpolens bis zur oberen Pilica.[40] Russland besetzte den ganzen Osten bis an Bug und Memel einschließlich Kurland. Österreich bekam das Gebiet beiderseits der mittleren Weichsel zwischen Pilica und Bug.[41] Die Zeit nach den Teilungen zwischen den Jahren 1795 bis 1918 war für die Polen mit Fremdherrschaft, Unterdrückung und dem Kampf um die Unabhängigkeit verbunden. Die Polen hatten sich mit dem Verlust ihrer Staatlichkeit niemals abgefunden. Der Zeitraum bis zur Wiedererrichtung des unabhängigen Staates Polen im Jahre 1918 war daher von zahlreichen Kämpfen in den Teilungsgebieten zur Erlangung seiner Unabhängigkeit geprägt.

2. Erster Weltkrieg, Versailler Friedensvertrag und die Zeit nach der „Wiederauferstehung" des polnischen Staates

Im Friedensvertrag von Versailles wurde die Unabhängigkeit Polens proklamiert. Die Siegermächte legten die neuen Grenzen in

---

[38] Vgl. Moritz, Preussen und der Kościuszko-Aufstand 1794, S. 167; Lord, Drugi Rozbiór Polski, S. 296; Müller, Michael G., Die Teilungen Polens 1772-1793-1795, 1984, S. 52 f.

[39] Broszat, 200 Jahre deutsche Polenpolitik, S. 43.

[40] Preußen bildete aus den hinzugewonnenen Gebieten zwischen der ostpreußischen Grenze und den Flüssen Weichsel, Bug und Memel sowie mit dem Gebiet Westmasowien mit Płock und Białystok die Provinz „Neuostpreußen". Vgl. Schumacher, Bruno, Geschichte Ost- und Westpreußens, 6. Aufl. 1977, 2002, S. 226.

[41] Rhode, Staatliche Entwicklung, in: Rhode, Ostgebiete, S. 111.

Osteuropa nach den bestehenden Bevölkerungsmehrheiten fest. Zwei Vertreter Polens durften an den Vertragsverhandlungen, die am 18. Januar 1919 in Paris aufgenommen wurden, teilnehmen.[42] Die Polen bestimmten Roman Dmowski und Ignacy Paderewski, der inzwischen zum Ministerpräsidenten der Warschauer Regierung bestimmt worden war, zu ihren Vertretern. Dmowski forderte in seinem Bericht[43] für Polen die historische Grenze aus dem Jahre 1772 mit Niederschlesien und Teilen von Ostpreußen, die früher polnisch waren.[44] Am 28. Juni 1919 unterzeichneten Paderewski und Dmowski im Namen Polens im Spiegelsaal des Schlosses zu Versailles den Versailler Friedensvertrag[45]. Unklar blieb, wie die Ostgrenze Polens ausgestaltet werden sollte. Der Vertrag ließ die Frage der polnischen Ostgrenze ausdrücklich offen und sah eine spätere Entscheidung der Alliierten vor.[46] Mit dem Argument des Selbstbestimmungsrechts der Völker wollten die Siegermächte die Grenzziehung nach Maßgabe einer ethnographischen Grenze festlegen.[47] Am 8. Dezember 1919 wurde aufgrund der Curzon-Linie[48] die vorläufige Grenze zwischen Polen und Sowjetrussland bestimmt.[49]

---

[42] Vgl. Kozicki, Stanisław, Sprawa granic Polski na konferencji pokojowej w Paryżu [Die Frage der polnischen Grenze auf der Friedenskonferenz in Paris], 1921, S. 11.

[43] Franz. Text: Sekretariat Jeneralny Delegacji Polskiej (Hrsg.), Akty i dokumenty dotyczące spraw granic Polski na Konferencji Pokojowej w Paryżu 1918-1919, część 1. Program terytorialny delegacji [Akte und Dokumente betreffend die Grenzfrage Polens auf der Friedenskonferenz in Paris 1918-1919, Teil 1. Territorialprogramm der Delegation], 1920, S. 109-123 (die polnische Westgrenze betreffend) und S. 125-133 (die polnische Ostgrenze betreffend).

[44] Vgl. Komarnicki, Titus, Rebirth of the Polish Republic. A Study in the Diplomatic History of Europe 1914-1920, 1957, S. 326; Wroniak, Zdzisław, Sprawa polskiej granicy zachodniej w latach 1918-1919 [Die Frage d. poln. Westgrenze in den Jahren 1918-1919], 1963, S. 101.

[45] Text: RGBl. 1919, Nr. 140, S. 688 ff.

[46] Vgl. Art. 87 Abs. 3-5 Versailler Vertrag.

[47] Vgl. Bobrzyński, Michał, Wskrzeszenie państwa polskiego. Szkic historyczny [Die Auferstehung des polnischen Staates. Eine historische Skizze], Bd. 1. 1914-1918, 1920, S. 113 f.

[48] Den Namen „Curzon-Linie" erhielt die Demarkationslinie erst im Juli 1920, nachdem sie im Zusammenhang mit den Waffenstillstandsverhandlungen der Alliierten im Polnisch-Sowjetischen Krieg vom britischen Außenminister Lord Curzon im Protokoll von Spa als Waffenstillstandslinie vorgeschlagen worden war. Vgl. von Jena, Karl, Polnische Ostpolitik nach dem Ersten Weltkrieg. 1980, S. 22.

[49] Die Demarkationslinie entsprach weitgehend der Grenze, die zwischen 1815 und 1914 Kongresspolen und Russland voneinander getrennt hatte.

Weder Sowjetrussland noch Polen gaben sich mit diesem Vorschlag zufrieden. Die Polen, insbesondere Piłsudski, bestanden weiterhin darauf, dass Polen in den Grenzen von Polen-Litauen in der Zeit vor den drei Teilungen wiederhergestellt würde. Das gleichzeitige Vordringen der polnischen Armee nach Osten und der Roten Armee nach Westen in die von den deutschen Truppen geräumten Gebiete führte im Frühjahr 1919 zu ersten militärischen Zusammenstößen zwischen Polen und Sowjetrussland.[50] Der polnischen Armee gelang schließlich am 16. August 1920 der endgültige Sieg, indem sie die Rote Armee zum überstürzten Rückzug und zur Aufgabe aller eroberten Gebiete zwingen konnte.[51] Große Unzufriedenheit bei den Polen herrschte jedoch darüber, dass Wilna gemäß der Curzon-Linie auf der Seite Litauens verblieb. Nach einem am 10. Juli 1920 unterzeichneten Protokoll über die Bedingungen des Waffenstillstandes sollte sich Polen hinter die Curzon-Linie zurückziehen. Sowjetrussland hielt sich nicht an diesen Waffenstillstand und drang weiter in das Innere Polens vor. Am 14. Juli wurde Wilna schließlich von der Roten Armee besetzt. Am 15. Juli 1920 wurde der Frieden zwischen der Republik Litauen und Sowjetrussland unterzeichnet. Sowjetrussland erkannte Litauen als unabhängigen Staat an und am 27. August 1920 übergab die Rote Armee Wilna endgültig an Litauen.[52] Piłsudski gab sich damit nicht zufrieden, sodass er am 9. Oktober 1920 der polnischen Armee den Befehl gab, in Wilna einzumarschieren.[53] Als vorübergehende Lösung[54] wurde

---

[50] Vgl. von Jena, Polnische Ostpolitik, S. 21.

[51] Ebenda, S. 29.

[52] Vgl. Bubnys, Arunas, Der litauisch-polnische Konflikt 1919-1923 aus völkerrechtlicher Sicht, in: Oberländer, Erwin (Hrsg.), Polen nach dem Kommunismus, 1993, S. 106-114 (109); Roos, Hans (Begr.)/Alexander, Manfred, Geschichte der polnischen Nation 1918-1985. Von d Staatsgründung im Ersten Weltkrieg bis zur Gegenwart, 4. Aufl., 1986 S. 94.

[53] Vgl. Srebrakowski, Aleksander, Sejm Wileński 1922 roku. Idea i jej realizacja [Der Reichstag von Vilnius 1922. Idee und deren Umsetzung], 1993, S. 40 f.; Łossowski, Piotr, Stosunki polsko-litewskie w latach [Poln.litauische Verhältnisse i. d. Jahren] 1918-20], 1966, S. 302.

[54] Um die Annexion des Wilna-Gebietes zu „verschleiern", führte Polen am 8. Januar 1922 Wahlen zu dem sog. Sejm „Mittel-Litauens" durch, der dieses Territorium am 20. Februar Polen zusprach. Vgl. Loose, Ingo, Der Erste Weltkrieg als Eschatologie. Staatliche Einheit und Sinnstiftung in der Zweiten Polnischen Republik 1918-1939, in: Stegmann, Natali (Hrsg.), Die Weltkriege als symbolische Bezugspunkte: Polen,

die Gründung von Mittel-Litauen[55] auf dem besetzten Gebiet proklamiert.[56] Im Friedensvertrag von Riga[57] im Jahre 1921, der den polnisch-sowjetischen Krieg beendete,[58] wurde Polens Ostgrenze
etwa 250 Kilometer östlich der Curzon-Linie festgelegt.[59] Polen erhielt große Teile der Ukraine und Weißrusslands sowie die litauische Hauptstadt Wilna.[60] Die Anerkennung des Wilna-Gebietes als
polnisches Staatsgebiet erfolgte schließlich am 15. März 1923, als
die Konferenz der fünf Mächte die östliche Grenze Polens endgültig
anerkannte.[61]

Anfang der 1930er Jahre war die Sowjetunion am Ausbau der politischen Beziehungen zu Polen interessiert. Hintergrund war

---

die Tschechoslowakei und Deutschland nach dem Ersten und Zweiten Weltkrieg,
2009, S. 39-57 (47); Kasperavičius, Algis, Kształtowanie się litewskich struktur państ-
wowych i problem porozumienia się z Polską [Die Herausbildung litauischer Staats-
strukturen und das Problem der Verständigung mit Polen], in: Ajnenkiel, Andrzej
(red.), Rok 1918. Odrodzona Polska w nowej Europie [Das Jahr 1918. Das wieder-
geborene Polen im neuen Europa], 1999, S. 128-136 (119).
[55] Erst am 22. Dez. 1922 wurde die Wojewodschaft Wilna als 16. Wojewodschaft
Polens gegründet. Vgl. Kaczmarek, Ryszard, Historia Polski 1914-89, 2010, S. 133.
[56] Vgl. Łossowski, Piotr, Po tej i tamtej stronie Niemna. Stosunki polsko-litewskie
[Diesseits und Jenseits der Memel. Polnisch-litauische Verhältnisse] 1883-1939,
1985; S. 167 f.; Kaczmarek, Historia Polski, S. 132 f.
[57] Der Friedensvertrag von Riga wurde am 18. März 1921 unterzeichnet und trat am
30. April 1921 in Kraft; poln. Text: Kumaniecki, Kazimierz Władysław, Odbudowa
państwowości polskiej. Najważniejsze dokumenty 1912 – styczeń 1924 [Wiederauf-
bau der polnischen Staatlichkeit. Die wichtigsten Dokumente 1912 – Januar 1924],
1924, Nr. 252, S. 526-545.
[58] Vgl. Kumaniecki, Jerzy, Pokój polsko-radziecki 1921 [Der Frieden von Riga 1921],
S. 63; von Jena, Polnische Ostpolitik, S. 178.
[59] Vgl. Böttcher, Hans Viktor, Die Freie Stadt Danzig. Wege und Umwege in die europäische Zukunft, 3. Aufl., 1999, S. 53; Art. II des Rigaer Friedensvertrages zwischen Polen und Russland mit der Ukraine; insgesamt konnte Polen mit der Grenz-
verschiebung ein Gebiet von etwa 10.000 km^2 hinzugewinnen. Vgl. Kowalski,
Zdzisław G., Granica ryska [Die Grenze von Riga], in: Wojciechowski, Mieczysław
(Hrsg.), Traktat ryski 1921 roku po 75 latach [Der Vertrag von Riga 1921 nach 75
Jahren], 1998, S. 127-139 (133).
[60] Kempen, Bernhard, Die deutsch-polnische Grenze nach der Friedensregelung des
Zwei-plus-Vier-Vertrages, 1997, S. 23 f.
[61] Vgl. Łossowski, Piotr, Stosunki polsko-litewskie w latach [Polnisch-litauische Verhältnisse in d.Jahren] 1918-1920, 1966, S. 43; Bubnys, Arunas, Der litauisch-polnische Konflikt 1919-1923 aus völkerrechtlicher Sicht, in: Oberländer, Erwin (Hrsg.),
Polen nach dem Kommunismus, 1993, S. 106-114 (112); Alius, Abramson Ale-
xandre, Die Curzon-Linie. Das Grenzproblem Sowjetunion-Polen, 1945, S. 39.

insbesondere, dass Polen für die Sowjetunion zu einem wichtigen politischen Faktor und zu einem möglichen Partner geworden war.[62]

3. Die Ereignisse während des Zweiten Weltkriegs

a) Der Ribbentrop-Molotow-Pakt

Mit dem deutsch-sowjetischen Nichtangriffspakt vom 24. August 1939[63] und mit dem Geheimen Zusatzprotokoll[64] über die Darstellung der beiderseitigen Interessen in Polen[65] war für Deutschland die Zurückhaltung der Sowjetunion gesichert.

Anlässlich des 70. Jahrestages des Kriegsausbruchs am 1. September 2009 verurteilte Russlands Premierminister Wladimir Putin in einem offenen „Brief an die Polen" den Ribbentrop-Molotow-Pakt.

b) Überfall auf Polen

Nach Hitlers Befehl wurden die Kampfhandlungen für den 1. September 1939 angesetzt. Die deutsche Wehrmacht überfiel Polen ohne jegliche Kriegserklärung.[66] Hitler wollte Polen vernichten, dies sollte „hart und rücksichtslos" erfolgen und sich bis zur „physischen Vernichtung" der Bevölkerung „polnischer Abstammung" erstrecken. Das Hauptziel war dabei, die Gewinnung neuen Lebensraumes für Deutschland.[67] Nachdem England und Frankreich als Reaktion auf den Einmarsch der Wehrmacht am 3. September 1939

---

[62] Pagel, Jürgen, Polen und die Sowjetunion 1938-1939. Die polnisch-sowjetischen Beziehungen in den Krisen der europäischen Politik am Vorabend des Zweiten Weltkriegs, 1992, S. 23.

[63] Textauszug und Vorgeschichte des deutsch-sowjetischen Nichtangriffspaktes (Hitler-Stalin-Pakt), der am 24. August 1939 (mit Datum vom 23. August 1939) unterzeichnet wurde: Rönnefarth, Helmuth K. G./Euler, Heinrich, Konferenzen und Verträge, Teil II, Bd. 4, 2. Aufl., 1959, S. 172 ff.; Text: RGBl. 1939 II, S. 968 f.

[64] Text: Rönnefarth/Euler, Konferenzen und Verträge, Teil II, Bd. 4, S. 176.

[65] Deutschland und die Sowjetunion wollten Polen unter sich aufteilen. Vgl. Grabski, Stanisław, The Polish-Soviet Frontier, 1943, S. 2.

[66] Vgl. Müller, Rolf-Dieter, Der Zweite Weltkrieg. 1939-1945, 10. Aufl., 2004, S. 65.

[67] Vgl. Broszat, Martin, Nationalsozialistische Polenpolitik 1939-1945, 1965, S. 11.

Deutschland den Krieg erklärt hatten[68], drängte Deutschland die Sowjetunion dazu, sich in Polen ebenfalls militärisch zu engagieren.[69] Mit dem Einmarsch der sowjetrussischen Truppen in Polen am 17. September 1939 trat schließlich auch die Sowjetunion in den Krieg gegen Polen ein.[70] Als wahrscheinlichstes Ziel der Intervention der Sowjetunion galt damals die völlige Aufteilung Polens, obwohl Hitler immer noch dazu neigte, ein selbständiges Restpolen zu bilden.[71] Am 27. September 1939 war der Feldzug in Polen praktisch beendet.

c) Das Massaker von Katyn

Im April und Mai 1940 wurden mehr als 25.000 Polen, darunter überwiegend Offiziere, aber auch Intellektuelle, Universitätspro-fessoren, Lehrer, Unternehmer und Priester von Agenten des sowjetischen Volkskommissariats für Innere Angelegenheiten auf Befehl Josef Stalins im Wald von Katyn in der Nähe von Smolensk erschossen.[72] Die Opfer waren während der Besetzung Ostpolens gefangen genommen worden. Dieses Verbrechen ist als das „Massaker von Katyn"[73] in die Geschichte eingegangen.[74]

---

[68] Vgl. Tomaszewski, Jerzy, Etappen einer spannungsreichen Nachbarschaft, in: Oberländer, Erwin (Hrsg.), Polen nach d. Kommunismus, 1993, S. 115-133 (120).

[69] Vgl. Broszat, Nationalsozialistische Polenpolitik, S. 15.

[70] Vgl. Garliński, Józef, Poland in the Second World War, 1985, S. 24; Goguel, Rudi, Die polnische Frage in den diplomatischen Verhandlungen des Zweiten Weltkriegs, in: Deutsches Institut für Zeitgeschichte in Verbindung mit der Deutsch-Polnischen Historiker-Kommission unter der verantwortlichen Redaktion von Rudi Goguel (Hrsg.), Polen, Deutschland und die Oder-Neisse-Grenze, 1959, S. 221-354 (224); Grabski, The Polish-Soviet Frontier, S. 1.

[71] In seiner Danziger Rede vom 19. September sprach Hitler hingegen nicht mehr von einem Restpolen, sondern beschränkte seine Verkündung darauf, dass Polen in „der Gestalt des Versailler Vertrages niemals mehr auferstehen" werde. Ferner würde eine „endgültige Gestaltung der polnischen Gebiete" in erster Linie von Deutschland und Russland abhängen.

[72] Siehe hierzu Kaiser, Gerhard/Szczesniak, Andrzej Leszek, Katyn. Der Massenmord an poln. Offizieren, 1991, S. 30 ff.; Madajczak, Czeslaw, Das Drama von Katyn, 1991, S. 75

[73] Von vielen Polen wird das Massaker von Katyn als „ein weißer Fleck in ihrer Geschichte" gesehen.

[74] Zaslavsky, Victor, Klassensäuberung. Das Massaker von Katyn, 2007, S. 9.

Obwohl die deutsche Besatzungsmacht im Jahre 1943 Massengräber entdeckte und die Weltöffentlichkeit über diese Entdeckung informierte, blieb die Wahrheit über dieses Verbrechen für viele Jahre im Dunkeln.[75] Die Taten wurden jedoch in der Folge jahrelang vertuscht oder für Propagandazwecke falsch wiedergegeben. Die Sowjets versuchten, die Schuld an dem Verbrechen der deutschen Wehrmacht in die Schuhe zu schieben, indem sie eine „offizielle Version" schufen und im Ausland verbreiteten.[76] Erst nach Gorbatschows Glasnost-Kampagne wurden diese Verbrechen ab dem Jahre 1987 aufgeklärt.[77] Im April 1990 räumten die Sowjets schließlich offiziell die Schuld an den Morden von Katyn ein.[78] Während der folgenden Untersuchung wurde etwa russischen und polnischen Historikern ein Teil des Archivmateriales zum Fall Katyn[79] zur Verfügung gestellt. Im Jahre 1989 wurde das Massaker im Rahmen einer Untersuchung der sowjetischen Militärstaatsanwaltschaft schließlich als versuchter Genozid am polnischen Volk bezeichnet. Die Untersuchung wurde allerdings im Jahre 2004 eingestellt, da sich der Genozid angeblich nicht bestätigt habe.[80] Problematisch für die Aufarbeitung dieses Verbrechens ist insbesondere, dass die Dokumente, den Fall Katyn betreffend, von der sowjetischen Militärstaatsanwaltschaft als geheim eingestuft wurden. Ein Jahr nach dem Zerfall der Sowjetunion legte Boris Jelzin bei einem Besuch des vom polnischen Staat errichteten Denkmals für die Opfer des Massakers von Katyn mit den Worten „Verzeiht uns, wenn ihr könnt" einen Kranz nieder.[81] Heute lassen sich in Russlands Geschichtspolitik jedoch wieder revisionistische Tendenzen feststellen.

---

[75] Schaubs, Martin, Streitfall Katyn. Die Wahrnehmung des Massakers in der sowjetischen, polnischen und westdeutschen Öffentlichkeit 1980-2000, 2008, S. 7; Kaiser/Szczesniak, Katyn, S. 100 ff.

[76] Zaslavsky, Klassensäuberung, S. 69 ff.

[77] Schaubs, Streitfall Katyn, S. 46 ff.

[78] Schaubs, Streitfall Katyn, S. 63.

[79] Eine Dokumentensammlung findet sich im Anhang bei Madajczak, Das Drama von Katyn, S. 149 ff., darunter etwa die gerichtsmedizinischen Gutachten und das Protokoll der internationalen Ärztekommission.

[80] Zaslavsky, Klassensäuberung, S. 9 f.

[81] Zaslavsky, Klassensäuberung, S. 11.

d) Nationalsozialistische und sowjetische Polenpolitik

Am 28. September 1939 schlossen Deutschland und die Sowjetunion einen Vertrag[82] miteinander ab, wonach die Umsiedlung von Personen deutscher bzw. ukrainischer und weißruthenischer Abstammung aus den beiderseitigen Besatzungsgebieten vorgesehen war. Aufgrund der deutsch-sowjetischen Vereinbarungen im geheimen Zusatzprotokoll zum Hitler-Stalin-Pakt fiel das Wilnaer Gebiet in die sowjetische Einflusssphäre.[83] Ferner verpflichteten sich beide Seiten, dass sie eine polnische Agitation nicht dulden würden.[84] Die vereinbarte deutsch-sowjetische Demarkationslinie zerschnitt Polen in zwei fast gleich große, nach Bevölkerungszahl und Nationalität aber sehr ungleiche, Teile. Ganz Westpolen, Zentralpolen mit Ausnahme der Wojewodschaft Białystok und die westlichen Teile Südpolens (Wojewodschaft Krakau mit einem westlichen Streifen der Wojewodschaft Lemberg) fielen in das deutsche Gebiet. Dies war eine Fläche von 188.000 km² mit 20,2 Millionen Einwohnern. Damit wurde auch die Freie Stadt Danzig dem Deutschen Reich angegliedert.[85] Das von der Sowjetunion annektierte Gebiet war 201.000 km² groß und zählte 11,9 Millionen Einwohner.[86] Eine neue Situation entstand für Polen, als die Sowjetunion am 22. Juni 1941 von Deutschland überfallen wurde. Damit begannen sich für Polen zum ersten Mal reale Möglichkeiten seiner Befreiung von Nazi-Deutschland abzuzeichnen.[87] Anfang Juli, etwa zwei Wochen nach Ausbruch des deutsch-sowjetischen Krieges, wurden Verhandlungen über die Wiederaufnahme der polnisch-sowjetischen Beziehungen eingeleitet. Die polnische Exilregierung stellte dabei zwei Bedingungen: die Regierung der Sowjetunion sollte ihren

---

[82] Deutscher Textauszug und Vorgeschichte des Vertrages bei: Rönnefarth/Euler, Konferenzen und Verträge, Teil II, Bd. 4, S. 184 f.

[83] Die Sowjetunion trat dieses Gebiet dann am 10. Oktober 1939 an Litauen ab.

[84] Vgl. Meyer, Enno, Deutschland und Polen 1914-1970, 1971, S. 48; Garliński, Józef, Poland in the Second World War, 1985, S. 26 ff.; Gornig, Gilbert H., Der Hitler-Stalin-Pakt. Eine völkerrechtliche Studie, 1990, S. 14 ff.

[85] Vgl. Böttcher, Die Freie Stadt Danzig, S. 65; Jähnig, Bernhart/ Biewer, Ludwig, Kleiner Atlas zur deutschen Territorialgeschichte, 2. Aufl., 1991, S. 151 ff.

[86] Broszat, Nationalsozialistische Polenpolitik, S. 36 f.

[87] Goguel, Die polnische Frage in den diplomat. Verhandlungen des Zweiten Weltkriegs, in: IfZ (Hrsg.), Polen, Deutschland und die Oder-Neisse-Grenze, S. 226.

Gebietserwerb aufgrund des deutsch-sowjetischen Abkommens von 1939 für nichtig erklären, die Bildung einer polnischen Armee auf sowjetischem Territorium zum gemeinsamen Kampf gegen Deutschland dulden und sie sollte alle polnischen Kriegsgefangenen und Verschleppten freigeben.[88]

Die Sowjetunion wollte sich hingegen nicht auf die Bestimmung der polnischen Grenze festlegen und empfahl, das Gespräch darüber zunächst einmal zu verschieben.

4. Territoriale Veränderungen nach dem Zweiten Weltkrieg
a) Die Konferenz in Teheran

Die Regierungschefs der drei Großmächte[89] kamen zwischen dem 28. November und dem 1. Dezember 1943 in der persischen Hauptstadt zusammen, um über Fragen der militärischen Zusammenarbeit im Kampf gegen Deutschland und über die Regelung von Nachkriegsproblemen zu verhandeln.[90] Eine feste Tagesordnung gab es nicht, sodass wichtige Themen, wie etwa zur Grenzfrage nur beiläufig am Rande der Tagung besprochen wurden.[91] Churchill hoffte zwar, in Teheran eine Einigung über die künftige Grenzziehung erzielen zu können, stieß jedoch dabei auf Stalins Widerstand, dem

---

[88] Polonsky, Antony, Die westlichen Alliierten und die „polnische Frage" 1939-1947, in: Młynarczyk, Jacek Andrzej (Hrsg.), Polen unter sowjetischer Besatzung 1939-1945, 2009, S. 479-522 (483 f.); vgl. Documents on Polish-Soviet Relations, Bd. 1, S. 118.

[89] Den Auftakt zu den alliierten Gipfelkonferenzen bildete zuvor die Konferenz der Außenminister der Vereinigten Staaten, Großbritanniens und der Sowjetunion in Moskau im Oktober 1943. Vgl. Meissner, Boris, Die deutschen Ostgebiete auf den Kriegs- und Nachkriegskonferenzen der Alliierten, in: Rothe, Hans (Hrsg.), Die historische Wirkung der östlichen Regionen des Reiches, 1992, S. 259-297 (259).

[90] Vgl. Grünberg, Karol, Czas Wojny 1939-1945. Wykłady z historii [Die Kriegsgeschichte 1939-1945. Historische Vorträge], 1991, S. 444 f.; Kempen, Die deutschpolnische Grenze nach der Friedensregelung des Zwei-plus-Vier-Vertrages, S. 50; Churchill, Winston, The Second World War, vol. 5, 1952, S. 230 ff.: Wagner, Wolfgang, Die Entstehung der Oder-Neisse-Linie in den diplomatischen Verhandlungen während des Zweiten Weltkriegs, 1968, S. 45 ff.; Bühler, Phillip A., The Oder-Neisse Line. A Reappraisail under International Law, 1990, S. 21; Seeber, Eva, Die Mächte der Antihitlerkoalition und die Auseinandersetzung um Polen und die ČSR, 1984, S. 199.

[91] Vgl. Kempen, Die deutsch-polnische Grenze nach der Friedensregelung des Zweiplus-Vier-Vertrages, S. 50.

schon damals daran gelegen war, ein kommunistisch beherrschtes und von Moskau abhängiges Polen zu etablieren. Einigung konnte darin erzielt werden, dass auf Vorschlag Churchills das Territorium des polnischen Staates[92], sich zwischen der „Curzon-Linie" und der Oder, und zwar unter Einschluss Ostpreußens und Oppelns, erstrecken sollte.[93] In der Frage der Nachkriegsplanung für Deutschland waren sich alle Verhandlungspartner darin einig, dass ein Wiedererstarken Deutschlands verhindert werden musste.[94] Als Roosevelt den Vorschlag unterbreitete, Deutschland in fünf Teile zu zerteilen[95], war Stalin davon angetan. Schließlich einigte man sich darauf, das Problem der Aufteilung Deutschlands der auf der Moskauer Außenministerkonferenz gegründeten europäischen beratenden Kommission zu übertragen.[96] Die Ergebnisse der Teheran-Konferenz waren weitreichend. Die Konferenz stellte insbesondere eine Bestätigung der Zusammenarbeit der drei Großmächte dar[97] mit dem gemeinsamen Wunsch der größtmöglichen Schwächung Deutschlands, wobei diese sich einig waren, dass dies mit umfangreichen territorialen Veränderungen erreicht werden konnte.[98]

---

[92] Während der vierten Vollsitzung am 1. Dezember 1943 machte Churchill deutlich, dass Großbritannien die Meinung vertritt, dass Polen auf Kosten Deutschlands zufrieden gestellt werden müsse. Ferner brachte er den Wunsch nach der Existenz eines starken u. unabhängigen Polens zum Ausdruck. Stalin erwiderte darauf, dass die Sowjetunion die Grenze zu Polen aus dem Jahre 1939 festlegen wolle. Abgedruckt in: Fischer, Alexander (Hrsg.), Teheran, Jalta, Potsdam. Die sowjetischen Protokolle von den Kriegskonferenzen der „Großen Drei", 3. Aufl., 1968, S. 85.

[93] Vgl. Kempen, Die deutsch-polnische Grenze nach der Friedensregelung des Zweiplus-Vier-Vertrages, S. 52; Grünberg, Czas Wojny, S. 445 ff.; Wagner, Die Entstehung der Oder-Neisse-Linie, S. 46 ff.; Uschakow, Alexander, Die Oder-Neisse-Linie/Grenze und der Hitler-Stalin-Pakt, in: Rothe, Hans (Hrsg.), Die historische Wirkung der östlichen Regionen des Reiches, 1992, S. 299-329 (313); Bühler, The Oder-Neisse Line, S. 22.

[94] Die Konferenzteilnehmer einigten sich darauf, dass alle Fragen, die Deutschland betrafen, zunächst ausgesetzt werden sollten und der Europ. Beratenden Kommission übergeben werden sollten. Vgl. Seeber, Die Mächte d. Antihitlerkoalition, S. 199.

[95] Vgl. Fischer, Teheran, Jalta, Potsdam, S. 86; Leahy, William D., I was there, 1950, S. 249.

[96] Vgl. Kempen, Die deutsch-polnische Grenze nach der Friedensregelung des Zweiplus-Vier-Vertrages, S. 54 f.

[97] Vgl. Grünberg, Czas Wojny, S. 448 f.

[98] Vgl. Wagner, Die Entstehung der Oder-Neisse-Linie, S. 55.

b) Polnisch-sowjetisches Abkommen vom 26./27. Juli 1944

Nachdem die Teheraner Konferenz für Stalin nicht das gewünschte Ergebnis gebracht hatte, strebte er nun an, über eine von ihm kontrollierte polnische Regierung die Lösung der Grenzfrage in seinem Sinne durchzusetzen.[99] Am 26. und 27. Juli 1944 wurden zwei Abkommen zwischen der Sowjetunion und dem Lubliner Komitee, das aus polnischen Sozialisten und Kommunisten in der UdSSR bestand, geschlossen.[100] Das erste Abkommen vom 26. Juli[101] übertrug die Verwaltung polnischer Gebiete westlich des Flusses Bug dem Lubliner Komitee. Das zweite Abkommen vom 27. Juli[102] befasste sich mit den Grenzen Polens im Osten und im Westen. Es bildete mit der ersten Vereinbarung eine Einheit, weil es den territorialen Stand des polnischen Staates fixierte. Das Grenzabkommen bestand aus sechs Artikeln. Die erste Bestimmung legte die polnische Staatsgrenze entlang der Curzon-Linie mit einigen Abweichungen für Polen fest. Ferner wurde Ostpreußen in einen sowjetischen und polnischen Teil aufgeteilt. Danzig sollte an Polen übergehen. Die polnische Vorleistung bestand in der vorbehaltlosen Vereinbarung über die spätere Abtretung polnischer Gebiete östlich der Curzon-Linie an die UdSSR.[103]

c) Die Konferenz von Jalta vom 4. bis 11. Februar 1945

Die Vertreter der Vereinigten Staaten, des Vereinigten Königreichs und der Sowjetunion tagten erneut vom 4. bis zum 11. Februar 1945

---

[99] Vgl. Uschakow, Die Oder-Neisse-Linie, in: Rothe, Die historische Wirkung der östlichen Regionen des Reiches, S. 316.

[100] Vgl. Vierheller, Viktoria, Polen und die Deutschland-Frage 1939-1949, 1970, S. 76.

[101] Text: Stosunki polsko-radzieckie w latach 1917-1945, Dokumenty i materiały, 1967 [Polnisch-sowj. Beziehungen in den Jahren 1917-45. Dokumente und Material], Nr. 132, S. 390 f.

[102] Text: Stosunki polsko-radzieckie w latach 1917-1945, Dokumenty i materiały, Nr. 135, S. 399 ff.

[103] Vgl. Uschakow, Die Oder-Neisse-Linie, in: Rothe, Die historische Wirkung der östlichen Regionen des Reiches, S. 317.

in Jalta.[104] Der Text, dem die Konferenz schließlich zustimmte,[105] sah vor, dass die östliche Grenze Polens der Curzon-Linie folgen sollte, mit Abweichungen von fünf bis acht Kilometern in gewissen Gebieten zugunsten Polens. Ferner wurde anerkannt, dass Polen einen westlichen Gebietszuwachs im Norden und Westen erhalten müsse. Zum Umfang dieses Gebietszuwachses sollte auf der nächsten Konferenz die Ansicht der neuen polnischen Regierung, die aus Vertretern des Londoner Komitees und der Londoner Exilregierung gebildet werden sollte, eingeholt werden.[106] Das Abkommen wurde von den Polen als Verrat seitens der Alliierten an ihrer Nation verstanden, da während der Konferenz ein Teil des polnischen Territoriums der Sowjetunion zugesprochen wurde.[107] Allerdings hatte die Konferenz für Polen auch eine positive Seite, da bekräftigt wurde, dass Polen als eigenständiger Staat entstehen sollte.[108]

e) Kriegsende

Nach der Kapitulation der Deutschen Wehrmacht am 8. Mai 1945[109] übernahmen die Regierungen der USA, des Vereinigten Königreichs, der UdSSR und die Provisorische Regierung der Französischen Republik die oberste Regierungsgewalt in Deutschland.[110] Gemäß dem Londoner Protokoll vom 12. September 1944 wurde

---

[104] Zur Konferenz, vgl. Meissner, Boris, Jalta u. die Teilung Europas, in: Blumenwitz, Dieter/Meissner, Boris (Hrsg.), Die Überwindung der europ. Teilung und die deutsche Frage, 1986, S. 13-32.

[105] Text: Foreign Relations of the United States. Diplomatic Papers. Conferences of Malta and Yalta, 1955, S. 905.

[106] Vgl. Uschakow, Die Oder-Neisse-Linie, in: Rothe, Die historische Wirkung der östlichen Regionen des Reiches, S. 318.

[107] Die Grenzen Polens im Norden bestimmten den Zugewinn an deutschem Gebiet für die Sowjetunion. Insbesondere gingen die Konferenzteilnehmer davon aus, dass Polen nicht das Königsberger Gebiet zugesprochen bekommen sollte.

[108] Vgl. Hirsz, Zbigniew Jerzy, Historia Polityczna Polski [Politische Geschichte Polens], 1939-1993, 1996, S. 138.

[109] Text: von Münch, Ingo (Hrsg.), Dokumente des geteilten Deutschlands, 2. Aufl., 1976, S. 18 f.; vgl. auch: Müller, Rolf-Dieter, Der Zweite Weltkrieg. 1939-1945, 2004, S. 374.

[110] Vgl. Wiesheu, Otto, Der Einfluss der Ostverträge auf die völkerrechtliche Position der Bundesrepublik Deutschland in ihrer Deutschland- und Ostpolitik (unter besonderer Berücksichtigung der Gebiets- und Grenzregelungen), 1978, S. 2.

Deutschland in seinen Grenzen vom 31. Dezember 1937 besetzt. Alle territorialen Veränderungen nach diesem Datum behandelten die Alliierten als nichtig oder nicht mehr gültig.[111] Bereits im März 1945 wurde das Staatsgebiet der Freien Stadt Danzig von sowjetischen Streitkräften besetzt. Die Sowjetunion übergab anschließend das Gebiet der Freien Stadt Danzig entsprechend der sowjetisch-polnischen Vereinbarungen an die polnische Verwaltung.[112] Am 30. März 1945 wurde die Freie Stadt als Wojewodschaft Danzig in die Verwaltung des polnischen Staates eingegliedert.[113]

f) Die Konferenz in Potsdam vom 17. Juli bis zum 2. August 1945

Die Konferenz in Potsdam begann wiederum mit den Vertretern der drei Großmächte am 17. Juli 1945. Am 1. August wurden die Resultate der Konferenz in Form eines Protokolls[114] zusammengefasst, dessen Kurzfassung in einem Kommuniqué[115] bekannt gegeben wurde.[116] Einige Wochen später erkläre auch Frankreich seinen Beitritt zum Potsdamer Abkommen.[117] Das Abkommen knüpfte zunächst an die Übereinkünfte im Jalta-Abkommen über die Grenzen Polens an. Die Regierungschefs kamen überein, dass die Festlegung der westlichen Grenze Polens erfolgen sollte. Bis zur endgültigen Festlegung der westlichen Grenze Polens sollten die ehemaligen deutschen Gebiete östlich der Oder-Neiße-Linie, samt dem Gebiet der früheren Freien Stadt Danzig, unter polnische

---

[111] Vgl. Frowein, Jochen Abr., Die Deutschlandfrage nach 1945. Rechtliche Rahmenbedingungen der deutsch-polnischen Beziehungen, in: Reich, Andreas/Maier, Norbert (Hrsg.), Die lange Nachkriegszeit. Deutschland und Polen von 1945 bis 1991, 1995, S. 159-168 (160).

[112] Vgl. Böttcher, Die Freie Stadt Danzig, S. 152 f.

[113] ebenda, S. 153.

[114] Text: Foreign Relations of the United States. Diplomatic Papers. The Conference of Berlin (The Potsdam Conference) 1945, vol. II, 1960, Nr. 1383, S. 1478 ff.

[115] Text: Foreign Relations of the United States. Diplomatic Papers. The Conference of Berlin (The Potsdam Conference) 1945, vol. II, 1960, Nr. 1384, S. 1499 ff.

[116] Vgl. Grünberg, Czas Wojny, S. 614.

[117] Vgl. Klafkowski, Alfons, Die dt.-poln. Grenze nach dem II. Weltkrieg, 1970, S. 13f.

Verwaltung gestellt werden.[118] Das nördliche Ostpreußen wurde unter sowjetische Verwaltung gestellt, sodass nach dem Wortlaut des Potsdamer Abkommens diese beiden Verwaltungsgebiete als Vorstufe für Gebietsveränderungen gedacht waren.[119] Die Verpflichtung zur Überführung der deutschen Bevölkerung aus dem Gebiet des polnischen Staates wurde im Abschnitt XIII des Vertrages geregelt. Der Alliierte Kontrollrat billigte am 20. November 1945 einen zentralen Aussiedlungsplan. Danach sollten 3,5 Millionen Deutsche aus Polen in die sowjetische und britische Zone überführt werden. Die konkreten Maßnahmen zu dieser „Überführung" wurden in bilateralen Verträgen zwischen polnischen und britischen sowie zwischen polnischen und sowjetischen Vertretern festgelegt.[120]

Wenige Tage nach Abschluss des Potsdamer Abkommens am 16. August 1945 schlossen die UdSSR und Polen den „Vertrag über die polnisch-sowjetische Grenze".[121] Der Vertrag trat bereits am 5. Februar 1946 in Kraft.[122] Nach Art. 1 sollte die Staatsgrenze zwischen den Vertragspartnern an der Curzon-Linie verlaufen. Art. 3[123] betraf die sowjetisch-polnische Grenze in Ostpreußen. Durch das Dekret des Präsidiums der Obersten Sowjets vom 7. April 1946[124] wurde Nordostpreußen in das Staatsgebiet der UdSSR eingegliedert.

---

[118] Vgl. Skubiszewski, Krzysztof, Zachodnia granica Polski w świetle traktatów [Die Westgrenze Polens im Lichte der Verträge], 1975, S. 48 f.; Grünberg, Czas Wojny, S. 625 f.

[119] Vgl. Frowein, Die Deutschlandfrage nach 1945, in: Reich/Maier, Die lange Nachkriegszeit, S. 161.

[120] Vgl. Seeber, Eva, Von Teheran über Jalta und Potsdam zum Vertrag von Görlitz. Zur Genese der veränderten Grenzen Polens, in: Verband für Internationale Politik und Völkerrecht (Hrsg.), 50 Jahre Görlitzer Abkommen. Erfahrungen deutsch-polnischer Zusammenarbeit, 2. Aufl., 2001, S. 13-28 (25).

[121] Text: Dziennik ustaw (Gesetzblatt der Republik Polen), Nr. 35, 1947, S. 557 ff.

[122] Vgl. Uschakow, Die Oder-Neisse-Linie, in: Rothe, Die historische Wirkung der östlichen Regionen des Reiches, S. 319.

[123] In Art. 3 heißt es: „Vorbehaltlich der endgültigen Regelung der Gebietsfragen beim Friedensschluss wird derjenige Teil der sowjetisch-polnischen Staatsgrenze, der die Ostsee berührt, in Übereinstimmung mit den Beschlüssen der Berliner Konferenz entlang einer Linie verlaufen, die von einem an der Ostküste der Danziger Bucht gelegenen Punkt, der auf der beigefügten Karte eingezeichnet ist, ostwärts nördlich von Braunsberg-Goldap zu dem Punkt führt, an dem diese Linie die in Art. 2 dieses Vertrages beschrieben Grenzlinie erreicht". Vgl. Dziennik ustaw, Nr. 35, 1947.

[124] Text: Beckherrn, Eberhard/Dubatow, Alexej, Die Königsberg-Papiere. Schicksal einer deutschen Stadt. Neue Dokumente aus russischen Archiven, 1994, S. 94 ff.

5. Der Beginn der Stalinisierung 1948

Polen erreichte nach dem Ende des Zweiten Weltkrieges nicht die Stellung eines unabhängigen Staates, sondern fand sich im Hegemonialbereich der Sowjetunion wieder. Für die Sowjetunion waren vor allem zwei Motive für die Einbindung Polens maßgeblich. Zum einen ging es ihr angesichts der zunehmenden Ost-West-Konfrontation darum, für die Zukunft einen Krieg auf eigenem Territorium auszuschließen. Dieses Ziel suchte sie durch die Bildung von osteuropäischen Satellitenstaaten zu erreichen. Zum anderen hing von Polens Unterordnung unter die Sowjetunion deren Fähigkeit ab, in Deutschland militärisch präsent zu sein, um auf diese Weise ihren Status als Siegermacht des Zweiten Weltkriegs zu dokumentieren.[125]

In Polen wie in ganz Osteuropa wurden in den Jahren 1948/1949 die sogenannten „Volksdemokratien" gegründet sowie die gesamte Industrie und das Bankensystem verstaatlicht. Darüber hinaus wurde die Landwirtschaft zwangsweise kollektiviert.[126] In der Folgezeit gewannen die Kommunisten immer mehr an Macht in Polen. Charakteristisch für den Stalinismus waren ferner die Ausweitung des Staatseigentums, die direkte Planung, die drastische Organisation des Marktes und der Produktionsmittel sowie die Absenkung der Löhne, wobei ein Ausgleich in Naturalien erfolgen sollte.[127]

a) Die Verfassung der Volksrepublik Polen von 1952

Am 22. Februar 1952 wurde im Parlament die Verfassung der Volksrepublik Polen[128] verabschiedet.[129] Laut Verfassung galt der Sejm als wichtigstes Organ innerhalb der Volksrepublik.[130]

---

[125] Ludwig, Michael, Polen und die deutsche Frage. Mit einer Dokumentation zum deutsch-poln. Vertrag v. 17. Juni 1991, 2. Aufl., 1991, S. 6.

[126] Vgl. Weber, Wolfgang, Solidarność 1980-1981 und Perspektive der politischen Revolution, 1987, S. 15.

[127] Vgl. Werblan, Andrzej, Stalinizm w Polsce [Stalinismus in Polen], 1991, S. 24.

[128] Text: Dziennik Ustaw Polskiej Rzeczpospolitej Ludowej [Gesetzblatt der Volksrepublik Polen], Jahr 1952, Nr. 33, S. 232-372.

[129] Vgl. Bonusiak, Włodzimierz, Historia Polski [Gesch. Polens] (1944-1989), 2007, S. 70.

[130] Vgl. Roszkowski, Wojciech, Najnowsza historia Polski [Die neueste Geschichte Polens]. 1914-1945, 2003, S. 228.

Problematisch war, dass sich in der Verfassung der Stalinismus widerspiegelte. Dies kam darin zum Ausdruck, dass die Führungsmacht in Wirklichkeit nicht beim Sejm, sondern bei der Polnischen Vereinigten Arbeiterpartei[131] lag.[132] Sämtliche wichtigen Ämter innerhalb des Regierungsgefüges wurden von Parteimitgliedern besetzt.[133] Eine wichtige Festschreibung war ferner, dass die Verfassung eine Unterwerfung gegenüber der Sowjetunion vorsah. Auf diese Weise eröffnete das Vertragswerk[134] auch auf rechtlicher Basis die Möglichkeit, dass *de facto* sämtliche Entscheidungen von der Sowjetunion getroffen werden konnten und in der Volksrepublik mittels der Arbeiterpartei umgesetzt wurden. Schließlich wurde Polen durch die Verfassung in „Volksrepublik Polen" (Polska Rzeczpospolita Ludowa, PRL) umbenannt.[135] In enger Abstimmung mit Moskau wurde nun ein totalitäres politisches System errichtet, in dem ein umfangreicher Polizei- und Geheimdienstapparat das gesamte Leben der Nation kontrollierte.[136]

b) Der Weg zur Dritten Polnischen Republik: Unabhängigkeit von der UdSSR

Das Jahrzehnt der Solidarność

Die Regierung Polens hatte das Land schließlich in eine Wirtschafts-katastrophe geführt. Die kommunistische Partei konnte die Hoffnungen der Arbeiter nicht erfüllen und erwies sich als unfähig, die Interessen der Bevölkerung zu vertreten. Die Streikwelle, die im Sommer 1980 ausbrach, war ein Ereignis, das nach Ansicht vieler Historiker und Politologen zum Verfall des sozialistischen Systems in Mittel-Osteuropa führte. Die Regierung war gegenüber der neu gegründeten freien Gewerkschaft, die mit dem Namen

---

[131] Mit der Gründung der Polnischen Vereinigten Arbeiterpartei, die vom 15. bis zum 21. Dezember 1948 erfolgte, kam die Stalinisierung Polens zu ihrem Abschluss.

[132] Vgl. Bonusiak, Historia Polski, S. 70; siehe auch Art. 2 der Verfassung vom 23.7.1952.

[133] Vgl. Hirsz, Historia Polityczna Polski, S. 150.

[134] Mit kleinen Veränderungen blieb die Verfassung bis 1989 in Kraft.

[135] Vgl. Art. 1 Verfassung vom 23. Juli 1952; Borodziej, Włodzimierz, Geschichte Polens im 20. Jahrhundert, 2010, S. 278; Bonusiak, Historia Polski, S. 70.

[136] Vgl. Doliesen, Gerhard, Polen unter kommunistischer Diktatur 1944-1956. Mit Vergleichen zur DDR, 2010, S. 41.

„Solidarność" benannt wurde, machtlos. Das Programm der Solidarność bestimmte die Gewerkschaft als Vertretung der Arbeiter, deren Rechte und Interessen verteidigt werden sollten, ohne sich dabei aber der Verantwortung für die Nation und den Staat zu entziehen. Gleichzeitig enthielt das Programm die Grundsätze der Gerechtigkeit und der Gleichheit. Ebenso wurde der Freundschaft und der Bruderschaftsidee ein hoher Stellenwert beigemessen. Ziele waren daher neben dem Kampf für die Rechte der Arbeiter die Etablierung der Demokratie mit sämtlichen Grundfreiheiten, die Gewährleistung eines sozialen Standards und die Befriedigung der Bedürfnisse der Bürger.

bb) Die Verhandlungen am Runden Tisch

Die erste Sitzung im Rahmen der Verhandlungen am Runden Tisch fand im heutigen Präsidialpalast am 6. Februar 1989 statt. An den Verhandlungen nahmen Vertreter der Polnischen Vereinigten Arbeiterpartei, der Solidarność, der Kirche und anderer gesellschaftlicher Gruppen teil. Nach der Abschlusssitzung am 5. April musste der Sejm sich mit den Vorschlägen des Runden Tisches auseinandersetzen. Die Verabschiedung eines Gesetzes über Vereinigungen und eines Gesetzes über Gewerkschaften bedeuteten im Grunde die Legalisierung der Gewerkschaft Solidarność, die *de iure* am 17. April 1989 erfolgte.

cc) Wahlen im Juni 1989

Die Wahlen zum Sejm und zum neu zu bildenden Senat wurden für den 4. und 18. Juni 1989 ausgeschrieben. Die Opposition, die von der Solidarność angeführt wurde, setzte folgende Punkte auf ihr Programm: die Verfassung, die Selbstverwaltung der Städte und Gemeinden, die Forderung nach Menschen- und Bürgerrechten, den ungehinderten Zugang zu Informationen und ihren freien Austausch sowie die der Verkürzung des Wehrdienstes. Bei den Wahlen errang die Solidarność einen bedeutenden Sieg. Von den 100 Sitzen im Sejm erzielte sie 92, acht Mandate konnten nach dem ersten Wahlgang noch nicht vergeben werden. Die restlichen Koalitionsparteien konnten schließlich nur drei Mandate auf Anhieb gewinnen. Bei den Wahlen zum Senat war das Ergebnis für die Arbeiterpartei ebenfalls niederschmetternd. Am 5. Juli traten der erste Senat – zum ersten Mal seit 50 Jahren – und der erste Sejm zu ihren konstituierenden Sitzungen zusammen.

dd) Änderungen im System Polens

Nachdem der Sejm die Arbeiten am Gesetzespaket für die Landwirtschaft beendet hatte, novellierte er am 29. Dezember 1989 die Verfassung. In diesem Zuge wurde der frühere Staatsname Rzeczpospolita Polska (Republik Polen) wiedereingeführt und die Republik als demokratischer Rechtsstaat definiert. Ferner wurden aus der Verfassung die Bestimmungen, die eine Allianz mit der Sowjetunion und den sowjetischen Staaten sowie die Führungsrolle der kommunistischen Partei beschrieben, gestrichen. Auf diese Weise bildete Polen einen souveränen von der Sowjetunion unabhängigen Staat.

6. Der Flugzeugabsturz bei Smolensk

Am 10. April 2010 kamen 96 Polen im Wald von Smolensk, gleich neben der Landebahn des Flughafens, ums Leben. Mit an Bord: Präsident Lech Kaczyński[137], seine Ehefrau, Mitglieder der Regierung und der militärischen Führung. Der Anlass des Fluges war hochpolitisch, da Polens Führung nach Russland reiste, um der Opfer des Massenmords von Katyn zu gedenken.[138] In Polen ranken sich seither viele Verschwörungstheorien um das Unglück. Jarosław Kaczyński, der Zwillingsbruder des verunglückten Präsidenten und Vorsitzender der nationalkonservativen Partei Recht und Gerechtigkeit (polnisch: Prawo i Sprawiedliwość, PiS), jedoch ist davon überzeugt, dass die Insassen des Flugzeuges einem Anschlag zum Opfer gefallen sind. Immer wieder deutet er an, dass der russische Geheimdienst mit Wissen der polnischen Regierung seines Erzrivalen Donald Tusk die Fäden gezogen haben könnte.

---

[137] Lech Kaczyński war seit 2005 polnischer Präsident.
[138] Siehe hierzu http://www.sueddeutsche.de/politik/polen-mein-bruder-der-maerty-rer-1.2429461 (zuletzt abgerufen am 10.10.2015).

Das Versagen der Smolensk-Ermittler gibt Jarosław Kaczyński immer wieder Auftrieb. Seine Partei PiS hat eine eigene Untersuchungskommission gebildet. Wie kaum anders zu erwarten, stützt deren Material die Anschlagsthese und liefert Verschwörungstheoretikern Munition.[139]

Im März des Jahres 2015 machte die Tageszeitung *Gazeta Wyborcza* eine Umfrage, in welcher nach der Meinung der Polen zur Ursache des Flugzeugabsturzes gefragt wurde. Die meisten Polen glauben, dass die Piloten und das schlechte Wetter schuld waren. Doch immerhin 22 % der Befragten sind überzeugt, dass Kaczyński und seine Entourage ermordet wurden. Einer, der solche Theorien anheizt, ist der deutsche Journalist Jürgen Roth. Sein neues Buch „Verschlussakte S." wird in Polen in allen wichtigen Medien besprochen. Roth behauptet darin, der russische Geheimdienst habe einen Anschlag auf die Regierungsmaschine verübt.[140]

Verantwortlich für die wachsende Skepsis in der polnischen Bevölkerung ist eine Pannenserie bei den Smolensk-Ermittlungen. Die Ermittlungen der Staatsanwaltschaft zur Absturzursache sind noch nicht abgeschlossen. Tatsächlich ist kaum von der Hand zu weisen, dass die russischen Ermittler im Fall Smolensk ebenfalls zahlreiche Fehler gemacht haben. So mangelte es in dem Abschlussbericht, den die russische Untersuchungskommission im Januar 2011 einseitig präsentierte, an jeglicher Selbstkritik. Keine Rede war davon, dass der zumeist ungenutzte Militärflughafen in Smolensk für eine Landung bei dichtem Nebel nicht geeignet war und nach den Vorschriften hätte geschlossen werden müssen.[141]

---

[139] Krökel, Ulrich, Verschwörungstheorien zu Smolensk: Falsche Leichen und der TNT-Test mit Würsten, in: SPIEGEL ONLINE vom 13.12.2012 (abgerufen am 10.10.2015).

[140] Pantel, Nadia, Mein Bruder, der Märtyrer, in: Süddeutsche Zeitung Online vom 10.4.201, abrufbar unter:
http://www.sueddeutsche.de/politik/polen-mein-bruder-der-maertyrer
-1.2429461 (zuletzt abgerufen am 10.10.2015).

[141] Pantel, Mein Bruder, der Märtyrer, in: Süddeutsche Zeitung Online vom 10.4.2015.

Bis heute konnte die Attentatsthese nicht bestätigt werden. Stattdessen hat auf einer Pressekonferenz am 27. März 2015 die Militärstaatsanwaltschaft in Warschau einen 200 Seiten langen Expertenbericht vorgestellt, in dem die Hauptschuld am Unglück der Besatzung des Flugzeugs und den russischen Fluglotsen in Smolensk zugewiesen wird. Die Piloten, so sagte ein Vertreter der Staatsanwaltschaft auf der Pressekonferenz, seien während des Landeanflugs bei Nebel tiefer geflogen als erlaubt. Der Flughafen Smolensk war nicht mit elektronischen Leitvorrichtungen aus-gestattet, die eine Landung bei schlechter Sicht erlaubt hätten.[142]

III. Die polnisch-russischen Beziehungen heute

1. Polens EU-Beitritt

Ungeachtet des jeweiligen Kurses steht fest, dass Polen zu den außenpolitischen Schlüsselakteuren in Europa gehört. Seit der EU-Mitgliedschaft im Jahre 2004 hat es nachdrücklich einen außenpolitischen Mitführungs- u. Gestaltungsanspruch für den Kontinent und im transatlantischen Verbund angemeldet.

Die „Rückkehr nach Europa", also die Herauslösung aus dem sowjetischen oder postsowjetischen Herrschaftsbereich und die Eingliederung in die politischen und wirtschaftlichen Strukturen des Westens, war das Leitmotiv der außenpolitischen Neuorientierung Polens nach der großen Wende des Jahres 1989. Das entschlossene Auftreten bei der Reform der EU-Institutionen, aber auch die unmissverständlichen Positionen in der Russlandpolitik oder die sicherheitspolitische Anlehnung an die USA brachten Polen bald das Image eines sperrigen Partners ein. Dieses verdichtete sich während der Regierungszeit der PiS, als Polen seine Europapolitik aus einer Position des Misstrauens gegenüber wichtigen Partnern wie Deutschland, aber auch gegenüber Brüssel führte. Der Regierungs-

---

[142] Schuller, Konrad, Attentatsthese nicht bestätigt, in: FAZ online vom 27.3.2015, abrufbar unter:
http://www.faz.net/aktuell/politik/ausland/europa/absturz-in-smolensk-attentats-these-nicht-bestaetigt-13509532.html.

wechsel vom Herbst 2007 brachte spürbare Änderungen. Die Regierung von Donald Tusk stellte einen proeuropäischen Schwenk in Aussicht. Und tatsächlich betreibt Polen seither eine Europapolitik, die auf der Revitalisierung der Beziehungen zu Berlin und Paris und dem Ausbau guter Kooperationsbeziehungen mit kleineren Mitgliedstaaten, etwa aus Ostmitteleuropa und speziell mit den Ländern der „Visegrád-Gruppe", also mit der Tschechischen Republik, der Slowakei und Ungarn, beruht.

Seit seinem EU-Beitritt profilierte sich Polen als Fürsprecher der Ukraine. Polen trat und tritt dafür ein, der Ukraine – wie auch anderen Staaten aus Osteuropa oder dem Südkaukasus – die Türen zum europäischen Integrationsverbund und zum Nordatlantikpakt offen zu halten. Polen gehört auf diese Weise zu den erweiterungsfreundlichsten Ländern in der EU.

Polens Mitgliedschaft in der Europäischen Union erwies sich zunächst als zusätzliches Problem in den polnisch-russischen Beziehungen, denn Polen drängte auf eine gemeinsame und konsequente Russlandpolitik. Überdies „europäisierte" Polen teils auch seine bilateralen Probleme mit Russland. Nachdem Moskau ein Embargo gegen Fleischimporte aus Polen verhängt hatte, blockierte Polen im November 2006 die Aufnahme von Verhandlungen der EU über ein neues Grundlagenabkommen mit Russland. Russland war aufgrund dessen lange daran interessiert, Polen in der EU zu isolieren. Eine Wende in der polnischen Haltung gegenüber Russland trat im Jahre 2007 mit der neuen Regierung Tusk ein. Auch scheint Moskau angesichts des wachsenden Gewichts Polens in der EU nun an einem konstruktiven Dialog gelegen.

2. Gegensätzliche Interessen: Belarus und Ukraine

Ein Hindernis für die Überwindung der polnisch-russischen Streitigkeiten stellen die gegensätzlichen Interessen beider Staaten gegenüber Belarus und der Ukraine dar. Polens Ziel ist, dass diese Staaten souverän und demokratisch sind und in die Europäische Union und die NATO integriert werden. Russland betrachtet diese Länder dagegen weiterhin als seine Interessenssphäre, strebt an, sie fest an sich zu binden, und initiierte hierzu einen Prozess der Reintegration vormals sowjetischer Gebiete, was besonders in den 1990er Jahren in Warschau Unruhe auslöste, da es diesen Vorgang als Bedrohung seiner Sicherheit ansah.

Russland betrachtete von Anfang an das polnische Engagement in diesen Ländern mit Misstrauen, denn in den Augen russischer Politiker sind die Polen Konkurrenten im Kampf um Einfluss in Belarus und in der Ukraine. Das beste Beispiel waren die Vermittlungsbemühungen Polens in der Ukraine während der Orangenen Revolution Ende 2004, die sich negativ auf die polnisch-russischen Beziehungen auswirkten. Die Beziehungen zur Ukraine werden von der offiziellen polnischen Außenpolitik als „strategische Partnerschaft" verstanden, die Unabhängigkeit der Ukraine wird daher als „eines der fundamentalen Elemente einer günstigen Ordnung in unserer Region" angesehen.[143] Diese Intention ruft allerdings ein Spannungsverhältnis mit Russland hervor, das versucht, auf dem Territorium der Ex-Sowjetunion bzw. der GUS seine Position zu festigen oder gar auszubauen.

2. Sicherheitspolitik: NATO

a) Polens NATO-Mitgliedschaft

Auf dem NATO-Gipfel in Madrid 1997 wurden den Staaten des ehemaligen Warschauer Paktes Polen, Tschechien und Ungarn erstmals Beitrittsverhandlungen angeboten, später auch weiteren osteuropäischen Staaten. Am 12. März 1999 traten schließlich Polen, Tschechien und Ungarn der NATO bei. Auf der internationalen Sicherheitskonferenz im Februar 2007 bezeichnete Putin die Erweiterungsabsichten der NATO als ernste „Provokation". Als im April 2008 auf der NATO-Gipfelkonferenz in Bukarest diskutiert wurde, der Ukraine und Georgien einen Plan zur Aufnahme in die NATO anzubieten, erklärte er: „Wir betrachten die Ankunft eines Militärblocks (an unseren Grenzen), dessen Verpflichtungen zur

---

[143] Lang, Kai-Olaf, Polens Beziehungen zu Rußland. Zwischen Argwohn und Zusammenarbeit, 2000, S. 11.

Mitgliedschaft Artikel 5 einschließt[144], als eine direkte Bedrohung der Sicherheit unseres Landes".

Entgegen der ursprünglichen Ankündigung Russlands hat die polnische NATO-Mitgliedschaft zu keiner offensichtlichen Verschlechterung der beiderseitigen Beziehungen geführt. Jedoch gibt es im polnisch-russischen Verhältnis zahlreiche sicherheitspolitische Reizthemen. In der NATO gab es etwa Überlegungen, die gegen potenzielle Angriffe aus dem Nahen Osten geplante Raketenabwehr auch gegen Russland auszurichten. In den Vorbereitungen des Nato-Gipfeltreffens Ende August 2014 hatten die vier Länder gefordert, eine entsprechende Formulierung zu beschließen; sie fühlen sich durch die russische Intervention in der Ukraine bedroht. Die Mehrheit, allen voran Deutschland, sprach sich jedoch dagegen aus, weil man Moskau nicht ohne Not provozieren solle.[145]

Die Eingliederung in die NATO bietet für Polen die Gewähr, nicht in russische Einflusszonen hineingezogen zu werden, in den Genuss der Sicherheitsgarantien der Bündnispartner zu kommen und dadurch auch unter den militärischen und nuklearen Schutzschirm der USA zu gelangen.

b) Kaliningrad als Streitpunkt

Die Oblast Kaliningrad ist als russische Exklave räumlich durch litauisches sowie polnisches und darüber hinaus weißrussisches bzw. lettisches Territorium vom übrigen Russland getrennt. Seit dem EU-Beitritt Litauens ist Kaliningrad zu einer russischen Exklave in der EU geworden. Die wichtigste Landverbindung zum russischen Kernland verläuft durch Litauen und Weißrussland. Das Gebiet spielt für Russland eine wichtige Rolle als Sitz der Baltischen Flotte. Darüber hinaus unterhält die russische Armee in Kaliningrad diverse Liegenschaften. Die Präsenz bedeutender russischer

---

[144] Art. 5 des NATO-Vertrages beinhaltet die Beistandsverpflichtung seiner Mitglieder.
[145] Siehe hierzu die Berichterstattung auf Spiegel Online vom 24.8.2014, abrufbar unter: http://www.spiegel.de/politik/ausland/nato-debattiert-ueber-raketenabwehr-gegen-russland-a-987739.html.

Truppenkontingente wird in Polen mit Sorge betrachtet und als Sicherheitsproblem gewertet.

Misstrauen hat in Polen die mehrmals erhobene russische Forderung nach einem „Transportkorridor", der Weißrussland und Kaliningrad verbinden sollte, hervorgerufen. Das Problem der Durchfahrtsregelung für polnische Schiffe durch den russischen Teil der Meerenge von Baltijsk belastet seit Jahrzehnten das Verhältnis, da Russland polnischen Schiffen eine Durchfahrt verweigert.

Die polnischen Ängste um eine Bedrohung durch Russland unmittelbar an ihrer Grenze wuchsen, als Ende 2013 bekannt wurde, dass Russland zehn sog. Iskander-Raketen-systeme in seiner Exklave Kaliningrad an der Grenze zur EU stationiert hat.[146]

c) Ausgestaltung der Pufferzone

Immer wieder kommt es wegen der zwischen ihnen situierten Staaten zu Spannungen in den polnisch-russischen Beziehungen. Polen möchte die Unabhängigkeit dieser Staaten, darunter die baltischen Staaten, sichern. Russland hingegen ist daran interessiert, seinen Einfluss in der Zone zwischen Ostmitteleuropa und Russlands Westen zu restaurieren, zumindest zu stärken.

Bereits im Vorfeld seines EU-Beitritts 2004 versuchte Polen in Anlehnung an die von Finnland 1997 ins Leben gerufene nördliche Dimension eine östliche Dimension der EU zu begründen. Hintergrund dieser Politik war die polnische Vorstellung, dass die Sicherheit Polens gegenüber Russland nur durch die Souveränität der Ukraine und damit deren West- und EU-Integration möglich ist. War es Polen bisher nicht gelungen, eine solche neue Ostpolitik der EU zu initiieren, so gelang dies in Kooperation mit dem schwedischen Außenminister Carl Bildt Ende 2008 – auch als Reaktion auf den russisch-georgischen Krieg im Sommer 2008. Der russische Außenminister Sergej Lawrow verurteilte mehrfach direkt die Gründung der Östlichen Partnerschaft ohne Beteiligung Russlands und setzte

---

[146] Siehe hierzu die Meldungen, unter http://diepresse.com/home/politik/aussenpolitik/ 1505307/Russische-Raketen-in-Kaliningrad_Europa-beunruhigt.

diese mit der Etablierung einer Einflusszone der EU im östlichen
Europa gleich.

d) US-Pläne zu einem Raketenschild in Osteuropa

Das Problem der Beziehungen zu Russland bindet die Polen weiterhin eng an die US-Amerikaner.[147] Diese Bindung zeigte sich auch
beim geplanten Raketenschirm der USA in Europa, als Polen neben
Tschechien als ein Standstützpunkt für zehn Raketen im Gespräch
war. Am 17. Sept. 2009 kündigte US-Präsident Barack Obama an,
vorläufig auf die Stützpunkte in Polen und Tschechien zu verzich-
ten, da eine von ihm in Auftrag gegebene Bedrohungsanalyse zu
dem Ergebnis kam, dass die Gefahr im Falle Irans nicht so sehr von
Langstreckenwaffen ausgehe, sondern eher von Mittel- und Kurz-
streckenraketen.[148]

4. Gegenwärtiger Zustand der polnisch-russischen Beziehun-
gen

Der Zustand der polnisch-russischen Beziehungen ist gegenwärtig
alles andere als gut. Aus Warschauer Sicht trägt Russland dafür die
größte Verantwortung, da es einfach nicht daran interessiert sei,
seine Beziehungen zu Warschau völlig zu normalisieren, sondern
sich bemühe, Polen zu diskreditieren und seine Rolle in Europa zu
schmälern. Das lässt viele polnische Beobachter die Feststellung
treffen, dass ohne eine Veränderung des politischen Systems in
Russland eine grundsätzliche Verbesserung des Verhältnisses zwischen Warschau und Moskau nicht möglich sei.

Des Weiteren gibt es politische Kontroversen in der Energiepolitik.
Polen sieht sich in einer Situation energiepolitischer Abhängigkeit
von Russland und ist daher bemüht, vor allem bei der Gasversor-
gung eine Diversifizierungspolitik weg von russischen Einfuhren zu
betreiben. Im Fall der „Nord-Stream-Pipeline" durch die Ostsee, die
russische Gasvorkommen direkt mit Deutschland verbinden soll,

---

[147] Holzer, Jerzy, Polen und Europa. Land, Geschichte, Identität, 2007, 107 f.
[148] Vgl. http://www.welt.de/politik/ausland/article4558377/Polen-hoffen-auf-Amerika-
trotz-aller-Verbitterung.html_(zuletzt abgerufen am 12.10.2015).

besteht die Befürchtung, dass Polens Bedeutung als Transitraum für russisches Erdgas sinkt und somit die energiepolitische Asymmetrie zunimmt.

Als Russlands Präsident Wladimir Putin sich im Rahmen der Gedenkfeier zum 70. Jahrestag der Opfer von Katyn am 7. April 2010 vor den polnischen Opfern des sowjetischen Terrorregimes verneigte, berichteten die Medien von dieser „historischen Geste über den Massengräbern" als ein Beginn der Annäherung zwischen Russland und Polen.[149] Allerdings wird etwa mit dem Flugzeugabsturz von Smolensk deutlich, dass die skeptische Grundeinstellung vieler Polen gegenüber Russland weiterhin besteht.

Die Beziehungen zwischen Moskau und Warschau sind wegen des Ukraine-Konflikts ohnehin angespannt. Polen gehört nämlich zu den Ländern, die Russland die Bewaffnung der prorussischen Separatisten in der Ostukraine vorwerfen.

Ende Sept. 2015 kam es sogar zu einem „diplomatischen Eklat" zwischen beiden Staaten. Mit der Behauptung, Polen habe eine Mitschuld am Beginn des Zweiten Weltkriegs, hat nämlich der russische Botschafter Sergej Andrejew in Warschau heftige Empörung ausgelöst. Polen habe damals die Bildung einer Koalition gegen die Nationalsozialisten blockiert, sagte der Botschafter in einem Interview mit dem polnischen Fernsehsender TVN 24. Der Diplomat machte Polen daher teilweise verantwortlich für die Katastrophe im September 1939, insbesondere auch für den Einmarsch der Roten Armee. Die polnisch-russischen Beziehungen seien auf dem „schlechtesten Stand seit 1945", kritisierte Andrejew weiter und warf Warschau vor, die Kontakte zu Moskau einzufrieren. Die polnische Regierung reagierte erbost auf die Äußerungen des ranghöchsten russischen Diplomaten in Polen. Das Außenministerium protestierte entschieden gegen die Äußerungen des Botschafters, da diese die

---

[149] Vgl. hierzu: Spiegel Online vom 7.4.2010, abrufbar unter file: ///Users/adrianna17/Desktop/Vortrag%20Polen-Russland/Russisch-polnische%20Anna%CC%88herung_%20Putin%20wagt%20den%20Kniefall%20vor%20Stalins%20Opfern%20-%20SPIEGEL%20ONLINE.html.

historische Wahrheit verdrehten und dadurch die russisch-polnischen Beziehungen schwer beschädigen würden. Zudem würden sie „einen Mangel an Respekt vor den Opfern der Kriegsverbrechen" der Sowjets aufzeigen, so das polnische Außenministerium.[150]

Bereits in der Vergangenheit war es zu ähnlichen Zerwürfnissen gekommen. Als Beispiel sei genannt, dass das russische Außen-ministerium im Jahre 1999 die Tatsache in Zweifel zog, dass es am 17. September 1939 überhaupt eine sowjetische Aggression gegen Polen gegeben habe. Stattdessen habe der Einfall sowjetischer Truppen dazu gedient, eine Art Schutzzone gegen einen drohenden deutschen Überfall auf die Sowjetunion zu schaffen.[151]

IV. Fazit

Die polnisch-russischen Beziehungen stehen immer noch im Zeichen des gegenseitigen Argwohns. Nach wie vor lasten auch die Schatten der Vergangenheit auf ihren zwischenstaatlichen Beziehungen. Nachdem Ende der 1980er und Anfang der 1990er Jahre eine kurze Episode mit einer russischen Annäherung einsetzte, schwand die russische Bereitschaft, sich zu den dunklen Kapiteln der gemeinsamen Geschichte öffentlich zu bekennen.

Das jahrhundertelange polnisch-russische Gegeneinander hat sich tief in das kollektive Gedächtnis beider Nationen eingegraben. Polen blickt auf zahlreiche traumatische Erfahrungen mit dem russischen Nachbarn zurück. Hierunter fallen etwa die blutigen Auseinandersetzungen mit dem zaristischen Russland, die mit der Teilung des polnischen Staates im 18. Jahrhundert verbunden waren, und die gewaltsamen Konflikte des 20. Jahrhunderts, allen voran der sowjetische Überfall auf Polen im Jahre 1939.

---

[150]Siehe hierzu die Berichterstattung auf WELT Online vom 27.9.2015, abrufbar unter: http://www.welt.de/politik/ausland/article146898163/Russland-gibt-Polen-Mitschuld-am-Zweiten-Weltkrieg.html (abgerufen am 12.10.2015).

[151] Zu den Motiven dieser russischen Erklärung gehörte die Sorge wegen Entschädigungszahlungen an die polnischen Opfer des Überfalls von 1939.

Bis heute existieren Meinungsverschiedenheiten, die mit den stalinistischen Verbrechen im Zusammenhang stehen. Die Aufarbeitung dieser Verbrechen ist bis heute nicht erfolgt. Entgegen polnischen Bemühungen weigerte sich etwa die russische Seite, einen Passus bezüglich dieser Problematik in den Freundschafts- und Nachbarschaftsvertrag, der im Mai 1992 unterzeichnet wurde, aufzunehmen.

Bezüglich der Politik Polens gegenüber dem Osten besteht nach wie vor eine strukturelle Interessendiskrepanz zwischen Warschau, dem an einer Intensivierung der Kontakte mit den Staaten östlich seiner Grenzen gelegen ist, und Moskau, das sich um die Sicherung bzw. Wiederherstellung seines Einflusses in diesen Ländern bemüht. Besonders signifikant ist dieser Gegensatz mit Blick auf die Ukraine und bei Polens Eintreten für eine rasche zweite Runde der NATO-Osterweiterung.

In Polen ist die Furcht vor einer übermäßigen Abhängigkeit bei der Energieversorgung, insbesondere der Erdgaslieferungen aus Russland, besonders ausgeprägt. Die NATO-Mitgliedschaft Polens führte zwar zu keiner Verschlechterung des bilateralen Verhältnisses, führte aber auch keine Verbesserung herbei.

Insgesamt sind die Beziehungen zwischen Polen und Russland geprägt durch das Nebeneinander von Misstrauen und Kooperationsbereitschaft. Irritationen und nervöse Reaktionen lassen immer wieder Kaltfronten in den bilateralen Beziehungen entstehen.

Jurgita Baur:

Litauens Nähe zu Russland - Eine ständige Heraus-
forderung[1]

I. Einführung

Die Beziehung zwischen Litauen und Russland kann ohne mit der Wimper zu zucken als kompliziert bezeichnet werden. In beiden Ländern wird über die Gegenseite kontrovers diskutiert. Dazu trägt vor allem die Geschichte bei, die von beiden Ländern aus sehr unterschiedlichen Perspektiven betrachtet wird. Bereits seit seinem Bestehen bezeichnet sich Litauen als souveränen und unabhängigen Staat, der Opfer einer widerrechtlichen Besetzung durch die Rote Armee und 1940 ungewollt in die Sowjetunion einverleibt wurde. Hingegen wird von russischer Seite behauptet, dass sich das kleine Land freiwillig der UdSSR angeschlossen habe.

Auf Basis dieser unterschiedlichen Auffassungen entwickelte sich das Verhältnis zwischen Russland und Litauen entsprechend. 1991 erkannte Russland die Wiederherstellung der Unabhängigkeit des litauischen Staates an. Die Differenzen zwischen beiden Ländern blieben bis heute bestehen. Mit Beginn der „Krimkrise" Anfang 2014 nahmen die Reibungs-punkte und Spannungen zu. Das aggressive Vorgehen Russlands in der Ukraine schockierte nicht nur Europa, sondern sorgte vor allem in Litauen und den anderen beiden baltischen Staaten für Angst und Schrecken. Angst, von der Vergangenheit wieder eingeholt zu werden, und Schrecken vor dem aufkeimenden Erwachen des scheinbar größenwahnsinnigen russischen Nachbarn. Zu oft war Litauen Spielball der Großmächte, zu frisch ist seine neugewonnene Souveränität.

Um die neuentflammte Besorgnis Litauens vor Russland aufgrund der Ereignisse in der Ukraine besser nachvollziehen zu können,

---

[1] Vgl. auch Baur, Jurgita, Die Angst der baltischen Staaten vor Russland mit Blick auf die Krim-Krise, in: Gornig, Gilbert/Michel, Adrianna A.,/Bohle, Christina, Territoriale Souveränität und Gebietshoheit. Selbstbestimmungsrecht und Sezession aus interdisziplinäre Sicht. Territorial Sovereignty and Territorial Jurisdiction. The Right of Self-Determination and Secession. An Interdisciplinary View, 2015, S. 43 ff.

werfen wir einen Blick in die Geschichte des rund drei Millionen-Einwohner starken Landes.

II. Geschichtliche Entwicklungen Litauens unter dem Einfluss Russlands

1. Vorgeschichte

Zum ersten Mal in seiner Historie fiel Litauen Ende des 18. Jahrhunderts unter russisches Hoheitsgebiet. Daraufhin wurde in Litauen Kultur und Sprache der heimischen Bevölkerung durch die russische Besatzungsmacht massiv unterdrückt und verboten. Es folgte das Zeitalter der sogenannten „Russifizierung". Die russische Regierung beschloss, die Universität in der litauischen Hauptstadt Vilnius zu schließen. Litauische Beamte wurden entlassen und durch russische Offiziere ersetzt.

Die Herrschaft von Zar *Alexander II.* markierte eine Intensivierung dieses Russifizierungsprozesses, der sich auf die Verbreitung der russischen Kultur und die Einführung der russischen Sprache als Hauptsprache in der Verwaltung sowie in den Schulen fokussierte.[2] Paradoxerweise trugen die Versuche, unter anderem das kyrillische Alphabet einzuführen, zur Entwicklung eines wachsenden nationalen Bewusstseins bei der einheimischen Bevölkerung Litauens bei. Das russische Bestreben, die Litauer zur Orthodoxie zu konvertieren, stieß auf großen Widerstand der katholischen Geistlichen. Die katholische Kirche Litauens wurde zum Zentrum des nationalen Widerstands. Die neue litauische Elite konzentrierte sich auf die litauische Selbstbestimmung, frei von russischen und anderen Herrschaften.

Das nationale Erwachen rief die nationale Bewegung hervor. Trotz des fast vollständigen Fehlens eines städtischen Proletariats in Vilnius wurde die Litauische Sozialdemokratische Partei im Jahre

---

[2] Haltzel, Michael H., Triumphs and Frustrations of Administrative Russification, 1881-1914, in: Thaden, Edward C. (Hrsg.), Russification in the Baltic Provinces and Finland, 1855-1914, 1981, S. 150-160.

1896 gegründet. Die Partei hatte die Förderung des nationalen Widerstands zum Ziel. Das erste Parteiprogramm forderte die potenzielle Errichtung einer demokratischen Republik Litauen, von der Unterdrückung jeder anderen Nation befreit. Unter dem Druck der revolutionären Bewegungen unterzeichnete der Zar das sog. Oktober Manifest, welches der Bevölkerung bürgerliche und politische Rechte einräumte und ihr eine eigens gewählte Nationalversammlung versprach. Es dauerte nicht lange, bis litauische Nationalisten einen Kongress in Vilnius einberiefen, auf dem sie eine Resolution mit der Forderung zur Schaffung eines autonomen litauischen Staates verabschiedeten.

2. Erster Weltkrieg und Krieg der Unabhängigkeit

Mit dem Beginn des Ersten Weltkrieges im August 1914 bemühte sich Litauen, seine Autonomie auszubauen. Als in Russland 1917 die Revolution ausbrach und das Land im Chaos versank, erklärte Litauen seine Unabhängigkeit.[3] 1920 wurden Friedensverträge zwischen den baltischen Staaten und Russland unterschrieben, mit denen Russland Litauens Selbständigkeit anerkannte. Im Friedensvertrag vom 12. Juli 1920 zwischen Russland und Litauen war zu lesen, dass Russland die litauische Unabhängigkeit mit all den dazugehörigen juristischen Folgen anerkennt und für immer auf alle territorialen Ansprüche auf das litauische Gebiet verzichtet.[4] Die damals errungene Souveränität der baltischen Staaten verlor bis heute niemals ihre Rechtskraft.[5]

---

[3] In Litauen, das gänzlich unter deutscher Okkupation stand, nahm der bereits im September 1917 gebildete litauische Landesrat am 11.12.1917 eine Erklärung an. (abgedruckt bei Klimas, P.: Der Werdegang des Litauischen Staates von 1915 bis zur Bildung der provisorischen Regierung im November 1918, 1919, S. 107), in der die Wiederherstellung eines unabhängigen litauischen Staates mit der Hauptstadt Vilnius und seine Abtrennung von allen staatlichen Verbindungen, die mit anderen Staaten bestanden haben, proklamiert wurden. Die Erklärung vom 11.12.1917 enthielt aber zugleich eine Bestimmung über ein ewiges, festes Bundesverhältnis mit dem Deutschen Reich.
[4] Litauischer Tex des Friedensvertrages unter:
http://www3.lrs.lt/pls/inter_archyvas/dokpaieska_arch.show-
doc_l?p_id=112582&p_query=&p_tr2=2 , zuletzt gesehen: 18.11.2014.
[5] Laar, Mart, Die baltischen Staaten, S. 298 ff., verfügbar unter:

3. Die Unabhängigkeitsjahre vom 1920 bis 1940

Litauen wurde am 22. September 1921 in den Völkerbund aufgenommen. Die *De-jure-Anerkennung* Litauens erfolgte im Dezember 1922. Als Kompensation für den Verlust der Hauptstadt *Vilnius* an Polen bekam Litauen die von Deutschen besiedelte Stadt *Klaipeda* (auf Deutsch: Memel) zugesprochen. Dieser Schritt verschlechterte die Beziehungen zwischen Litauen und Deutschland.

Im September 1926 unterzeichneten Litauen und die Sowjetunion einen Nichtangriffsvertrag. Ab 1935 geriet die Außenpolitik Litauens und der anderen baltischen Staaten immer stärker in den Wirbel der wachsenden Rivalität zwischen Deutschland und der Sowjetunion.[6]

4. Zweiter Weltkrieg und Eingliederung Litauens in die Sowjetunion

In einer komplizierten internationalen Situation, kurz vor Ausbruch des Zweiten Weltkrieges am 23. August 1939, wurde zwischen Deutschland und der Sowjetunion der Molotov-Ribbentrop-Pakt unterschrieben.[7] Durch die „Geheimen Zusatzprotokolle" zum Molotov-Ribbentrop-Pakt wurden Finnland, Estland und Lettland der sowjetischen und Litauen der deutschen Einflusssphäre, unter Berücksichtigung der litauischen Interessen im Gebiet Vilnius, zugewiesen.[8] In weiteren Geheimprotokollen zum deutsch-sowjetischen „Grenz- und Freundschaftsvertrag" vom 28. September 1939 wurde schließlich auch Litauen nach „streng vertraulicher Aussprache" der Sowjetunion zugesprochen.[9] Diese ließ die Gelegenheit nicht ungenutzt und übernahm im Eiltempo die Kontrolle über die ihr vom Vertrag mit Deutschland zugeordneten Gebiete.

---

http://www.kas.de/upload/dokumente/verlagspublikationen/Geschichtsbilder/Geschichtsbilder_Europa_Baltische-Staaten. pdf, zuletzt gesehen: 21.10.2014.

[6] Rauch, Georg von, Geschichte der baltischen Staaten, 3. Aufl., 1990, S. 180.

[7] Vgl. dazu Gornig, Gilbert: Der Hitler-Stalin-Pakt. Eine völkerrechtliche Studie, 1990, S. 4 ff.

[8] Von Rauch (Anm. 6), S. 198; Elsuwege, Peter van, From Soviet Republics to EU Member States, 2008, S. 30.

[9] Schützler, Horst, Der Anschluss der baltischen Staaten Litauen, Lettland und Estland an die Sowjetunion 1940 und s. Folgen, in: UTOPIE kreativ, H. 95 (September) 1998, S. 24-29 (25).

Am 14. Juni 1940 setzte der sowjetische Außenminister Molotov Litauen ein Ultimatum und forderte die Neubildung der Regierung und die Zustimmung zum sofortigen Einmarsch sowjetischer Truppen.[10] Ohne Aussicht auf eine erfolgreiche militärische Verteidigung war das kleine Land gezwungen, den Forderungen des übermächtigen sowjetischen Aggressors zuzustimmen. Die neu gegründete Regierung löste das Parlament auf und ordnete Neuwahlen an, welche im Juli 1940 stattfanden.[11] Die Festnahme der Oppositionsführer und der drohende Einmarsch von Truppen der Roten Armee trug nicht zur demokratischen Glaubwürdigkeit des neu gewählten Parlaments bei, welches im Anschluss sofort die Mitgliedschaft in der Sowjetunion beantragte. Im August 1940 bestätigte die Sowjetunion den Antrag der Eingliederung Litauens in die S Sowjetunion.[12] Mit der bereits vorhandenen Erfahrung begann Stalin in der neuen Republik eine Politik der Sowjetisierung.

5. Reaktionen auf die Eingliederung Litauens in die Sowjetunion: Frage der Anerkennung

Die Eingliederung Litauens in die Sowjetunion wurde von den meisten westlichen Ländern nicht *de jure* anerkannt. Insgesamt ist hierbei zwischen vier unterschiedlichen Haltungen der Staaten zu unterschieden. Eine kleine Anzahl von Staaten akzeptierte Litauen als Teil der Sowjetunion.[13] Die Mehrzahl erkannte die Eingliederung nie *de jure*, aber *de facto* an.

Diese *De facto* Anerkennung bedeutet, dass der anerkennende Staat seine Bereitschaft bekundet, Beziehungen zu unterhalten, ohne förmlich die souveräne Autorität des Staates anzuerkennen. Eine *De facto* Anerkennung erzeugt lediglich eine vorläufige Rechtswirkung, vor allem dann, wenn noch keine endgültige Sicherheit dahingehend besteht, dass alle Voraussetzungen der

---

[10] Von Rauch (Anm. 6), S. 207.

[11] Ebd., S. 212.

[12] Ebd., S. 213; Smith, Inese A./Grunts, Marita V., The Baltic States: Estonia, Latvia, Lithuania, 1993, Introduction.

[13] Zu diesen Staaten zählen Schweden, die Schweiz, Niederlande und Neuseeland.

Anerkennung tatsächlich und auf Dauer gegeben sind.[14] Folglich ist dieses Rechtsverhältnis provisorischer und vorläufiger Natur.[15]

Die dritte Gruppe der Staaten äußerte sich nicht zur Frage der Anerkennung.[16] Die letzte Gruppe, in der vor allem die USA zu nennen ist, bestätigte die Eingliederung Litauens in die Sowjetunion weder *de jure* noch *de facto* an.

Die Haltung der USA stützte sich auf die Grundlage, dass die Geheimprotokolle des Molotow-Ribbentrop-Pakts unter dem militärischen Druck der sowjetischen Führung erzwungen wurden. Nur so kam es dazu, dass das litauische Parlament das Ultimatum akzeptierte, welches die Bildung einer Sowjetregierung verlangte.

6. Nationales Wiedererwachen und Wiederherstellung der Unabhängigkeit (1985-1991)

Als Michail Gorbatschow 1985 zum neuen Generalsekretär der Kommunistischen Partei der Sowjetunion ernannt wurde, begann eine neue Ära. Er startete die sogenannte Politik der *perestroika.* Sein politisches Denken und seine Ideen signalisierten ein Abweichen von der klassischen sowjetischen Außenpolitik. Diese Entspannung im Kalten Krieg und die internen Transformationen der sowjetischen Gesellschaft bildeten die Basis für das erneute nationale Erwachen des litauischen Volkes. In den Folgejahren gab es viele verschiedene nationalistische Bewegungen. Die sog. Volksfronten, gegründet von Oppositionellen, führten eine Vielzahl von reformwilligen Menschen aus verschiedenen Gruppen zusammen.

7. Zerfall der Sowjetunion und der gesamten sozialistischen Staatengemeinschaft

Die Entwicklungen in Litauen wurden durch die revolutionäre Atmo-sphäre in Zentral- und Osteuropa nach dem Fall der Berliner Mauer g eprägt.

---

[14] Epping, Volker, in: Ipsen, Knut (Hrsg.), Völkerrecht, 6. Aufl., 2014, § 5, Rn. 170.
[15] Ebd.
[16] z. B. Finnland hat nie eine offizielle Mitteilung wegen der Frage d. Anerkennung abgegeben.

Erste Zerfallserscheinung für die gesamte sozialistische Staatengemeinschaft war das Ausscheiden der drei baltischen Staaten aus dem sowjetischen Staatsverbund. Völkerrechtlich stellt dieser Akt eine Beseitigung der rechtswidrigen Annexion der drei Staaten durch die Sowjetunion aus dem Jahr 1940 dar.

Am 11. März 1990 erklärte Litauen als erste der Sowjetrepubliken ihre Unabhängigkeit von Moskau. Der Oberste Rat Litauens stimmte für die „Erklärung über die Wiederherstellung der Unabhängigkeit des litauischen Staates".[18] Darin stand, dass „der Akt des Litauischen Rates vom 16. Februar 1918 und die Resolution der Verfassunggebenden Versammlung vom 15. Mai 1920 über die Wiederherstellung des demokratischen litauischen Staates ihre Rechtskraft niemals verloren haben und die Verfassungsgrundlage des litauischen Staates sind".[19]

Nach Litauens Unabhängigkeitserklärung begannen sowjetische Streitkräfte im Rahmen von „Routineübungen" mit Panzern durch Vilnius zu fahren. Gorbatschow drohte, dass die UdSSR ihre Öl- und Gaslieferungen an Litauen stark reduzieren werde. Moskau reagierte vom April bis Mai 1990 mit einer Rohstoffblockade. Am 13. Januar 1991 versuchten sich moskautreue Kräfte mit Unterstützung des vor Ort stationierten sowjetischen Militärs an die Macht zu putschen. Bei den blutigen Auseinandersetzungen starben insgesamt 14 unbewaffnete Zivilisten, die sich vor das Parlament und den

---

[17] Schmid, Karin, Untergang und Entstehung von Staaten in Mittel- und Osteuropa. Neue Entwicklungen in Staats- und Völkerrecht, in: Berichte des Bundesinstituts für ostwissenschaftliche und internationale Studien, 1993, S. 2.
[18] Klein, Andreas Michael/Lapiniene, Rita, Litauen feiert 20. Jahrestag der Wiederherstellung seiner Unabhängigkeit, unter:
http://www.kas.de/wf/doc/kas_19191-1522-1-30.pdf?100415093758, zuletzt gesehen: 02.12.2014.
[19] Akt des Obersten Rates der Republik Litauen „Über die Wiederherstellung des Litauischen Staates" vom 11.03.1990, unter:
http://www.verfassungen.eu/lt/wiederherstellungsakt91.htm, zuletzt gesehen: 02.12.2014.

Fernsehturm in Vilnius stellten, über 1000 Menschen wurden verletzt. Dieser traurige Tag ging in die litauische Geschichte als Wilnaer Blutsonntag ein.

Als Antwort auf diese Ereignisse fand am 9. Februar 1991 ein Referendum statt. Bei einer Wahlbeteiligung von 85 % stimmten 90,5
% der Wähler für ein unabhängiges Litauen. Das isländische Parlament beschloss als erstes auf der Welt, Litauen als unabhängigen
Staat anzuerkennen.
Am 17. September 1991 wurde Litauen Mitglied der Vereinten Nationen und begann seine Stellung als eigenständige Nation wieder
aufzubauen. Im März 2004 wurde das Land ein vollwertiges Mitglied
der NATO. Noch im selben Jahr, am 1. Mai 2004, wurde Litauen in
die EU aufgenommen.

8. Sicht der Sowjetunion bezüglich der Unabhängigkeit Litauens

Die Sowjetunion hatte bezüglich der Unabhängigkeit Litauens seine
ganz eigene exklusive Sichtweise. Während die Befürworter der
Unabhängigkeit die Grundsätze des Völkerrechts zur Wiederherstellung der Vorkriegsrepublik nannten, bezeichnete die sowjetische Regierung das Thema der Unabhängigkeit als eine interne
Verfassungsfrage ohne internationale Dimension. Dieser Standpunkt wurde darauf gestützt, dass Litauen durch die Zustimmung
seiner Eingliederung in die Sowjetunion seinen völkerrechtlichen
Status verloren hätte. Russland behauptet bis heute, dass die Erklärungen der Wiederherstellung der Unabhängigkeit Litauens die
Verfassung der Sowjetunion verletzte.[20] Artikel 72 dieser Verfassung verlieh jeder Unionsrepublik das Recht auf Lostrennung. Nach
Ansicht Moskaus konnte die Unabhängigkeit Litauens nur im Zuge
dieses Artikels erfolgt sein und wäre somit als Sezessionen und
nicht als Wiederherstellung der Unabhängigkeit einzustufen.

Obwohl auch die UdSSR noch im selben Jahr die Unabhängigkeit
Litauens bestätige, betonte sie im gleichen Atemzug, dass dieser

---

[20] Van Elsuwege (Anm. 6), S. 50.

neue souveräne Staat ein ehemaliger legitimer Teil der Sowjetunion sei.[21] Mit anderen Worten beseitigten die Auflösung der Sowjetunion und die Wiederherstellung der Unabhängigkeit Litauens in keiner Weise die Diskrepanzen zwischen Litauen und (Sowjet-) Russland.

Die Frage, ob Litauen ein neuer Staat ist oder die Fortsetzung einer früheren Staatlichkeit darstellt, ist mehr als eine akademische Diskussion. Sie bildet wichtige Implikationen für Fragen der Staatsangehörigkeit, des Grenzverlaufs und für die Gültigkeit von internationalen Verträgen.

## 9.	Völkerrechtliche Würdigung der Annexion Litauens

Die Satzung und die Praxis des Nürnberger Internationalen Straftribunals unterstützt das Argument, dass die Besetzung und Annexion Litauens eine unrechtmäßige Handlung war. Das Tribunal entschied, dass die schweren Verstöße gegen Artikel 10 der Satzung des Völkerbundes und der Artikel 1 des Briand-Kellogg-Pakts und die von Deutschland 1938-1941 verübten Aktionen internationale Verbrechen waren. Tatsächlich gibt es keinen Grund, die analogen Aktionen der Sowjetunion von 1940 anders zu beurteilen. Wenn man von einer gegenteiligen Ansicht ausginge, würde man die Rechtsnatur des Völkerrechts negieren. Unter jedem Rechtssystem ist es unmöglich, analog vorgenommene Handlungen unter den gleichen Umständen unterschiedlich zu qualifizieren. Also ist es ausgeschlossen eine Aktion von dem einem Staat als internationales Verbrechen und die gleiche Aktion von einem anderen als legitimen Akt zu betrachten.[22]

Dabei ist es hilfreich, auf die Feststellung des Nürnberger Tribunals zu blicken, nach welcher die Annexion Österreichs durch Deutschland im Jahr 1938 ein Aggressionsakt darstellte. Die österreichische und litauische Situation sind praktisch identisch. Beide Regierungen

---

[21] Zalimas, Dainius, Legal Issues on the Continuity of the Republic of Lithuania, in: Baltic Yearbook of International Law, 2001, S. 15.
[22] Zalinas, Dainius, Legal Issues on the Continuity of the Republic of Lithuania, in: Hawaiian Journal of Law & Politics, Vol. 2, 2006, S. 73 (79).

wurden unter der Androhung von Gewalt gezwungen ein Ultimatum zu akzeptieren. In Österreich wurde sogar ein Referendum organisiert, um die Inkorporation in das Deutsche Reich zu legitimieren. Das Tribunal wies die Argumente, dass es der Wille der Österreicher war, sich Deutschland anzuschließen, mit der Begründung ab, dass dies nicht überzeugend sei, weil „die Methode, die benutzt wurde, um das Ziel (die Annexion Österreichs) zu erreichen, die Methode der Aggression war. Der entscheidende Faktor war die militärische Macht, die Deutschland in dem Fall jedes Widerstandes verwendet hätte."[23]

Im Jahr 1938 betrachtete selbst die UdSSR den „Anschluss" Österreichs als die Verletzung der internationalen Verpflichtungen, der Satzung des Völkerbundes und des Vertrags von Paris (Briand-Kellogg-Pakt). Zur Zeit des Anschlusses betonten die Delegierten der Sowjetunion beim Völkerbund, dass weder die direkten Besetzungen und Annexionen des Gebiets noch die Fälle, in denen solche Annexionen durch die Einrichtung von „Marionettenregierungen" durchgeführt werden, als legal eingestuft werden könnten.[24] Die anschließende Besetzung und Annexion Litauens ist die klassische Darstellung letzteren.

Diese Parallelen bekräftigen die Einschätzung, dass die Besetzung und Annexion der Republik Litauen ein internationales Verbrechen war. Nach der Satzung des Nürnberger Tribunals sollte ein Angriffskrieg als Verbrechen gegen den Frieden behandelt werden. In der Tat waren Besetzung und Annexion Litauens durch die Sowjetunion nach einer erfolgreichen Drohung eines bewaffneten Angriffs gleichbedeutend mit einem solchen Angriffskrieg.[25] Der Einmarsch der sowjetischen Armee nach Ablauf des Ultimatums erfüllt den Tatbestand der „Aggression", der in Absatz 2 des Artikels II der

---

[23] Zalinas, Dainius, (Anm. 23)

[24] Šatas Juozas, Lietuvos tarptautinis pripažinimas: praeitis ir dabarties realijos, Vilnius, 1991.

[25] Vadapalas, Vilenas/Zalys, Vytautas, Secret Protocols to the Soviet-German Treaties of 1939 and the Problem of Prescription in International Law, in: Eesti Teaduste Akadeemia Toimetised, 39 (2), 1990, S. 131.

Konvention zwischen Litauen und Sowjetunion festgelegt wurde.[26] Es handelte sich folglich um „eine Invasion von Streitkräften, mit oder ohne eine Kriegserklärung, im Hoheitsgebiet eines anderen Staates." Demzufolge ist kein tatsächlich ausgebrochener Kriegszustand nötig, um den Tatbestand der Aggression zu erfüllen.[27]

Die Sowjetunion verstieß gegen Artikel 3 des Nichtangriffsvertrags mit Litauen von 1926, der die Parteien verpflichtete, von jedem Akt der Aggression Abstand zu nehmen. Nach Artikel III des bilateralen Übereinkommens zur Definition der Aggression konnten keine politischen, militärischen, wirtschaftlichen oder sonstigen Überlegungen als Rechtfertigung oder Entschuldigung für die Aggression dienen.

Außerdem wurde am 24. Dezember 1989 eine Resolution über die politische und rechtliche Beurteilung des deutsch-sowjetischen Nichtangriffsvertrags vom 1939 erlassen. Dabei erkannte der Kongress der Volksdeputierten der UdSSR an, dass bei der Umsetzung des Molotow-Ribbentrop-Pakt die Sowjetunion seine gesetzlichen Verpflichtungen aus den Friedensverträgen von 1920 und aus den Nichtangriffsverträgen aus den Jahre 1926 bis 1933 mit den baltischen Staaten verletzte. Dies führt unweigerlich zu dem Schluss, dass selbst die UdSSR die Tatsache anerkannte, dass sie eine Aggression gegenüber Litauen im Jahr 1940 verübte. Dies ist der einzig logische Weg, um die genannte Bestimmung der Resolution aus dem Jahr 1989 zu erklären.[28]
Neben der Pflichtverletzung zur Achtung der Souveränität und territorialen Integrität anderer Staaten stand die Besetzung und Annexion Litauens nicht im Einklang mit mehreren anderen Grundsätzen des Völkerrechts. Eine Annexion stellt einen gewaltsamen, gegen das Gewaltverbot (Art. 2 Nr. 4 UN-Charta) verstoßenden, nicht gerechtfertigten Erwerb eines fremden Territoriums durch einen Staat

---

[26] Convention between Lithuania and the Union of Soviet Socialist Republics for the Definition of Aggression. Signed at London, July 5th, 1933, unter: http://www.letton.ch/lvx_33lt.htm, zuletzt gesehen: 15.12.2014.
[27] Zalimas (Anm. 20), in: Hawaiian Journal of Law & Politics, Vol. 2, 2006, S. 73 (80).
[28] Ebd.

zu Ungunsten eines anderen dar.[29] Angesichts des *ius cogens*-Charakters des Gewaltverbots sind Annexionen rechtlich unwirksam und führen nicht zum Souveränitätsübergang.[30] Durch einen rechtswidrigen Akt kann kein Recht entstehen (*„ex iniuria ius non oritur"*).[31] Einer durch eine Annexion geschaffener Zustand kann auch nicht durch die Anerkennung anderer Staaten rechtmäßig werden (sog. Stimson-Doktrin).[32]

Die Eingliederung Litauens in die Sowjetunion erfolgte durch erzwungene Verträge und vor allem unter militärischem Druck. Die Eingliederung Litauens in die Sowjetunion wurde zwar am 21. Juli 1940 von dem kurz zuvor neu gewählten Parlament beschlossen, zur Wahl standen allerdings ausschließlich Kandidaten der kommunistischen Parteien. Andere Kandidaten wurden nicht zugelassen. Die Wiedererlangung staatlicher Funktionen im Jahr 1989 ging nicht mit einer Neugründung, sondern mit der Wiederbelebung des Staatswesens einher.[33] Allein Russland war der Meinung, dass Litauen seine Existenz nach der russischen Invasion im Jahr 1940 beendet hätte und seine Trennung von der Sowjetunion 1991 eine Sezession sei.[34] Aus Sicht der meisten Staaten und auch vom völkerrechtlicher Standpunkt aus war Litauen seit 1940 besetzt und zu keinem Zeitpunkt integraler Bestandteil der Sowjetunion.[35] Litauen hat aus völkerrechtlicher Sicht seine Staatlichkeit nie verloren. Somit wurde durch seine Abspaltung von der Sowjetunion kein neuer Staat gegründet. Vielmehr wurde die Souveränität des ursprünglichen Staates wiederherstellt. Auch die Praxis der Drittstaaten bezüglich der Anerkennung der Wiederherstellung der

---

[29] Epping (Anm. 14), Rn. 28.

[30] Proelß, Alexander, in: Vitzthum, Wolfgang Graf (Hrsg.), Völkerrecht, 5. Aufl., 2010, 5. Abschnitt, Rn. 25; Zygojanis, Heike, Geburt aus Ruinen, Kosovo als neuer Staat in Europa?, 2013, S. 72.

[31] Epping (Anm. 14), Rn. 32.

[32] Arnauld, Andreas von, Völkerrecht, 2012, § 2, Rn. 76.

[33] Proelß (Anm. 30), Rn. 25; Stein, Torsten/von Buttlar, Christian, Völkerrecht, 13. Aufl., 2012, Rn. 319.

[34] Zygojanis, Heike, Geburt aus Ruinen, Kosovo als neuer Staat in Europa?, 2013, S. 72; Schweisfurth, Theodor, Soviet Union, Dissolution, in: Bernhardt, Rudolf, Encyclopedia for Public International Law, 2000, Bd. 4, S. 529-547 (540).

[35] Schweisfurth (Anm. 34), S. 540.

Unabhängigkeit der baltischen Staaten bestätigt, dass die Befreiung aus der Sowjetunion keine Sezession war.[36] Das Land war nie integraler Bestandteil der Sowjetunion, so dass durch seine Abtrennung die sowjetische territoriale Integrität und Souveränität nicht verletzt wurde.[37]

Die UdSSR verstieß gegen den Grundsatz der friedlichen Beilegung von Streitigkeiten. Diese Verpflichtung ergibt sich aus Artikel 2 des Briand-Kellogg-Pakts und verpflichtet alle Staaten, all ihre Streitigkeiten und Konflikte friedlich miteinander zu begleichen. Eine ähnliche Verpflichtung war auch in Artikel 5 des bilateralen Nichtangriffspakts zwischen Litauen und der Sowjetunion vorgesehen. Des Weiteren wurde das Prinzip der Nichteinmischung in die inneren Angelegenheiten anderer Staaten missachtet. Artikel VII des Beistandspakts zwischen der UdSSR und Litauen aus dem Jahr 1939 schrieb diese Pflicht vor.[38] Es bestehen keine Zweifel, dass die Sowjetunion nicht das Prinzip der Selbstbestimmung der Völker, in diesem Fall der litauischen Bevölkerung, welches auch in Artikel I des Friedenvertrages von 1920 verankert wurde, respektierte.[39] Zusammenfassend kann die Annexion Litauens als eklatante Verletzung der Klausel 2 der Atlantiks Charta bezeichnet werden. Nach dieser darf kein Gebiet ohne den freien Willen und die Zustimmung der betroffenen Einwohner übertragen werden.[40] Die Sowjetunion verstieß daneben auch gegen den Grundsatz *pacta sunt servanda*.

---

[36] Ebd., S. 541.

[37] Zygojanis (Anm. 34), S. 123.

[38] Beistandspakt zwischen der UdSSR und Litauen, vom 10.10.1939, deutsche Fassung des Beistandspaktes ist unter http://www.forost.ungarisches-institut.de/pdf/19391010-1.pdf zu finden, zuletzt gesehen: 16.12.2014.

[39] Kuris, Pranas, Lietuvos nepriklausomos valstybes atkurimas ir tarptautine teise, in: Teises problemos, 1, 1998, S. 10.

[40] Atlantik Charta vom 14.08.1941.

V. Das Verhältnis zwischen Russland und Litauen heute

1. Bestehende Streitpunkte nach der Wiederherstellung der Unabhängigkeit

Das heutige Verhältnis zwischen Litauen und Russland ist sehr von der Geschichte und wiederkehrenden Konflikten geprägt und belastet. Einen großen Streitpunkt bildet die NATO-Mitgliedschaft Litauens und seine Rolle in der atlantischen Allianz.

Ebenso negativ empfand Russland die engagierte Unterstützung Litauens bei den „Farbrevolutionen" im Jahr 2003 in Georgien und 2004 in der Ukraine. Litauen unterstützte den Aufbau der von den Präsidenten Viktor Juschtschenko und Saakaschwili ins Leben gerufenen Gemeinschaft für eine Demokratische Wahl zur Förderung von Veränderungen in Osteuropa und im südlichen Kaukasus. Der Impuls für die demokratische Entwicklung im postsowjetischen Raum wurde schwächer, dennoch bleiben die gegensätzlichen Interessen Russlands und Litauens bestehen.

Auch in der Energiefrage ist das Verhältnis angespannt. Ein nennenswertes Beispiel hierfür ist die Nord-Stream-Pipeline. Am 8. September 2005 wurde der Vertrag über den Bau der Pipeline von der russischen Firma Gazprom und den deutschen Konzernen EON Ruhrgas und BASF mit der politischen Unterstützung von Gerhard Schröder und Wladimir Putin unterzeichnet. Die Pipeline beginnt im russischen Wyborg und erreicht Deutschland in Lubmin bei Greifswald. Die günstigere und landgestützte Alternative durch die baltischen Staaten (Amber-Pipeline) wies Russland ab. Somit verpasste Russland die Möglichkeit, ein positives politisches Signal zu setzen und wirtschaftliche Verflechtung sowie eine politische Zusammenarbeit im baltischen Raum zu fördern.

Das Verhältnis Russlands zu Litauen ist verhältnismäßig besser als zu den anderen zwei baltischen Staaten. Grund hierfür ist die mühelose Einbürgerung der russischen Minderheit. Als Litauen im Jahr 1990 die Unabhängigkeit wiederherstellt hatte, machten Russen circa 10 % der Gesamtbevölkerung aus. Sie waren in Litauen besser integriert als in Lettland und Estland. Für zur Sowjetzeit nach Litauen eingewanderte Menschen stand die Erlangung der litauischen Staatsangehörigkeit offen.

Des Weiteren benötigt Russland Litauen als territoriale Verbindung zu seiner Exklave Kaliningrad. Dies sorgt für eine gewisse Abhängigkeit Moskaus von Vilnius und fördert das russische Interesse an einem weitgehend stabilen Verhältnis. Dieser Umstand sorgte unter anderem auch dafür, dass die russische Duma zusammen mit Litauen und der EU im Frühjahr 2004 den 1997 unterzeichneten Grenzvertrag mit Litauen ratifizierte.

Die Beziehung zwischen Russland und Litauen bleibt wegen unterschiedlicher Interpretation der geschichtlichen Ereignisse, diskrepanten politischen Interessen im postsowjetischen Raum und der Energiefrage kompliziert.

Die Förderung Litauens von Demokratisierungs-, Emanzipations- und Liberalisierungsbestrebungen in Osteuropa sowie dem südlichen Kaukasus verstimmte Moskau erheblich. Valdas Adamkus, ehemaliger litauischer Staatspräsident, trug einen großen Teil zur Verhinderung einer gewaltsamen Unterdrückung der Orangen Revolution in der Ukraine bei. Litauen unterstützte die demokratische Opposition in Weißrussland ohne Rücksicht auf russische Eigeninteressen.

Nicht zuletzt wegen den jüngsten Ereignissen in der Ukraine ist absehbar, dass sich das litauisch-russische Verhältnis auch weiterhin nicht auflockert. Die Regierung Litauens teilt ausdrücklich die Position der ukrainischen Regierung. Erst kürzlich setzte die Präsidentin Litauens, Dalia Grybauskaitė, erneut ein deutliches Zeichen. Sie verweigerte ihre Teilnahme an der Moskauer Militärparade zum 70. Jahrestag des Sieges über Nazi-Deutschland.

2. Die Ereignisse nach der Krim-Krise

Mit großer Besorgnis blickten die Menschen in Litauen auf den Konflikt in der Ukraine, denn auch hier existiert eine russische Minderheit. Obwohl dieser Anteil in Litauen nur etwa 5 % der

Gesamtbevölkerung beträgt, ist die Angst der Litauer nicht komplett unbegründet. Im September 2014 tönte Putin gegenüber Jose Manuell Barroso, dass wenn er wolle „russische Truppen in zwei Tagen nicht nur in Kiew, sondern auch in Riga, Vilnius, Tallinn, Warschau oder Bukarest sein könnten".[41]

In Lettland und Estland stellt sich die Situation wesentlich prekärer dar. Ungefähr 30 Prozent der dortigen Bevölkerung sind angesiedelte Russen, welche nach der Unabhängigkeit des Baltikums dieses nicht verlassen wollten. Es herrscht die Angst, dass dieser recht große unzufriedene russische Bevölkerungsanteil Moskau um Unterstützung bittet. Viele Balten fürchten sich deshalb vor einem zweiten baltischen Krim-Szenario.

Alle drei baltischen Staaten sind nun seit mehr als zehn Jahren Mitglieder der EU und NATO. Ungeachtet dessen besteht die Sorge, dass die NATO im Ernstfall die drei baltischen Länder mit insgesamt etwa mehr als sechs Millionen Einwohnern nicht oder zumindest nicht schnell genug verteidigen würde. Das eigene Militär wäre bei einem Einmarsch russischer Truppen hoffnungslos unterlegen.[42] Die baltischen Länder beobachten seit Oktober 2014 beinahe täglich russische Militäraktivitäten unmittelbar an ihren Luft- und Seegrenzen.

Trotz dieser realen Bedrohungen und der Erinnerungen an die sowjetische Okkupation, die noch nicht verblasst sind, bleibt der Kurs der baltischen Staaten gegenüber Putins Politik hart. Die litauische Präsidentin *Dalia Grybauskaite* forderte ein umfassendes Waffenembargo gegen Russland. Vor einem EU-Gipfel in Brüssel sagte sie, dass die EU handeln müsse, um der Ukraine dabei zu helfen, ihr Territorium und ihre Bevölkerung zu schützen. Litauen befürwortet die wirtschaftlichen Sanktionen der EU gegen Russland, obwohl die Gegenreaktion Russlands vor allem Litauen selbst hart getroffen

---

[41] Putin drohte mit Einmarsch in Riga und Warschau, in: www.spiegel.de, vom 18.09.2014, zuletzt gesehen: 05.01.2015.
[42] Steuer, Helmut, Was passiert, wenn sie Russland um Hilfe rufen?, unter: http://www.handelsblatt.com/politik/international/angst-im-baltikum-was-passiert-wenn-sie-russland-um-hilfe-rufen/10659696.html, zuletzt gesehen: 14.04.2015.

hat. Litauens Fleisch- und Milchwirtschaft ist eng mit dem russischen Markt verknüpft. Russland verhängte ein Importverbot der litauischen Fleisch- und Milchprodukte. Dies verursachte folgenschwere wirtschaftliche Folgen für Litauen. Davon unbeeindruckt beharrt die litauische Präsidentin weiterhin auf die strengen Sanktionen gegenüber dem großen Nachbarn.

3. Betrachtung der litauischen Situation aus völkerrechtlicher Sicht vor dem Hintergrund der Krim-Krise.

Eine Sezession bedeutet eine Abtrennung eines oder mehrerer Teilgebiete eines Staats gegen dessen Willen zum Zwecke einer Gründung eines neuen Staates oder zum Anschluss an ein fremdes Land.[43] Es ist wichtig, die Voraussetzungen einer Sezession zu analysieren, um die Frage beantworten zu können, ob der betroffenen Bevölkerung auf der Krim ein Recht auf eine Sezession überhaupt zustehen könnte. Welche völkerrechtlichen Konsequenzen würden drohen, wenn sich auch in Litauen die Ereignisse in der Ostukraine wiederholen würden?

Ein Recht auf Sezession ergibt sich aus dem Selbstbestimmungsrecht der Völker.[44] Allerdings würde dieses innere Recht nur im Ausnahmefall bei schweren Diskriminierungen und Menschenrechtverletzungen zu einem äußeren Selbstbestimmungerecht erstarken.[45] Wenn diese Voraussetzungen nicht vorliegen, ist die Abspaltung des Staates völkerrechtswidrig. Für den Konflikt auf der Krim war entscheidend, dass dort die russische Bevölkerung mit einem Anteil von ca. 60 % in der absoluten Mehrheit ist.

Am 18. März 2014 unterschrieben die Republik Krim und die Russische Föderation einen Vertrag, der die Eingliederung der Republik in die Russische Föderation zum Gegenstand hatte.

---

[43] Zygojanis (Anm. 34), S. 77.
[44] ebenda, S. 78.
[45] Hailbronner, Kay, in: Graf Vitzthum, Wolfgang (Hrsg.), Völkerrecht, 5 Aufl., 3. Abschnitt, Rn. 126.

Putin verglich die Situation auf der Krim mit der Unabhängigkeit des Kosovo, um die faktische Annexion der Krim zu rechtfertigen. Der russische Präsident argumentierte, dass die Intervention ein Blutvergießen auf der Krim verhindern sollte. Jedoch gab es zum Zeitpunkt des Eingreifens hierfür keine nachweisbaren Anhaltspunkte.[46]

Die Situation der Krim entspricht nicht der damaligen im Kosovo. Die NATO griff im Kosovo ein, um bereits vorhandene massive Menschenrechtsverletzungen, die während der fast zehnjährigen kriegerischen Auseinandersetzungen zwischen Kosovo-Albanern und Serben verübt wurden, zu beenden. Auf der Krim gab es keine Hinweise, dass die Menschenrechte der ethnischen Russen bzw. russischen Staatsangehörigen bedroht oder gar verletzt wurden. Zudem eignete sich kein westliches Land das losgelöste Kosovogebiet an, wie es Russland mit der Krim tat.[47] Offensichtlich hinkt dieser Vergleich. Das Vorgehen Russlands kann nicht auf Grundlage einer humanitären Intervention gerechtfertigt werden.[48]

Der Bevölkerung kommt in diesem Fall also kein völkerrechtliches Recht auf Sezession zu. Die Besetzung und Eingliederung der Krim in die russische Föderation stellt vielmehr eine völkerrechtswidrige Annexion dar.

Das Entstehen eines ähnlichen Szenarios in Estland und Lettland kann nicht in das Reich der Fabel verwiesen werden. Wie erwähnt leben in beiden Ländern, genau wie in der Ukraine, viele Russen, die zu großen Teilen nicht als Staatsbürger anerkannt werden. Die ethnischen Russen werden teilweise sogar als eine Bedrohung für die nationale Identität angesehen. An dieser Staatenlosigkeit übt Russland scharfe Kritik. Auch hier könnte Russland vortäuschen

---

[46] Krim und Kosovo vergleichbar? Völkerrechtliche Bewertung zu Putins Interview, unter http://www.tagesschau.de/ausland/vergleich-kosovo-krim-101.html, zuletzt gesehen: 12.01.2015.
[47] Zielcke, Andreas, Sieg über das Gesetz, unter: http://www.sueddeutsche.de/politik/transatlantisches-freihandelsabkommen-ttip-sieg-ueber-das-gesetz-1.1948221, zuletzt gesehen: 14.04.2015.
[48] Krim und Kosovo vergleichbar?, Völkerrechtliche Bewertung zu Putins Interview.

sich dem „Schutz" der Russen in den baltischen Staaten verpflichtet zu fühlen und entsprechende Schritte einleiten.[49]

Die russischsprachige Wohnbevölkerung konzentriert sich in Estland vor allem auf die Nähe zur russischen Grenze in den Industriestädten Kohtla-Järve und Narva sowie im Raum Tallinn. Theoretisch könnte Russland diese nordöstlich gelegenen Gebiete faktisch mit der gleichen Begründung wie im Falle der Krim annektieren. In den eigenen Menschenrechtsberichten betont Russland selbst immer wieder entsprechende Verletzungen. Angesichts der Tatsache, dass auch Amnesty International in seinem Jahresbericht 2010 darauf hinweist, dass es in Estland immer wieder zu Diskriminierung von russischsprachigen Minderheiten kommt,[50] könnte dies Russland durchaus ausreichen, eine Annexion zu rechtfertigen.

In Litauen herrscht diese von einer russischen Minderheit ausgehende Problematik nicht. Eher ist es problematisch, dass Litauen die russische Exklave Kaliningrad umschließt. So wird befürchtet, Putin könnte einen Korridor durch Litauen zur unabhängigen Versorgung von Kaliningrad schaffen.[51]

VI Ausblick

Mit Sicherheit ist die Situation Litauens aufgrund seiner Zugehörigkeit zum transatlantischen Militärbündnis der NATO anders einzuschätzen als in der Ukraine. Dennoch sind die vorhandenen Spannungen und eine damit schwellende Gefahr nicht komplett von der Hand zu weisen.

Nicht nur die Annexion der Krim, sondern auch die aggressive Haltung Russlands lassen zukünftig ähnliche Szenarien nicht mehr für

---

[49] Die baltischen Staaten, Russland und die Krim-Krise, in: http://www.besser-nord-als-nie.net/politik/die-baltischen-staaten-russland-und-die-krim-krise/, vom 31.3.2014, zuletzt gesehen: 06.01.2015.

[50] Siehe unter: https://www.amnesty.de/jahresbericht/2010/estland, zuletzt gesehen: 6.01.2015

[51] Die weiche Flanke der Nato, in: http://www.stuttgarter-nachrichten.de/inhalt.krim-krise-die-weiche-flanke-der-nato.c76ecfba-8628-4a79-b45f-612d0e998301.html, vom 03.04.2014, zuletzt gesehen: 06.01.2015.

undenkbar erscheinen. In den letzten Jahrzehnten gab es viele positive Entwicklungen, die auf eine Verringerung der Kluft zwischen Ost und West hindeuten. Der Fall der Krim hat allerdings auch angedeutet, dass es nicht nur innen- (z. B zu den Themen Menschenrechte od. Pressefreiheit), sondern auch außenpolitisch unterschiedlichere Auffassungen gibt, als vielleicht bisher angenommen wurde.

Ungeachtet der momentanen Spannungen herrscht weiterhin ein grundsätzliches Interesse an einer Zusammenarbeit. Gemeinsame Bedrohungen wie der Terrorismus sorgen auch nach der Krim Annexion für eine Kooperation zwischen den USA und Russland. Ob es gefällt oder nicht, steht außer Frage, dass Russland einen wichtigen Akteur bei der internationalen Sicherheitspolitik im Rahmen des UN-Sicherheits-Mandats und bei der Bekämpfung von Terrorismus darstellt. Daher ist es notwendig mit dieser Großmacht im Dialog zu bleiben. Jedoch dürfen diese Bemühungen auch im momentanen Syrienkonflikt nicht auf Kosten der baltischen Staaten betrieben werden.

Die Gefahr für das Baltikum, dass es in ein ähnliches Spannungsverhältnis zwischen den Großmächten wie um die Jahre 1935 gerät, ist als gering einzustufen. Im Gegensatz zur Phase vor dem Zweiten Weltkrieg ist das Baltikum nicht mehr um Neutralität bemüht, sondern ordnet sich selbst deutlich dem demokratischen Westen zu.

Diese enge westliche Bindung zeigt sich seit der Unabhängigkeit deutlich auch in Litauens Entwicklung. Nicht nur durch die Aufnahme in die NATO, sondern auch durch das aktive Engagement Litauens in der Europäischen Union und der Umsetzung vieler EU-Projekte. Auch wenn Integration und Entwicklung Litauens sicherlich noch nicht abgeschlossen sind, steht die Richtung fest. Dies unterstreichen auch die aktuellen Entwicklungen. Im Oktober 2014 traf ein Flüssiggasterminal vor Litauens Küste ein. Dieser soll Litauens Abhängigkeit von russischen Erdgaslieferungen beenden. Mit Hilfe des neuen Terminalschiffs könnte Litauen im schlimmsten Fall nun alle drei baltischen Staaten zu 80 % mit Gas aus Norwegen oder den USA versorgen. Dies bedeutet nicht nur eine größere ökonomische, sondern auch politische Freiheit. Einen weiteren Meilenstein bildet die Tatsache, dass Litauen seit dem 1. Januar 2015 als letzter der drei baltischen Staaten in die Eurozone aufgenommen wurde.

Zusammengefasst sind die Befürchtungen in Litauen vor einem russischen Eingreifen, vor allem mit Blick auf die schwierige Vergangenheit, nachvollziehbar. Diese Angst spiegelt sich auch in der Außenpolitik wider. Obwohl die Rüstungsausgaben im vergangenen Jahr weltweit gesunken sind, erhöhte Litauen seinen Wehretat deutlich. Daneben stockte Litauen seine Armee und paramilitärische Reserve seit Anfang 2015 enorm auf. Die litauische Regierung verspricht sich auf diese Weise gegenüber dem großen Nachbarn ein Zeichen zu setzen. Weiterhin verteilte das Land ein Handbuch an seine Bevölkerung, in dem das Verhalten im Falle eines Angriffs beschrieben wird. Das Verteidigungsministerium gibt in dem Ratgeber sehr konkrete Hinweise, wie sich im Falle einer feindlichen Besetzung verhalten werden soll. So will man sich beispielsweise über soziale Netzwerke organisieren, Cyber-Attacken sind geplant und im Rahmen von Demonstrationen und Streiks soll Widerstand geleistet werden. Gerade der Fall der Krim-Krise hat gezeigt, wie schnell und rücksichtlos der russische Nachbar bereit ist, seine eigenen Interessen durchzusetzen, wenn sich ihm die Gelegenheit bietet.

Die Lage im Baltikum ist nicht mit der in der Ukraine identisch. In allen drei Ländern herrscht innenpolitische Stabilität. Hinzu kommen Aspekte wie die Mitgliedschaft in der NATO und die enge Verzahnung mit dem Westen. Ein gewaltsames Vorgehen Russlands in Litauen ist unwahrscheinlich, kann aber aufgrund der erschreckenden jüngsten Vergangenheit nicht ausgeschlossen werden.

Ernst-Jörg von Studnitz:

Die deutsch-russischen Beziehungen der Gegenwart in der Zerreißprobe

Bei einer Darstellung der deutsch-russischen Beziehungen in der Gegenwart ist es zweckmäßig, die innere Entwicklung Russlands in der Zeit nach dem Zerfall der Sowjetunion als Spiegel zu nehmen. Darin zeigen sich vier deutlich unterscheidbare Phasen, die den bilateralen Beziehungen ihren Stempel aufgedrückt haben.
Die vier Phasen lassen sich wie folgt einteilen:
1. die Jelzin-Jahre 1991 bis 2000
2. die Jahre der ersten Präsidentschaft Putins 2000 – 2008
3. das Intermezzo Medwedew 2008 – 2012
4. Putins erneute Präsidentschaft seit 2012

I.

Die deutsch-russischen Beziehungen in den Jelzin-Jahren sahen eine sehr enge persönliche Beziehung zwischen Präsident Jelzin und Bundeskanzler Kohl. Daraus wurde es möglich, zahlreiche langfristig wirksame Vereinbarungen zu schließen, die das Verhältnis stabilisierten und zu einem bis dahin nicht gekannten Maß von gegenseitigem Vertrauen geführt hat. Dabei ist festzuhalten, dass es nach 1991 zunächst darum ging, die im Rahmen der deutschen Wiedervereinigung noch mit der Sowjetunion getroffenen Vereinbarungen in die Tat umzusetzen. Das betraf im Mai 1990 die Bereitstellung eines Kredits über 5 Mrd. DM, dem im Zusammenhang mit der Wiedervereinigung ein weiterer Kredit von 12 Mrd. DM folgte, der vor allem für die Rückführung der 300.000 Angehörigen der sogenannten Westgruppe der Sowjetischen Streitkräfte diente. Die 54.000 Offiziere dieser Truppen waren rotierend seit 1945 immer in Deutschland stationiert gewesen und hatten daher keine Unterkunft in Russland, für die nun gesorgt werden musste. Die Wehrpflichtigen konnten hingegen in ihre Heimatorte zurückkehren. Für den Wohnungsbau standen schließlich, nach einer weiteren Aufstockung 1992 etwa 8,5 Mrd. DM zur Verfügung für die 45.000 Wohnungen zeitgerecht gebaut wurden. Durch die nochmalige

Aufstockung erreichte Kohl von Jelzin die Zusage, dass die letzten Truppen bis Ende August 1994 abgezogen sein würden. Das bot Kohl für die bevorstehende Bundestagswahl den Nachweis erfolgreicher Politik mit Russland. Kohl setzte sich auch im Kreise der westlichen Partner nachdrücklich für die finanzielle Stützung Russlands ein, so dass die G7-Staaten 1992 Russland Kredite in der Höhe von 24 Mrd. $ gewährten. Die finanziellen Probleme Russlands hielten während der gesamten Amtszeit Jelzins an und führten 1998 schließlich zum finanziellen Zusammenbruch. Es gelang den verschiedenen Regierungen Jelzins nicht, den Übergang aus der sowjetischen Planwirtschaft in eine Marktwirtschaft zu schaffen. Die Gründe für das Versagen sind vielseitig. Es fehlten die Führungskräfte im Lande, die dafür die Verantwortung übernehmen konnten. Die alten Kräfte der Sowjetzeit hatten größeres Beharrungsvermögen als die Demokraten um Jelzin nach der Niederschlagung des Putsches gegen Gorbatschow im August 1991 erwartet hatten. Man muss aber auch berücksichtigen, dass die Beratung der russischen Regierung bei ihren Wirtschaftsreformen durch die sogenannten "Chicago Boys" um Jeffrey Sachs katastrophale Folgen hatte, weil die angebotenen Lösungswege auf Russland nicht passten. Kohl fühlte sich seinem Freunde Jelzin verpflichtet, in dieser fatalen Lage zu helfen, die seine Aussichten auf eine Wiederwahl im Jahre 1996 höchst zweifelhaft erscheinen ließen. Kohl organisierte für Jelzins Wahlkampf einen freien Bankenkredit von 1 Mio. DM. Das war zwar nicht ausschlaggebend für den Wahlsieg, der eher von der konzertierten Aktion der Oligarchen zustande gebracht wurde. Aber es war ein wichtiges Zeichen der Freundschaft.

In seiner Bedeutung für die Entwicklung der vertrauensvollen Beziehungen zwischen beiden Ländern kann das 1992 erreichte Abkommen über die Errichtung deutscher Soldatenfriedhöfe in Russland gar nicht hoch genug eingeschätzt werden. In der Ausführung dieses Abkommens wurden in den folgenden Jahren bedeutende Sammel-friedhöfe angelegt. Zu nennen sind als besonders hervorstechende Soldatenfriedhöfe in Rossoschka bei Stalingrad, im Raum St. Petersburg Sologubowka, große Friedhöfe bei Nowgorod, Kursk und Rshew und erst jüngst, im August 2013 fertiggestellt in

Duchowschtschina bei Smolensk, wo bis zu 70.000 Soldaten einmal zusammengebettet werden sollen. Von den etwa 2,2 Millionen Toten auf dem Gebiet der Sowjetunion wird es niemals gelingen, alle Gefallenen aufzufinden und zu bestatten. Aber es wurden Gedenkstätten für sie errichtet, wo Angehörige, die zahlreich die Friedhöfe aufsuchen, eine letzte Spur ihrer Nächsten finden können. So ist beispielsweise in Rossoschka neben einem großen Rundgrab, das an einen Kessel erinnert, eine weitläufige Anlage geschaffen worden, wo auf großen Quadern die Namen der bei Stalingrad Vermissten aufgeführt sind. Viele dieser Friedhöfe sind von jugendlichen Arbeitsgruppen beider Länder angelegt worden und schufen so ein aktives Beispiel von Versöhnung in der jungen Generation. Die deutschen Soldatenfriedhöfe in Russland berühren einen schmerzlichen Punkt. Deutsche Opfer können anhand der Erkennungsmarken namentlich bezeichnet werden. Die Sowjetsoldaten hatten nur Namensschilder aus Pappe, die längst verwittert sind. Für russische Hinterbliebene ist es schmerzlich, dass sie nur selten ein sichtbares letztes Zeichen haben. An dieser deutsch-russischen Arbeit für die Kriegstoten ist eines wichtig, der Krieg ist nicht vergessen, aber es ist ein Zeichen der Versöhnung geschaffen worden. Dessen Lebendigkeit konnte man bei zahlreichen Friedhofseinweihungen in den Begegnungen der Veteranen beider Länder erleben.

Auch noch in die Jelzin-Zeit fällt der Beginn der rasanten Ausbreitung der deutschen Wirtschaft in Russland. Gewiss, erste Anfänge gehen schon auf die frühen 70er Jahre zurück, als Ruhr-gas, Mannesmann und Deutsche Bank sehr zum Missvergnügen der Amerikaner, das Röhren-Gas-Abkommen abgeschlossen haben, dessen Wirkungen bis heute andauern. In den 90er Jahren setzte der große Zuzug deutscher Firmen nach Russland ein, von denen heute über 6.000 in Russland vertreten sind. Kein anderes Land ist in solcher Breite in Russland tätig. Die deutschen Firmen zeichnen sich dadurch aus, dass sie nach Russland gegangen sind, um dort zu bleiben, dort ein auf Dauer angelegtes Geschäft zu betreiben. Und es sind in der Mehrheit kleine und mittlere Unternehmen, die die räumliche Nähe zu Deutschland nutzen, aber schon lange dazu übergegangen sind, im Lande zu produzieren und nicht nur dorthin zu verkaufen. Der Übergang vom Handel, mit dem es anfing, zur Produktion erwies sich schon in den 90er Jahren als notwendig, weil Russland angesichts seiner enormen Devisenschwäche Importe gar nicht bezahlen konnte. Die deutsche Wirtschaft hat diese Expansion auf dem russischen Markt gezielt begleitet, indem der DIHT, wie er damals hieß, eine offizielle Repräsentanz der Deutschen Wirtschaft in Moskau einrichtete, die nun schon seit zehn Jahren zur Deutsch-Russischen Auslandshandelskammer in Moskau geworden ist. Eine Persönlichkeit, nämlich Otto Wolff von Amerongen, muss hier namentlich erwähnt werden, denn seinem jahrelangen Engagement als Präsident des Ostausschusses der Deutschen Wirtschaft ist es zu verdanken, dass sich die deutsche Wirtschaft so erfolgreich entwickelte und auch zu deutschen Direktinvestitionen bis 1999 in Höhe von 6,5 Mrd. DM führte.

Von Seiten der Politik wurde diese wirtschaftliche Entwicklung nachhaltig durch die 1998 begründeten bilateralen Regierungs-konsultationen unterstützt, deren Arbeit durch eine wirtschaftlichen Themen gewidmete Strategische Arbeitsgruppe vorbereitet und durchgeführt wurde. Die politischen Beziehungen blieben in den späten 90er Jahren nicht frei von erheblichen Störungen. Das war zum einen die konträre Haltung Russlands einerseits, des Westens andererseits zum Eingreifen der NATO im Kosovo-Konflikt. Zum anderen spürte Deutschland als Mitglied der NATO die Verhärtung der russischen Haltung gegenüber dem Westen wegen der 1999 erfolgten Erweiterung der NATO durch den Beitritt der ehemaligen Mitglieder des Warschauer Pakts Polen, Ungarn und Tschechien. Russlands Missstimmung konnte nicht gänzlich durch die 1997 unterzeichnete Grundlegende Akte zwischen NATO und Russland ausgeräumt werden, weil es in den Sicherheitsorganen Russlands weiterhin erhebliche Vorbehalte gegenüber der NATO gab. Der 2002 vollzogene Beitritt weiterer Staaten, vor allem darunter der baltischen Republiken, die von 1940 bis 1991 zur Sowjetunion gehört hatten, verschärfte den russischen Widerstand, weil, wie es hieß, eine rote Linie überschritten worden sei. Russland war aber zu schwach, sich dagegen zu wehren. Der NATO-Russland-Rat, der 2002 entstand, hat russischen Vorstellungen nach richtiger

Mitwirkung in der NATO nicht entsprochen und somit den Verdruss über die NATO-Erweiterung nicht überwunden. Es ist ein großer Fehler, dass der NATO-Russland-Rat infolge der Ukrainekrise seit 2014 lahmgelegt ist.

Eine ungeklärte Frage blieb im deutsch-russischen Verhältnis in den Jelzin-Jahren, und auch noch bis heute, offen, nämlich die Frage der Rückführung deutscher im Zusammenhang mit dem Kriege nach Russland verbrachter Kulturgüter. Zwar ist im deutsch-russischen Nachbarschaftsvertrag von 1990 und auch im Abkommen über kulturelle Zusammenarbeit mit der Russischen Föderation von 1992 vereinbart, dass verschollene oder unrechtmäßig verbrachte Kulturgüter an den ursprünglichen Besitzer zurückgegeben werden sollen. Die russische Seite verweigert aber die Rückgabe mit dem Argument, die Beschlagnahmen der Sowjetarmee im Jahre 1945 seien rechtmäßig gewesen, so dass Russland Eigentümer dieser Kulturgüter sei. Die deutsche Berufung auf die völkerrechtliche Unzulässigkeit solcher Aneignungen wird nicht anerkannt. Mit der Ausnahme ganz weniger Rückführungen ist diese Streitfrage immer noch blockiert. Anzumerken ist, dass die Sowjetunion größere Bestände aus den 1945 fortgeführten Kunstschätzen nach 1955 an die DDR zurückgegeben hat, ohne sich auf erfolgte Aneignung zu berufen. Dieses Argument wird erst seit 1993 vorgebracht. Dahinter steht die Frustration wegen des Untergangs der Sowjetunion. Es soll nicht auch noch die letzte Trophäe des Sieges im Großen Vaterländischen Krieg verloren gehen.

Eine Trübung erfuhr das deutsch-russische Verhältnis in der öffentlichen Wahrnehmung durch die Grausamkeit des Tschetschenienkrieges.

II.

Die ersten Putin-Jahre von 2000 – 2008 sind anfänglich geprägt durch die enge Freundschaft des Präsidenten mit Bundeskanzler Gerhard Schröder. Durch den wirtschaftlichen Aufschwung Russlands dank ständig steigender Rohölpreise wurde der deutsch-russische Handelsaustausch ausgeglichener. Erzielte Russland 1999 für ein Barrel Öl knapp 20 $, so stieg dieser Preis bis zum Ausbruch der Weltfinanzkrise 2008 auf beinahe 150 $. Dadurch war Russland aller Devisenschwierigkeiten, die es so sehr in den Jelzin-Jahren geplagt hatte, ledig. Russland konnte nicht nur in kürzester Zeit alle Auslandsschulden zurückzahlen, sondern auch bedeu-tende Devisenreserven aufbauen. Von der finanziellen Leistungsfähigkeit Russlands profitierte besonders der deutsche Maschinenbau, denn Russland hatte einen enormen Nachholbedarf an Industrieinvestitionen. Dass Deutschland davon mehr als andere profitierte, lag zum einen an der in Russland immer geschätzten deutschen Qualität, deren Erfahrungen schon auf die zwanziger Jahre zurückgingen, zum anderen hatten deutsche Unternehmen den Vorteil der im Vergleich zu anderen Importeuren kurzen Anreisewege. Aber es wirkte sich auch positiv zu ihren Gunsten aus, dass sie anders als andere Konkurrenten beim wirtschaftlichen Kollaps des Jahres 1998 das Land nicht verlassen hatten. Beim Wiederaufschwung waren sie als erste zur Stelle. Im Ergebnis wuchs der bilaterale Handel in bis dahin ungekannte Höhen und erreichte bis 2008 ein Volumen von 80 Mrd. Euro, bei akkumuliert etwa 20 Mrd. Euro deutschen Direktinvestitionen. Die freundschaftlichen Beziehungen Schröders zu Putin haben nach dem Ausscheiden Schröders als Kanzler den deutsch-russischen Beziehungen durch sein Wirken für die politische Akzeptanz der Ostseepipeline, die dann 2011 eröffnet wurde, noch späteren Nutzen gebracht.

Im politischen Bereich rückten die beiden Länder durch das enge Einvernehmen ihrer höchsten Führungspersönlichkeiten enger zusammen. Das fand besonders seinen Ausdruck in der unzweideutigen Ablehnung des von Amerika ausgelösten Irakkrieges, als sich Russland, Deutschland und Frankreich plötzlich gegen Amerika vereint sahen. Das fand unzweifelhaft großen Beifall in Russland, das schon immer eine Politik verfolgt, mit der es Deutschland von Amerika weg zu sich hinziehen will. Die Reaktion auf den Irakkrieg blieb letztlich eine Einzelerscheinung, aber eine die dem russischen Denken wohl gefiel.

Putin und Schröder impulsierten das deutsch-russische Verhältnis nachhaltig durch die Schaffung des Petersburger Dialogs, der die

Zivilgesellschaften beider Länder näher zusammenbringen sollte. Der Dialog hat viel erreicht, war aber von Anbeginn starker Kritik ausgesetzt. Diese bezog sich darauf, dass auf der russischen Seite wenig von Zivilgesellschaft zu sehen war, weil Putin von Anbeginn die Auswahl der russischen Teilnehmer steuerte, die im Wesentlichen amtliche Vertreter und nicht Vertreter zivilgesellschaftlicher Organisationen waren. Viele der deutschen Teilnehmer, vor allem die Medien haben nicht verstanden, dass auf russischer Seite weitgehend die institutionellen und intellektuellen Voraussetzungen fehlten, um einen Dialog zu entwickeln, der auch nur entfernt den deutsch-britischen Königswinterer Gesprächen entsprechen konnte. Ungeachtet dieser Kritik, die immer wieder menschenrechtliche Defizite in Russland in den Fokus rückte, sei es der Tschetschenienkrieg, sei es die Ermordung der Journalistin Politkowskaja, hat der Petersburger Dialog einige das deutsch-russische Verhältnis positiv verändernde Ergebnisse gebracht. Dazu gehört 2004 die Gründung der Stiftung Deutsch-Russischer Jugendaustausch. Im Blick auf die großen Erfolge des Deutsch-Französischen Jugendwerks, aber auch des viel kleineren und dennoch eindrucksvollen Deutsch-Polnischen Jugendwerks, gab es seit langem Bestrebungen, Vergleichbares im deutsch-russischen Verhältnis zu schaffen. Politische und administrative Bedenken hatten das immer verhindert. Als aber der Petersburger Dialog einen solchen Vorschlag als Arbeitsergebnis dem Präsidenten und dem Bundeskanzler vortrug, setzten beide sich spontan für dessen Verwirklichung ein. Seit 2006 hat die Stiftung für Jugendliche, Lehr- und Fachkräfte mehr als 100.000 Begegnungsmaßnahmen mit Russen organisiert. Sie dauern jeweils 7 bis 10 Tage. Andere herausragende Leistungen des Petersburger Dialogs gehen auf die Arbeit der Arbeitsgruppe Kultur zurück, die es schaffte, die in Russland zurückgehaltenen deutschen Kulturgüter in einer Reihe von Ausstellungen jedenfalls der Öffentlichkeit in Russland mit ihrer ursprünglichen Herkunftsangabe zu zeigen und damit der Vergessenheit zu entziehen. Zu den Brücken, die in der ersten Dekade des neuen Jahrhunderts gebaut wurden, gehört auch das Wirken des Deutsch-Russischen Forums, das sich zum Ziel gesetzt hat, Deutsche und Russen zusammenzubringen. Seine Aktivitäten umfassen Städtepartnerkonferenzen alle zwei Jahre, zweimal jährlich stattfindende Seminare für jugendliche Führungskräfte, die sich in einem Ehemaligenverein zusammengeschlossen haben und ein einzigartiges Netzwerk deutsch-russischer Zusammenarbeit bieten. Deutschlandseminare und Praktika für russische Journalisten, Sprachwettbewerbe für jährlich etwa 5000 Schüler, und auch jährliche Potsdamer Begegnungen, ein Diskussionsforum auf hohem intellektuellem Niveau, das sich russischerseits großen Zuspruchs erfreut, sind weitere Kernvorhaben des Deutsch-Russischen Forums.

Ungeachtet des engen persönlichen Verhältnisses von Präsident und Kanzler, blieben die deutsch-russischen Beziehungen nicht frei von Eintrübungen. Das folgte nicht aus der Ablösung Schröders durch Angela Merkel 2005, obwohl das Verhältnis der beiden nicht von der Enge gekennzeichnet war, wie sie zu Schröder bestand. Aber das wäre auch nicht zu erwarten gewesen. In der deutschen Öffentlichkeit erhob sich zunehmende Kritik an der Menschenrechtslage in Russland. Das betraf die brutale Kriegführung in Tschetschenien, das entzündete sich 2006 an der Ermordung der Journalistin Politkowskaja, ein Verbrechen, das nie wirklich aufgeklärt wurde. Heftig kritisiert wurde auch die Art und Weise der Führung des Strafverfahrens gegen den ehemaligen Oligarchen Chodorkowski. Die hohe Politik wurde ständig von Menschenrechtsvertretern gedrängt, dieser Vorfälle wegen eine harte Sprache mit Putin zu führen. Zu den atmosphärischen Störungen in den Beziehungen gehört auch die erste Gaskrise in den Beziehungen Russlands zur Ukraine, die im Jahre 2005 begann. Die Annahme liegt nahe, dass dies eine Folge der ersten Maidan-Revolution des Jahres 2004 in Kiew war. Moskau hat von Anbeginn großes Missfallen über die Orange Revolution erkennen lassen, die die gefälschte Wahl des Nachfolgers von Präsident Kutschma, annullierte. In der Folgezeit standen der Ukraine die sehr günstigen Lieferbedingungen für Erdgas nicht mehr zur Verfügung, was schließlich zur Einstellung der Lieferungen ab Januar 2006 führte. Die harte Haltung Russlands, die die Südosteuropäer frieren ließ, kühlten auch die Temperaturen in Deutschland gegenüber Russland merklich ab.

III.

Mit der Wahl von Medwedew zum Nachfolger Putins im Jahre 2008 verbesserten sich die persönlichen Beziehungen zwischen der Kanzlerin und dem neuen Präsidenten spürbar. Man merkte deutlich, dass da mehr Sympathie herrschte. Es war ein Zeichen bevorzugter Partnerschaft, dass Medwedews erster Besuch in Europa Berlin galt, wo er einen Plan für eine neue Sicherheitspartnerschaft in Europa vorstellte. Dieses Vorhaben hat keine Früchte getragen. Von russischer Seite wurde es niemals konkretisiert, und westlicherseits wurde der Gehalt dieses Planes nicht ausgelotet. Deutschland wollte diesbezüglich keinen Alleingang unternehmen, was es in Konflikt mit seinen NATO-Verbündeten gebracht hätte. Und die Amerikaner waren offensichtlich an einem Projekt nicht interessiert, das ihre allein bestimmende Rolle im Bündnis relativiert hätte. So ist aus dem versuchten Ansatz, zu einer neuausgerichteten Sicherheits-architektur in Europa zu kommen, nichts geworden. Von Medwedew erwartete man einen Schritt voran bei den dringend erwarteten demokratischen Reformen im Lande, zu denen er sich auch ausdrücklich bekannte. Als Reaktion darauf wurde deutscherseits mit Engagement ein Projekt der Modernisierungspartnerschaft betrieben, zu der bei den Russen viel verbale Bereitschaft bestand. Sehr viel ist daraus nicht geworden. Beispielhaft für das Ausbleiben wirklicher Reformen ist das mit viel Emphase angekündigte Skolkowo-Projekt, das ein russisches Silicon Valley werden sollte. Dafür wurde viel Geld bereitgestellt, ohne dass dies an der richtigen Stelle angekommen wäre. Heute spricht kaum jemand mehr von Skolkowo.

Medwedews Präsidentschaft wurde von zwei Ereignissen überschattet. Das war zum einen der kurze Georgienkrieg des Sommers 2008, der ohne Zweifel vom georgischen Präsidenten Saakaschwili vom Zaun gebrochen wurde und der dann den Russen – Putin nahm das Heft in die Hand – eine willkommene Provokation bot, um heftig zurückzuschlagen. Durch die Art, wie er über das Ziel hinausschoss, indem er fast die ganze georgische Armee zerschlug und sich Süd-Ossetien wie auch Abchasien aneignete, wurde das Klima auch zwischen Deutschland und Russland merklich kühler. Die andere Belastung der Präsidentschaft Medwedews, die jedoch das bilaterale Verhältnis nicht trübte, war die Auswirkung der Weltfinanz-krise nach dem Zusammenbruch der Lehman Brothers Bank in New York. Die Auswirkungen trafen auch Russland schwer und zehrten weitgehend den angesammelten Devisenvorrat auf. Der bilaterale Handel konnte dennoch weiter wachsen. Der brach erst nach der Ukrainekrise des Jahres 2014 ein.

In der deutschen Perzeption endete die Präsidentschaft Medwedews mit einem Missklang, als er im September 2011 auf eine Wiederwahl verzichtete und Putin den Platz zur Wiederwahl freimachte. Die dadurch und durch die Manipulationen bei der Dumawahl ausgelösten Moskauer Demonstrationen fanden in Deutschland ein beifälliges Echo und steigerten sich bei der Unterdrückung der Proteste kurz vor der Vereidigung von Präsident Putin zu dessen heftiger Ablehnung. Insgesamt war die Präsidentschaft Medwedews mit vielen deutschen Erwartungen verbunden, die sich aber nicht erfüllten.

IV.

Die Rückkehr Putins in die Präsidentschaft hat den deutschen Beziehungen zu Russland einen deutlichen Zug zur Realpolitik vermittelt. Die deutsche Politik ist überzeugt, dass das Verhältnis zu Russland gepflegt werden muss, weil Sicherheit in Europa nicht ohne es erreicht werden kann. Ausdruck für diesen Realismus ist das Erfinden des Normandie-Formats, mit dem die Kanzlerin bescheidene Erfolge erzielt hat, um den Ukrainekrieg vielleicht am Ende einzuhegen. Das Zusammentreffen der Staats- und Regierungschefs in der Normandie, anlässlich der Erinnerungsfeiern zum 70. Jahrestag der alliierten Landung dort, bot ihr die Gelegenheit, Putin mit dem ukrainischen Präsidenten Poroschenko zusammenzuführen, die bis dahin jeden Kontakt gemieden hatten. Darauf aufbauend gelang es ihr zusammen mit dem französischen Präsidenten Hollande, und der Rückendeckung von Präsident Obama, deren sie sich kurz zuvor vergewissert hatte, im Februar 2015 in Minsk bei der Herbeiführung eines Waffenstillstandes in der Ostukraine einige Fortschritte zu machen, die jedenfalls bisher noch halten, obwohl sie keineswegs stabil sind. Dieses Ergebnis wurde möglich, weil Putin augenscheinlich der Kanzlerin jedenfalls zuhört, wenn er wohl auch nicht auf sie hört. Aber das realpolitische Zusammenwirken hat sich bei den gemeinsamen Verhandlungen mit dem Iran über dessen Atomrüstung bewährt. Und gegenwärtig scheint es kleine Fortschritte in einer möglichen Vermittlung im syrischen Bürgerkrieg zu geben. Jedenfalls hat die Kanzlerin ihre frühere von Amerikanern und Franzosen übernommene Losung „Assad muss weg!" aufgegeben und hält jetzt auch Gespräche mit Assad für notwendig, womit sie eine russische Position vielleicht nicht übernommen, sich ihr aber angenähert hat.

Diese aus der Vernunft geborene partielle Gemeinsamkeit kann nicht über tiefgreifende Differenzen hinwegdeuten. Die Annexion der Krim ist für Deutschland und seine westlichen Partner ein klarer Bruch des Völkerrechts und hat die durch die Schlussakte von Helsinki und die Charta von Paris geschaffene Grundlage für Frieden in Europa zerstört. Die Frage ist bis heute nicht beantwortet, ob und wie diese Grundlage wiederhergestellt werden kann. Die in russischen Augen unwiderrufliche Eingliederung der Krim in die Russische Föderation ist für die westlichen Staaten nicht hinnehmbar. Der einzige Ausweg könnte darin liegen, dass ähnlich wie 1969 nach dem sowjetischen Einmarsch in die Tschechoslowakei der Helsinki-Prozess begonnen wurde, man unter Vorbehalt aller Rechte versucht, eine neue gemeinsame Ordnung für den Frieden in Europa zu schaffen.

Dabei wird auch die Frage zu beantworten sein, ob man eine Aussage wie sie in der Charta von Paris enthalten ist, dass alle Unterzeichnerstaaten bei der Entwicklung der Demokratie zusammenarbeiten, wieder mit Leben erfüllen kann. Dann stellt sich nämlich auch die Frage, wie man auf die Manipulation von Wahlen, die Unterdrückung von Medien und freien Meinungsäußerungen reagieren kann. Das wären Aufgaben für einen neuen Prozess ähnlich dem von Helsinki 1971. Dabei ist nicht zu verkennen, dass die Ausgangslage durchaus verschieden ist. In den 70er Jahren hatte die Sowjetunion ein hohes Interesse daran, den territorialen Status Quo in Europa bestätigt zu erhalten. Heute geht es darum, den demokratischen Veränderungsprozess abzusichern. Es bleibt z. Z. offen, ob man dafür russische Mitarbeit gewinnen kann.

V.

Fragt man nach den Aussichten für das deutsch-russische Verhältnis in der Zukunft, so ist davon auszugehen, dass Russland weiter seinen eigenen Weg gehen will. Dmitrij Trenin hat das einmal kurz und bündig so formuliert: „Russia's way is Russia's business, and nobody else's business." Heißt das, Russland wendet sich Asien zu und folgt eurasischen Ambitionen? Es will scheinen, das ist eher eine Politik aus Trotz geboren als eine realistische Option. Für China kann Russland nur Juniorpartner sein. Es ist schwer vorstellbar, dass Russland das wirklich will. Das heißt nicht, dass Russland nicht versuchen wird, die Vorteile seiner Eurasischen Wirtschaftsunion zu optimieren. Die Europäische Union sollte sich demgegenüber auf alte Erfahrungen besinnen, wo die Europäische Gemeinschaft viel politische Phantasie entwickelt hat, um variable Lösungen für ihre Beziehungen zu Nichtmitgliedern zu entwickeln. Das sollte sie nun, unter deutschem Antrieb, im Blick auf die Eurasische Wirtschaftsunion unternehmen. Es war ein kapitaler Fehler der EU, die Ukraine vor ein Entweder-Oder in der Assoziationsfrage zu stellen. Es wird das deutsche Interesse sein, Russland in einer ausbalancierten Verbindung zu Europa zu halten. Dabei ist Deutschland an einer starken, geschlossenen EU interessiert, denn je stärker die EU, desto ausgewogener die Beziehungen Russlands zu Europa. Deutschland wird immer seine Beziehungen mit vielfältiger Rücksichtnahme gestalten müssen. Es muss in fester Allianz mit Amerika zu seiner eigenen langfristigen Sicherheit bleiben. Es braucht die Einbettung in die Europäische Union, so schlecht die Zukunft der Union gegenwärtig in der Flüchtlingskrise auch aussehen mag. Und Deutschland wird immer das unruhige Russland so weit an Europa anbinden müssen, um es seiner selbst sicher zu machen und damit dem Frieden in Europa zu dienen.

Alexander V. Salenko:

Das Kaliningrader Gebiet - ein Sonderfall für den Russischen Föderalismus und eine Herausforderung für die Europäische Union

Im Jahre 2016 hat das Gebiet Kaliningrad sein siebzigjähriges Jubiläum gefeiert. Am 7. April 1946 wurde das Königsberger Gebiet als Bestandteil der Russischen Sozialistischen Föderativen Sowjetrepublik (RSFSR) durch den Erlass des Präsidiums des Obersten Sowjets der UdSSR gegründet. Am 4. Juli 1946 wurde das Königsberger Gebiet durch den weiteren Erlass des Präsidiums des Obersten Sowjets der UdSSR in Kaliningrader Gebiet umbenannt. In diesem Artikel werden die geschichtlichen und rechtlichen Aspekte des Entstehens des Gebiets Kaliningrad zuerst als Teil der RSFSR und dann als Subjekt der modernen Russischen Föderation analysiert. Der Autor untersucht auch den modernen rechtlichen Status dieser westlichen Region Russlands und die Möglichkeiten für die Modernisierung der gegenwärtigen Institute der öffentlichen Verwaltung im Gebiet Kaliningrad. Dieser Artikel enthält Vorschläge zur Weiterentwicklung der rechtlichen Stellung des Kaliningrader Gebiets und für die Verbesserung der Lebensqualität und des Lebensstandards in dieser russischen Region an der Ostsee.

I. Kaliningrader Gebiet: Geschichte und rechtliche Grundlagen.

Das Gebiet Kaliningrad ist ein eigentümliches Subjekt der Russischen Föderation, das eine erstaunliche und sogar mysteriöse Geschichte, eine komplizierte moderne geopolitische Lage als russische Exklave am Baltikum und de facto einen besonderen rechtlichen Status aufweisen kann.

Höchstwahrscheinlich erwartet dieses russische Gebiet an der Ostsee ein spannendes Szenario für die Weiterentwicklung in der nächsten Zukunft. Und wenn ein Gespräch über die geschichtlichen Besonderheiten des Kaliningrader Gebietes begonnen wird, kann man ein Zitat von Nikolai Michailowitsch Karamsin aus seinem Buch „Geschichte des russischen Staates" (Kapitel II. „Über die Slawen

und andere Völker, die den russischen Staat gebildet haben") an-
führen: „In dem Stufenbuch (russ. Stepennaja kniga) des XVI. Jahrhunderts und in einigen neuesten Chroniken wurde gesagt, dass
Rurik ('warägischer Fürst') mit den Brüdern aus Preußen herausge-
gangen ist, wo seit langem das Kurische Haff als Rusnoja bezeichnet wurde, der Nordärmel des Flusses Neman – oder Memel – als
Russoja, und die Umgebung als Porusje genannt wurde".[52] Die genannten Ortschaften kann man auf der Karte des modernen Gebiets
Kaliningrad gut erkennen: Kurisches Haff (Куршский залив),
Neman Fluss (Die Memel – Неман – Нямунас), die Stadt Rusnė
(deutsch Ruß - Русне) in Litauen.

Auf diese Weise ist das heutige Kaliningrader Gebiet zum Streitge-
genstand zwischen Protagonisten der ambivalenten historischen
Theorien geworden: von Verfechtern der Normannischen Theorie
(auch als Skandinavische Theorie oder Normannismus) einerseits
und von Befürwortern der antagonistischen Hypothese (Antinorma-
nismus), dass der Fürst Rurik (Rarog) in den Ruś (russ. *Русь*) aus
Territorien der westlichen Slawen gekommen ist, – entweder aus
dem Territorium, das im Stufenbuch (russ. Stepennaja kniga) des
XVI. Jahrhunderts erwähnt ist, oder aus dem Norden des heutigen
Deutschlands – von der Insel Rügen (Rujan)[53] und von der anliegenden nördlichen Festlandküste. In diesem Artikel werden wir uns
in die Erforschung der oben genannten geschichtlichen Fragen
nicht vertiefen können; all diese Fragen der weiten Vergangenheit

---

[52] Karamsin, N. M., Geschichte des russischen Staates. In 12 Bänden. Akademie der Wissen-
schaften der UdSSR; der verantwortliche Herausgeber Sacharov, A. N., Moskau. NAUKA
Verlag, 1989 [Карамзин Н.М. История государства Российского. В 12 т. АН СССР; Отв.
ред. А. Н. Сахаров. - М.: Наука, 1989]. Originalzitat auf Russisch: *«В Степенной Книге
XVI века и в некоторых новейших летописях сказано, что Рюрик с братьями вышел из
Пруссии, где издавна назывались Курский залив Русною, северный рукав Немана, или
Мемеля, Руссою, окрестности же их Порусьем».*
[53] Ganina, N. A., Insel Rügen: zur Grundlage der Wechselwirkung von Kulturen und Spra-
chen // Atlantik: Schriften der historischen Poetik. Moskau: Moskauer Universität für
Geistwissenschaften. 2011, S. 3—33 [Ганина Н.А. Остров Рюген: к основам
взаимодействия культур и языков // Атлантика: Записки по исторической поэтике. —
М.: Московский гуманитарный университет, 2011. С. 3—33]; Merkulov, V. I., Altrussi-
sche Überlieferung von der Insel Rügen // Rusin. 2014. № 1 (35). S. 165 - 171 [Меркулов
В.И. Древнерусское предание с острова Рюген // Русин. 2014. № 1 (35). С. 165 - 171].

und alle damit verbundenen Streitigkeiten werden wir den Historikern in vollem Umfang überlassen.

Zum ersten Mal wurde das Territorium des modernen Gebiets Kaliningrad ein Teil des Russischen Staates im Laufe des Siebenjährigen Krieges zwischen 1758 und 1762, als durch Erlass der Zarin Elisabeth (Jelisaweta Petrowna Romanowa) Königsberg und Ostpreußen zum russischen Generalgouvernement erklärt wurden. Diese Zeit wird auch als *Elisabeth rex Prussiae* bezeichnet. Jedoch der plötzliche Tod der russischen Kaiserin Elisabeth I. im Dezember 1761 und die nachfolgende Thronbesteigung von Kaiser Peter III. haben den vollen Verlust der im Siebenjährigen Krieg eroberten Territorien verursacht, d. h. Königsberg und seine Umgebung blieben insgesamt nur vier Jahre ein Teil des russischen Staates (1758-1762).

Die Karte der Oblast Kaliningrad // *Quelle: offizielle Webseite der regionalen Direktion vom Bundesdienst für die Kontrolle im Bereich der Nachrichtenwesen, Informationstechnologien und Massenkommunikation (ROSKOMNADZOR) im Kaliningrader Gebiet. URL: http://39.rkn.gov.ru/about/p6706/?print=1*

Das moderne Kaliningrader Gebiet wurde nach dem Zweiten Weltkrieg gegründet. De facto kam das Territorium des heutigen Gebietes Kaliningrad etwas früher unter die effektive Kontrolle der UdSSR, nämlich unmittelbar nach dem Ende der Ostpreußischen Operation, die vom 13. Januar bis zum 25. April 1945 dauerte. An der Potsdamer Konferenz (vom 17. Juli bis 2. August 1945) haben die Regierungschefs der UdSSR, der USA und des Vereinigten Königreichs die Entscheidung über die volle Liquidation von Ostpreußen und über die Übergabe von Königsberg und seiner Umgebung an die Sowjetunion getroffen (s. Artikel VI des Potsdamer Abkommens über die „Stadt Königsberg und das anliegende Gebiet").

Ein interessantes historisches Detail bestand darin, dass davor auf der Teheraner Konferenz der sowjetische Staatschef auf folgende Weise den Anspruch der UdSSR auf das damalige Ostpreußen und Königsberg bekundet habe: «Die Russen haben keine eisfreien Häfen an der Ostsee. Deswegen wären den Russen die eisfreien Häfen Königsberg und Memel und ein entsprechender Teil des Ostpreußisches Territoriums nötig. Zumal dies historisch gesehen ursprünglich slawisches Gebiet ist» (Zitat aus der Rede von Josef Stalin am 1. Dezember 1943).[54] Im Grunde hat Stalin in seinem Auf-tritt das Stufenbuch (russ. Stepennaja kniga) des XVI. Jahrhunderts angeführt.

Der nächste interessante geschichtliche Fakt besteht darin, dass das Gebiet Kaliningrad nicht gleich nach dem Ende des Zweiten Weltkrieges und der Potsdamer Konferenz konstituiert wurde, sondern erst am 7. April 1946 durch den Erlass des Präsidiums des

---

[54] Originalzitat auf Russisch: *«Русские не имеют незамерзающих портов на Балтийском море. Поэтому русским нужны незамерзающие порты Кёнигсберг и Мемель и соответствующая часть Восточной Пруссии. Тем более, что исторически – это исконно славянские земли».* Die Quelle: Die Sowjetunion auf internationalen Konferenzen in der Periode des Großen Vaterländischen Krieges 1941-1945. Dokumentensamlung. Teil 2. Teheran-Konferenz der Staatschef von UdSSR, USA und Großbritanien (28. November – 1. Dezember 1943). Moskau. POLITIZDAT. 1984. S. 150 [Советский Союз на международных конференциях периода Великой Отечественной войны, 1941-1945 гг.: Сб. документов / Министерство иностранных дел СССР. Т. 2. Тегеранская конференция руководителей трех союзных держав - СССР, США и Великобритании (28 ноября - 1 декабря 1943 г.). М.: Политиздат, 1984. С. 150].

Obersten Sowjets der UdSSR «Über die Gründung des Königs-berger Gebietes als Bestandteil der Russischen Sozialistischen Föderativen Sowjetrepublik (RSFSR)».[55] Unmittelbar nach dem Ende der Kampfhandlungen blieb das Territorium rund um Königsberg unter der Militärverwaltung der UdSSR und zwar wurde im sowjetischen Teil Ostpreußens der Königsberger Sonder-Militärbezirk gegründet, der vom Mai 1945 bis April 1946 existierte.[56] Daraus wird ersichtlich, dass beinahe innerhalb eines Jahres nach dem Kriegsende (Mai 1945 – April 1946) der staatsrechtliche Status dieser Region de facto undefiniert blieb. Vermutlich wurde diese historische Tatsache sowohl durch die Schwierigkeiten der Nachkriegszeit bedingt als auch durch die erzielte grundsätzliche Vereinbarung im Potsdamer Abkommen, dass der genaue Grenzverlauf des entstehenden Territoriums durch die endgültige Übergabe der Stadt Königsberg und des anliegenden Gebietes an die Sowjet-union einer sachverständigen Prüfung «bei der Friedensregelung» vorbehalten bleibt.[57]

Allgemein bekannt ist, dass nach der Potsdamer Konferenz keine weiteren internationalen Verhandlungen über die Friedensregelung folgten; die existierenden Grenzen des modernen Kaliningrader Gebiets wurden daher durch bilaterale Verhandlungen mit der

---

[55] Maslow, W. N., Gründung des Königsberger Gebietes und seine Umbenennung 1946 // Kaliningrader Archive. 2014. Heft 11. S. 99-109 [Маслов В.Н. Создание Кёнигсбергской области и её переименование в 1946 году // Калининградские архивы. 2014. № 11. С. 99-109].

[56] Brodersen, P., Die Stadt im Westen. Wie Königsberg Kaliningrad wurde, Göttingen 2008, S. 59-72; Kretinin, G. V., Militärkommandaturen des Königsberger Militärbezirks 1945-1946 // Vestnik der Russischen Staatlichen Universität von Immanuel Kant. 2006. Heft 12. Geisteswissenschaften. S. 55-62. [Кретинин Г.В. Военные комендатуры Кёнигсбергского Особого военного округа в 1945-1946 гг. // Вестник РГУ им. И. Канта. 2006. Вып. 12. Гуманитарные науки. С 55-62].

[57] Die Sowjetunion auf internationalen Konferenzen in der Periode des Großen Vaterländischen Krieges 1941-1945. Dokumentensamlung. Außenministerium der UdSSR. Teil 6. Berliner (Potsdamer) Konferenz der Staatschef von UdSSR, USA und Großbritanien (17. Juli – 2. August 1945). Moskau. POLITIZDAT. 1984. S. 457 [Советский Союз на международных конференциях периода Великой Отечественной войны, 1941-1945 гг.: Сб. документов / Министерство иностранных дел СССР. Т. 6. Берлинская (Потсдамская) конференция руководителей трех союзных держав – СССР, США и Великобритании (17 июля - 2 августа 1945 г.). М.: Политиздат, 1984. С. 457].

Polnischen Volksrepublik bestimmt.[58] Am 4. Juli 1946 wurde das Königsberger Gebiet durch den Erlass des Präsidiums des Obersten Sowjets der UdSSR in „Kaliningrader Gebiet" umbenannt; die Stadt Königsberg bekam den neuen Namen Kaliningrad. Danach folgten die Maßnahmen, durch die eine neue administrativ-territoriale Gliederung des Kaliningrader Gebietes etabliert wurde. Auch erfolgte eine weitgehende Umbenennung von Ortschaften und Siedlungen in diesem Gebiet.[59]

In der modernen russischen Rechtsgeschichtswissenschaft bleibt immer noch die folgende Frage außer Betracht, nämlich warum das nach dem Krieg gegründete Königsberger Gebiet in die RSFSR und nicht in die Litauische SSR eingegliedert wurde. Durch die Ein-gliederung in die RSFSR wurde in diesem Zusammenhang die administrativ-territoriale Exklave-Lage des damaligen Königsberger Gebietes von dem Hauptterritorium der Russischen Sozialistischen Föderativen Sowjetrepublik kreiert. Im Grunde könnte diese

---

[58] Vertrag zwischen der Union der Sozialistischen Sowjetrepubliken und der Polnischen Volksrepublik über die sowjetisch-polnische Staatsgrenze vom 16. August 1945 // IZVESTIA (die neuesten Nachrichten) der Sowjets der Deputierten der Werktätigen der UdSSR vom 17. August 1945. Heft 193 [Договор между Союзом Советских Социалистических Республик и Польской Республикой о советско-польской государственной границе от 16 августа 1945 г. // Известия Советов депутатов трудящихся СССР. 17 августа 1945 г. № 193]; Wiesław Kaliszuk. Granica polsko-radziecka w b. Prusach Wschodnich // Internet-Projekt «Postkarte aus Ostpreußen». - 1. URL: http://www.eastprussia.ru/border/ (Datum des Zugriffes auf die Webseite: 02.03.2017); 2. URL: http://historia-wyzynaelblaska.pl/granica-polsko-radziecka-w-b.-prusach-wschodnich.html (Datum des Zugriffes auf die Webseite: 02.03.2017) [Веслав Калишук. Польско-советская граница в бывшей Восточной Пруссии // Интернет-проект «Открытка из Восточной Пруссии». 1. URL: http://www.eastprussia.ru/border/ (Datum des Zugriffes auf die Webseite: 02.03.2017); 2. URL: http://historia-wyzynaelblaska.pl/granica-polsko-radziecka-w-b.-prusach-wschodnich.html (Datum des Zugriffes auf die Webseite: 02.03.2017)].
[59] Erlass des Präsidiums des Obersten Sowjets der RSFSR vom 7. September 1946 «Über die administrativ-territoriale Gliederung des Kaliningrader Gebietes» // Staatliches Archiv des Kaliningrader Gebietes (GAKO). F.297. Op.11. D.1. L.23 [Указ Президиума Верховного Совета РСФСР от 7 сентября 1946 г. «Об административно-территориальном устройстве Калининградской области» // ГАКО. Ф.297. оп.11. д.1. л.23]; Maslow, W. N., Die Umbenennung der Kreisstädte des Kaliningrader Gebietes in 1946 // Vestnik der Immanuel Kant Baltischen Föderalen Universität. Geistes-wissenschaften. 2014. Heft 12. S. 58-69 [Маслов В.Н. Переименование районных центров Калининградской области в 1946 году // Вестник Балтийского федерального университета им. И.Канта. Серия: Гуманитарные и общественные науки. 2014. № 12. С. 58-69].

Entscheidung der sowjetischen Staatsführung als ein scheinbar un-logischer Schritt eingestuft werden, weil die territoriale Integrität der Sowjetunion unter damaligen Bedingungen nicht in Frage gestellt werden konnte. Es könnte vermutet werden, dass die Ent-scheidung über die Eingliederung des Königsberger Gebietes in die RSFSR durch die reale Bevölkerungszusammensetzung (die Neu-siedler sind in Mehrheit die Russen gewesen[60]) und durch die da-mals existierte Unstabilität in den baltischen Republiken (und zwar in Litauen)[61] bedingt wurde. Aber dank dieser auf den ersten Blick unlogischen Entscheidung der Staatsführung der UdSSR ist das Kaliningrader Gebiet innerhalb der Russischen Föderation in der Post-Perestroika Zeit geblieben.

II. Der Rechtsstatus des modernen Kaliningrader Gebiets.

Einerseits hat es keinen Sinn, die Besonderheiten des Rechtsstatus eines einzigen Subjektes der Russischen Föderation zu unter-suchen, weil nach der russischen Verfassung (Abs. 1 Art. 5) alle Fö-derationssubjekte (Bundesländer) gleichberechtigt sind. Den-noch gibt es bestimme juristische und nicht-juristische Aspekte, die de facto die besondere Rechtslage des Kaliningrader Gebiets in der Russischen Föderation bedingt haben. Vor allem machte die beson-dere geographische Lage die Kaliningrader Region zu einem

---

[60] Ostpreußen mit den Augen sowjetischer Umsiedler. Die ersten Jahren des Kali-ningrader Gebiets in Erinnerungen und Dokumenten, St. Petersburg, 2002, 2. ver-besserte und ergänzte Auflage, Kaliningrad 2003 [Восточная Пруссия глазами советских переселенцев. Первые годы Калининградской области в воспоминаниях и документах. СПб. 2002. 2-е издание, исправленное и дополненное: Калининград, 2003]; Kostjaschow, J. W., Besiedlung des Kaliningra-der Gebietes nach dem Zweiten Weltkrieg // Geisteswissenschaft in Russland: Ge-schichte, Archäologie, Kulturanthropologie und Ethnographie. Moskau, 1996, S. 82-88 [Костяшов Ю.В. Заселение Калининградской области после Второй Мировой Войны // Гуманитарная наука в России: история, археология, культурная антропология и этнография. М. 1996. С. 82-88].
[61] In Litauen dauerte der Kampf mit den so genannten Waldbrüdern und «sozial frem-den und nationalistisch eingestellten Elementen» von 1944 bis 1969 (de facto been-dete der aktive Widerstand gegen die Sowjetmacht 1955 – als eine massive Amnes-tie gewährt wurde (Tegeler, T., Der litauische Partisanenkampf im Lichte sowjeti-scher Akten. München: Osteuropa-Institut, 2001.
URL: http://www.dokumente.ios-regensburg.de/publikationen/ mitteilun-gen/mitt_44.pdf (Datum des Zugriffes auf die Webseite: 02.03.2017).

ausländischem Territorium der Russischen Föderation. Die Kaliningrader Oblast existiert schon über zehn Jahre inmitten der Europäischen Union: das Gebiet Kaliningrad ist seit der Ost-erweiterung der EU im Jahre 2004 von EU-Ländern umschlossen. In diesem Kontext ist die Rechtsstellung des Kaliningrader Gebietes sogar viel komplexer als die Rechtslage der Republik Krim als Halbexklave, die eine weitere Herausforderung für den russischen Föderalismus darstellt. Wenn die Kertsch-Brücke fertiggestellt ist, werden die Republik Krim und der Föderationskreis Krim ihren ausländischen Charakter verlieren; im Grunde wird dadurch das Problem der Abgeschiedenheit der Föderations-subjekte auf der Krim von dem Hauptterritorium Russlands völlig gelöst. Allerdings wird im Fall Kaliningrad der Faktor der geographischen Isolierung des Gebiets vom Festlandterritorium Russlands ein permanentes Problem darstellen. In diesem Zusammenhang waren in der russischen Gesetzgebung entsprechende Vorschriften vorgesehen, die nachteilige Konsequenzen der aus-ländischen Lage des Kaliningrader Gebietes abdämpfen sollten.[62]

Im Laufe von 25 Jahren galt im Gebiet Kaliningrad (1991-2016) ein besonderes juristisches Regime für die wirtschaftliche Tätigkeit. Am Ende der Sowjetzeit wurde durch einen Ministerratsbeschluss der RSFSR vom 25. September 1991 eine Freie Wirtschaftszone «Jantaŕ» (FWZ 'Bernstein') im Kaliningrader Gebiet gegründet. Die damalige Staatsführung versuchte mit diesem Schritt, die wirtschaftliche Entwicklung der Kaliningrader Oblast unter Bedingungen der zunehmenden Abschirmung dieser Region vom Hauptterritorium Russlands voranzutreiben. Zu den Prioritäten der FWZ 'Bernstein' gehörten unter anderen die Gründung der Wirtschaftszweige für konkurrenzfähige Produktion, die Entwicklung der Zusammenarbeit in Handel und Wirtschaft mit ausländischen Partnern, die Förderung der internationalen wissenschaftlich-

---

[62] Terenitschenko, A. A., Das Problem der Sicherstellung der Souveränität Russlands über das Kaliningrader Gebiet: der juristische Aspekt / Der moderne Jurist, 2013. № 4 (5). S. 44-53. [Терениченко А.А. Проблема сохранения суверенитета России над Калининградской область: правовой аспект // Современный юрист. 2013. № 4 (5). C. 44-53].

technischen Kooperation, die Heranziehung von ausländischen Investitionen, Technologien und Know-How, die Verstärkung der Exportmöglichkeiten des Kaliningrader Gebiets und der Russischen Föderation.[63] Der Rechtsstatus des Kaliningrader Gebiets als eine Freie Wirtschaftszone wurde im Jahre 1996 in einem Föderalen Gesetz „Über die besondere wirtschaftliche Zone im Kaliningrader Gebiet" festgelegt. Dank dieses Gesetzes galt in der FWZ 'Bernstein' ein Sonderregime für die außenwirtschaftlichen und unternehmerischen Aktivitäten, als auch für die Investitionstätigkeit. Nach allgemeinen Grundsätzen wurden die in der FWZ für den Export produzierten Waren von Zollgebühren und weiteren Zahlun-gen befreit. Außerdem galt eine liberale Regelung, nach der die importierten Waren für den internen Konsum in der FWZ 'Bernstein' auch von Zollgebühren und weiteren Zahlungen befreit wurden.

Am 1. April 2006 ist das Föderale Gesetz № 16-FZ von 10. Januar 2006 «Über die besondere wirtschaftliche Zone (BWZ) im Kaliningrader Gebiet und über die Änderung der weiteren Gesetzgebungsakten der Russischen Föderation» in Kraft getreten. De facto reformierte dieses Gesetz das bisherige juristische Sonder-regime der wirtschaftlichen Tätigkeit im Gebiet Kaliningrad. Durch dieses Gesetz wurde die gesamte Ausrichtung der staatlichen Wirtschaftspolitik in der Region geändert. Auf Grund der neuen Regelung wurde die staatliche Unterstützung nur für 'Big Business' (die großen Unternehmen) gewährt, d. h. für die so genannten offiziell registrierten Residenten der BWZ, die sich verpflichtet haben, in das Kaliningrader Gebiet mindestens 150 Mill. Rubel (ca. 242.000 €) zu investieren (im Laufe von drei Jahren ab dem Zeitpunkt der Registrierung als Resident in der BWZ). Jedoch wurde 2016 das minimale Investitionsvolumen in die BWZ von 150 Millionen auf 50 Millionen Rubel herabgesetzt. Nach dem neuen Föderalen Gesetz besteht die staatliche Förderung der Investoren in Kaliningrad darin, dass für die Residenten der BWZ eine besondere Ordnung für die

---

[63] Smorodinskaja, N. W./Kapustin, A./Malygin, W., Kaliningrader Gebiet als freie wirtschaftliche Zone // Fragen der Wirtschaftswissenschaft, 1999. № 9. S. 36-44. [Смородинская Н.В., Капустин А., Малыгин В. Калининградская область как свободная экономическая зона // Вопросы экономики. 1999. № 9. С. 36-44].

Entrichtung der Körperschaftssteuer und der Vermögenssteuer der Organisationen gilt. Im Laufe der ersten sechs Jahre nach der Registrierung gilt für die Residenten der BWZ der Steuersatz von 0%; vom siebten bis zum zwölften Jahr bekommen die registrierten Residenten der BWZ eine 50% Ermäßigung bei der Entrichtung der oben genannten Steuern.[64]

Obwohl direkt im Föderalen Gesetz (Art. 21) bestimmt wurde, dass das Regime der BWZ im Kaliningrader Gebiet für die Periode von 25 Jahren gelten wird (d. h. für die Zeit von 2006 bis 2031), verlor jedoch im Zusammenhang mit dem Beitritt der Russischen Föderation zu der World Trade Organisation (WTO) am 1. April 2016 das Regime der BWZ für alle weiteren möglichen Investoren im Gebiet Kaliningrad seine Existenz. Nur die davor registrierten Residenten der BWZ werden die Steuerermäßigungen weiter bis zum 2031 genießen können.[65] Also hat das Regime der freien und besonderen wirtschaftlichen Zone im Kaliningrader Gebiet insgesamt 25 Jahre lang existiert (von 1991 bis 2016), als in der Region de facto die besonderen Zoll- und Steuerprivilegien galten. Nach der föderalen Gesetzgebung wurde das Gebiet Kaliningrad zu dem Territorium mit dem besonderen Regime der Wirtschafts-, Produktions- und Investitionstätigkeit erklärt. Zum gegenwärtigen Zeitpunkt versuchen sowohl das föderale Zentrum als auch die regionale Führung die Lösung „des Problems 2016" zu finden, um das moderne Kaliningrader Gebiet an die neuen Wirtschaftsbedingungen anzupassen. Im Jahr 2016 begann die Diskussion über die Möglichkeit der Annahme eines föderalen Gesetzes über die Schaffung einer 'Priority

---

[64] Nilow, K. N., Besondere Wirtschaftliche Zone (BWZ) im Kaliningrader Gebiet: aktuellen Fragen des juristischen Regimes // Vestnik der Immanuel Kant Baltischen Föderalen Universität. Geisteswissenschaften, 2006. Heft 9. S. 48-56 [Нилов К.Н. Особая экономическая зона в Калининградской области: некоторые вопросы правового режима // Вестник Балтийского федерального университета им. И.Канта, Серия: гуманитарные и общественные науки. 2006. № 9. С. 48-56].
[65] Grave, O. I./Serebrjakova, A. A., Das Schicksal der Besonderen Wirtschaftlichen Zone im Kaliningrader Gebiet im Zusammenhang mit dem Beitritt Russlands zu WTO // Gesetze Russlands: Erfahrung, Analyse, Praxis. 2013. № 2. С. 58-62 [Граве О.И., Серебрякова А.А. Судьба особой экономической зоны в Калининградской области на фоне вступления России в ВТО // Законы России: опыт, анализ, практика. 2013. № 2. С. 58-62].

Development Area' (PDA) (auf Russisch: *территория опережающего развития* – ТОР) im Kaliningrader Gebiet. Deswegen wird vermutet, dass in absehbarer Zeit der rechtliche Status des Gebiets Kaliningrad schon wieder einer Modernisierung unterworfen wird.[66]

III. Der verfassungsrechtliche Status des Kaliningrader Gebiets: Probleme und Perspektiven für eine weitere Moder-nisierung.

Die Diskussionen über den optimalen rechtlichen Status für das Gebiet Kaliningrad haben schon einen ständigen Charakter bekommen. Am Ende der sowjetischen Epoche wurde der Staatsleitung neben Vor-schlägen zur Bildung einer freien wirtschaftlichen Zone in Kaliningrad auch die Idee der Wiederherstellung der Deutschen Autonomen Sowjetrepublik auf dem Territorium des Gebiets Kalinin-grad vorgetragen.[67] Außerdem gab es auch Initiativen über die Änderung des Status des Gebiets Kaliningrad in eine Baltische Republik. Diese Idee wurde durch die Baltische Republikanische Partei (BRP) in der Zeit von 1993 bis 2005 repräsentiert. Jedoch wurde die BRP im Endergebnis durch eine Entscheidung des Kaliningrader Gebietsgerichtes aufgelöst, da die föderale Gesetzgebung die Tätigkeit der regionalen politischen Parteien in Russland verboten

---

[66] Konjuschenkom, A. N., Probleme und Perspektiven der Entwicklung der Besonderen Wirtschaftlichen Zone im Kaliningrader Gebiet // Wettbewerbsrecht. 2015. № 1. S. 36-39 [Конюшенко А.Н. Проблемы и перспективы развития особой экономической зоны в Калининградской области // Конкурентное право. 2015. № 1. С. 36-39]; Der Kreml hat die Ineffektivität der besond. wirtschaftlichen Zonen anerkannt // Informationsagentur «REGNUM». Moskau. 9.06.2016. URL: https://regnum.ru/news/2143117.html (Datum des Zugriffes auf die Webseite: 02.03.2017) [Кремль признал неэффективность особых экономических зон // Информационное агентство «REGNUM». Москва. 9 июня 2016 года. URL: https://regnum.ru/news/2143117.html (дата обращения: 07.07.2016)].

[67] In diesem Fall handelt es sich um eine Initiative der Wiederherstellung der Autonomen SSR der Wolgadeutschen (ASSR WG), die offiziell innerhalb der RSFSR existierte vom 19. Oktober 1923 bis zum 28. August 1941 (Hugo Wormsbecher. Autonome SSR der Wolgadeutschen: Wolga oder Kaliningrad? // Das Literatur-Portal «PROZA.RU». URL: https://www.proza.ru/2011/03/04/274 (Datum des Zugriffes auf die Webseite: 02.03.2017) [Гуго Вормсбехер. Немецкая АССР: Волга или Калининград? // Литературный портал «Проза.ру». URL: https://www.proza.ru/2011/03/04/274 (дата обращения: 07.07.2016)].

hat.[68] Zurzeit existiert noch eine geringe Zahl von Aktivisten und gesellschaftlichen Bewegungen im Kaliningrader Gebiet, die diese Auffassung vertreten, dass der rechtliche Status der Region auf einen republikanischen Status geändert werden sollte. Im Grunde genommen steht die Idee der Modernisierung des Rechtsstatus des Kaliningrader Gebiets völlig im Einklang mit der geltenden Verfassung Russlands, nach der eine entsprechende Veränderung des rechtlichen Status eines Subjektes der Föderation im gegenseitigen Einverständnis der Russischen Föderation und des Subjektes der Föderation gemäß einem föderalen Verfassungs-gesetz möglich ist (Abs. 5 Art. 66).

Neben Initiativen nach der Veränderung des Status der Region gab es auch eine Reihe von Vorschlägen nach der Umbenennung der Stadt Kaliningrad. Zuerst wurde in der modernen Geschichte diese Frage im Juli 2002 gestellt, als im Internet eine Initiative „Für Königsberg" startete, deren Hauptziel die Rückgabe des histo-rischen Namens der Stadt zu seinem 750-jährigen Jubiläum, das im Jahr 2005 gefeiert wurde, war. Jedoch sprach sich der damals amtierende Bürgermeister der Stadt Kaliningrad Juri Sawenko strengstens gegen die mögliche Umbenennung aus. Nochmals war das Thema der Umbenennung der Stadt am 9. Mai 2009 in Erwägung gezogen worden, als der neue Bürgermeister des Stadt Kaliningrad Felix Lapin in einem seiner Interviews erklärte: „Wo hat Kant gelebt? In Königsberg. Russland, wie ich denke, wäre stolz darauf, dass Königsberg eine russische Stadt innerhalb der Russischen Föderation ist". Im September 2011 gab der Gouverneur des Kaliningrader Gebiets Nikolai Zukanow auf der Sitzung des Ausschusses für

---

[68] Beschluss der Verfassungsgerichtes der Russischen Föderation vom 1. Februar 2005 N 1-P in der Sache über die Prüfung der Verfassungsmäßigkeit von Abs. 2 und 3 Ziff. 6 Art. 47 des Föderalen Gesetzes «Über die politischen Parteien» in Zusammenhang mit der Verfassungsbeschwerde der gesellschaftspolitischen Organisation «Baltische Republikanische Partei» // Russische Zeitung. Föderale Ausgabe. № 3693 (0) vom 8. Februar 2005 [Постановление Конституционного Суда Российской Федерации от 1 февраля 2005 г. N 1-П по делу о проверке конституционности абзацев второго и третьего пункта 2 статьи 3 и пункта 6 статьи 47 Федерального закона "О политических партиях" в связи с жалобой общественно-политической организации "Балтийская республиканская партия" // Российская газета. Федеральный выпуск № 3693 (0) от 8 февраля 2005 года].

die parlamentarische Zusammenarbeit EU-Russland in Warschau ein Statement ab, dass er persönlich das Thema der Umbenennung der Stadt Kaliningrad in Königsberg für nicht mehr aktuell hält, aber dabei eingeräumt, dass diese Frage in einem Referendum entschieden werden könnte.[69] Diese Statements riefen unterschied-liche Reaktionen hervor und man kann mit Gewissheit sagen, dass es heute in der Kaliningrader Region in Bezug auf die Umbe-nennung der Stadt (des Gebietes) keine Einmütigkeit gibt.[70] Jedoch können wir die Vermutung aussprechen, dass diese Frage immer auf der Tagesordnung in Kaliningrad bleiben wird, was vor allem durch die besondere Stadtgeschichte, als auch durch die politische Konjunktur der modernen Zeiten bedingt ist. Wahr-scheinlich wird die Diskussion über eine mögliche Umbenennung der Stadt im Jahre 2024 in eine neue Phase treten, wenn das 300-jährige Jubiläum Immanuel Kants gefeiert wird. Es wird die Meinung vertreten, dass die Vorbereitung zu diesem Jubiläum mit dem Wiederaufbau sowohl des Königsberger Schlosses, des historischen Zentrums der Stadt Königsberg als auch mit der Rückgabe des alten Namen Königsberg verbunden werden sollte.[71]

---

[69] «Selbstverständlich muss man Kaliningrad früher oder später umbenennen» // Kommersant.RU. 22.09.2011. URL: http://www.kommersant.ru/doc/1778475 (Datum des Zugriffes auf die Webseite: 02.03.2017) ["Калининград, конечно, рано или поздно придется переименовать" // Коммерсант.ru. 22.09.2011. URL: http://www.kommersant.ru/doc/1778475 (дата обращения: 07.07.2016)].

[70] Die Abgeordneten haben die Idee des Referendums über die Umbenennung Kaliningrads scharf kritisiert // RIA Nachrichten. 21.09.2011.
URL: http://ria.ru/society/20110921/441108211.html (Datum des Zugriffes auf die Webseite: 02.03.2017) [Депутаты раскритиковали идею референдума о переименовании Калининграда // РИА Новости. 21.09.2011.
URL: http://ria.ru/society/20110921/441108211.html (дата обращения: 07.07.2016)]; Panow W. Kaliningrad wird niemals Königsberg // Die analytische Ausgabe des Fonds der historischen Perspektive „Jahrhundert". 09.04.2013. URL: http://www.stoletie.ru/rossiya_i_mir/kaliningrad_ne_budet_konigsbergom_893.htm (Datum des Zugriffes auf die Webseite: 02.03.2017) [Панов В. Калининград не будет Кёнигсбергом // Информационно-аналитическое издание фонда исторической перспективы «Столетие». 09.04.2013.   URL: http://www.stoletie.ru/rossiya_i_mir/kaliningrad_ne_budet_konigsbergom_893.htm (дата обращения: 07.07.2016)].

[71] Horst, Gerfried, Vorschläge von Veranstaltungen zum 300. Geburtstag Immanuel Kants (präsentiert auf der Sitzung der Arbeitsgruppe Bildung und Wissenschaft am 24.09.2015 in Moskau) // Freunde Kants und Königsberg e.V. URL: http://www.freunde-kants.com/index.php/de/13-2024/16-kant-jubilaeum-2024-petersburger-dialog-2015 (Datum des Zugriffes auf die Webseite: 02.03.2017).

Selbstverständlich ist die Frage der Umbenennung der Stadt (des Gebietes) nicht direkt mit der Veränderung des verfassungsrechtlichen Status dieser Region verbunden. Jedoch sind diese Aspekte für das richtige Verständnis der Weiterentwicklung des Kaliningrader Gebietes nötig. In diesem Kontext ist es wichtig, die anderen Initiativen von den föderalen und regionalen Behörden zu betrachten, um die möglichen Szenarien der Modernisierung des rechtlichen Status dieser russischen Region am Baltikum zu erkennen. Zum Beispiel legte der russische Gesetzgeber angesichts der spezifischen Exklave-Lage der Republik Krim fest, dass die Krimer Föderationssubjekte – die Republik Krim und die Stadt der föderalen Bedeutung Sewastopol – zu einem abgesonderten Krimer Föderationskreis gruppiert werden. Im ersten Stadium der Integration der Krim in die Russische Föderation wurde vorübergehend ein spezielles föderales Ministerium für die Krimer Angelegenheiten geschaffen, das in der Periode vom 31. März 2014 bis zum 15. Juli 2015 im vollen Umfang die Verantwortung für die Ausarbeitung der staatlichen Programme für die Entwicklung der Krim übernommen hat. Ähnlichen Maßnahmen staatlicher Politik könnten in dem modernen Gebiet Kaliningrad Anwendung finden. Nach unserer Meinung wird die Veränderung des rechtlichen Status des Gebietes Kaliningrad zu einer Republik nichts ändern; dennoch wäre eine Schaffung eines Instituts des Lobbyismus auf dem föderalen Niveau für die regionalen Interessen völlig sinnvoll. Unter Berücksichtigung der besonderen Lage des Gebiets Kaliningrad und der künftigen Entwicklung des russischen Föderalismus ist es notwendig, auf der Basis der Kaliningrader Region einen Baltischen Föderationskreis mit dem offiziellen Bevollmächtigen des Präsidenten Russlands zu etablieren. Außerdem ist auf föderaler Ebene eine weitere Institution für die Angelegenheiten des Kaliningrader Gebiets notwendig (z. B. ein föderales Ministeriums). Die Bildung des zusätzlichen Föderationskreises ist durch die auswärtige Lage der Region bedingt. Die geopolitischen Besonderheiten des Kaliningrader Gebiets bedingen die Einmaligkeit seiner Probleme und seine Unvergleichbarkeit mit anderen Subjekten der Russischen Föderation. Die meisten Probleme des heutigen Gebiets Kaliningrad können nur auf der föderalen Ebene entschieden werden, wo heute für die Kaliningrader

Oblast ein eigener starker Lobbyist notwendig ist, der die Besonderheiten der Region kennt und ihre Interessen unmittelbar verteidigen kann.

IV. Zusammenfassung

Nach unserer Meinung besteht die wichtigste Aufgabe für das moderne Kaliningrader Gebiet nicht darin, seinen verfassungs-rechtlichen Status zu ändern; heute sind vielmehr reale Schritte der Staatsmacht auf föderalem und regionalem Niveau notwendig, die im Endergebnis die Qualität des Lebens der Gesellschaft im Gebiet Kaliningrad erhöhen werden. Im eigentlichen Sinne muss man „die einzigartigen Besonderheiten" der Kaliningrader Region berücksichtigen und „mutiger, die neue, nicht ordinäre Herangehensweise" bei der Regulierung von Fragen der Entwicklung des Kaliningrader Gebietes praktizieren.[72] Man muss die staatliche Politik fortsetzen, die das Leben der Kaliningrader Bevölkerung unter den gegebenen Bedingungen der geographischen Abgeschiedenheit vom Hauptterritorium Russlands wesentlich vereinfacht. Zu den wirksamsten Maßnahmen der staatlichen Politik zählen die Initiativen zur Liberalisierung der Ein- und Ausreise in und aus dem Gebiet Kaliningrad: ein besonderes visafreies Regime (der kleine Grenzverkehr mit Polen (small border traffic), besondere kostenlose Ausstellung der Reisepässe für Residenten des Kaliningrader Gebietes und eine Verlängerung der Gültigkeit der Reisepässe bis zu zehn Jahren, eine vereinfachte Regelung des Transits durch Litauen (Facilitated Transit Document (FTD) und Facilitated Rail Transit Document (FRTD). Ein richtiger Schritt bestünde auch darin, das Gebiet Kaliningrad zu einer Prioritätsregion für die freiwillige Umsiedlung aus dem

---

[72] Beschluss der Staatsduma der Föderalen Versammlung der Russischen Föderation vom 13.12.2001. № 2198-III GD «Über die Staatspolitik in Bezug auf das Kaliningrader Gebiet» // Die Parlamentarische Zeitung. № 249 vom 30.12.2001 [Постановление Государственной Думы ФС РФ от 13.12.2001 г. № 2198-III ГД «О государственной политике в отношении Калининградской области» // "Парламентская газета", N 249, 30.12.2001]; Beschluss vom Föderationsrat der Föderalen Versammlung der Russischen Föderation vom 25.09.2002. № 373-SF «Über die Staatspolitik in Bezug auf Kaliningrader Gebiet» // Die Parlamentarische Zeitung. № 186 vom 02.10.2002 [Постановление Совета Федерации ФС РФ от 25.09.2002 г. № 373-СФ «О государственной политике в отношении Калининградской области» // "Парламентская газета", N 186, 02.10.2002].

Ausland nach Russland im Rahmen des Staatsprogramms für die Landsleute zu erklären.

In grundlegenden Dokumenten sind Russland und die EU als strategische Partner bezeichnet worden; besonders im Abkommen über die Partnerschaft und die Zusammenarbeit wird der grundsätzlich freundschaftliche Charakter dieser Wechselbeziehungen festgelegt. Deshalb sind heute konkrete pragmatische Schritte auf dem Wege zur Umsetzung dieser strategischen Partnerschaft notwendig: z. B. Arbeit an der Minimisierung der Wartezeit an der Grenze bei der Zoll- und Grenzkontrolle, Vergrößerung der Zahl der Orte für die Ein- und Ausreise in/aus dem Kaliningrader Gebiet; und zukünftig sollen an der Kaliningrader Grenze die gemeinsamen Orte für die Grenzkontrolle funktionieren. Außerdem ist es sinnvoll, in Zukunft für die Kaliningrader Region ein besonderes visafreies Regime zu verwirklichen.[73] Die Russische Föderation könnte uni-lateral Ausländern das Recht einer visafreien Einreise in ein einziges Föderationssubjekt einräumen – in das Gebiet Kaliningrad. In erster Linie soll diese Initiative nur für Bürger der Länder der Schengener Zone gelten. Als gegenseitige Maßnahme könnten Schengener Staaten) langfristige Visa für die Residenten des Gebiets Kaliningrad kostenlos und ohne erforderliche Einladungen ausstellen. Solche Maßnahmen sind für die Transformation des Gebiets Kaliningrad in eine Region der strategischen Zusammenarbeit Russlands mit den benachbarten Staaten und mit der gesamten Europäischen Union notwendig. Die Liberalisierung des Visa-Regimes im Gebiet Kaliningrad wird die aktive Entwicklung der gegenseitigen sozialen, wirtschaftlichen, kulturellen, wissenschaftlichen und anderen Beziehungen der westlichen russischen Region mit den

---

[73] «Visafreies Regime in Kaliningrad wird die Beziehungen zwischen der Europäischen Union und Russland entspannen» // Informationsagentur «REGNUM». Moskau. 26.02.2016. URL: https://regnum.ru/news/polit/2087473.html (Datum des Zugriffes: 02.03.2017) [Безвизовый режим в Калининград снимет напряжение между ЕС и Россией» // Информационное агентство «REGNUM». Москва. 26 февраля 2016 г.
URL: https://regnum.ru/news/polit/2087473.html (дата обращения: 07.07.2016)].

europäischen Nachbarn fördern.[74] Mit diesen kleinen Schritten könnte dann die strategische Partnerschaft zwischen der EU und Russland im Kaliningrader Gebiet pragmatisch und gegenseitig vorteilhaft verwirklicht werden.

Literatur:

1. Beschluss der Staatsduma der Föderalen Versammlung der Russischen Föderation vom 13.12.2001. № 2198-III GD «Über die Staatspolitik in Bezug auf das Kaliningrader Gebiet» // Die Parlamentarische Zeitung. № 249 vom 30.12.2001 [Постановление Государственной Думы ФС РФ от 13.12.2001 г. № 2198-III ГД «О государственной политике в отношении Калининградской области» // "Парламентс-кая газета", N 249, 30.12.2001].

2. Beschluss vom Föderationsrat der Föderalen Versammlung der Russischen Föderation vom 25.09.2002. № 373-SF «Über die Staatspolitik in Bezug auf Kaliningrader Gebiet» // Die Parlamentarische Zeitung. № 186 vom 02.10.2002 [Постановление Совета Федерации ФС РФ от 25.09.2002 г. № 373-СФ «О государственной политике в отношении Калинин-градской области» // "Парламентская газета", N 186, 02.10.2002].

3. Beschluss der Verfassungsgerichtes der Russischen Föderation vom 1. Februar 2005 N 1-P in der Sache über die Prüfung der Verfassungsmäßigkeit von Abs. 2 und 3 Ziff. 6 Art. 47 des Föderalen Gesetzes «Über die politischen Parteien» in Zusammenhang mit der Verfassungsbeschwerde der gesellschaft-politischen Organisation «Baltische Republikanische Partei» // Russische Zeitung. Föderale Ausgabe. № 3693 (0) vom 8. Februar 2005 [Постано-вление Конституционного Суда Российской Федерации от 1 февраля 2005 г. N 1-П по делу о проверке конституционности абзацев второго и третьего пункта 2 статьи 3 и пункта 6 статьи 47 Федерального закона "О полити-ческих партиях" в связи с жалобой общественно-политической организации "Балтийская республиканская партия" // Российская газета. Федеральный выпуск № 3693 (0) от 8 февраля 2005 года].

4. Brodersen, Per, Die Stadt im Westen. Wie Königsberg Kaliningrad wurde, Göttingen 2008. S. 59-72.

---

[74] Salenko, A., Die Kaliningrader Dimension in den Beziehungen der EU und Russlands. – Das Kaliningrader Kapitel im PKA // OSTEUROPA-Recht. Heft 1 2011. BWV – Berliner Wissenschafts-Verlag. C.76-86; Voinikov, V. V., Die Erleichterung der Reisefreiheit für die Bürger zwischen Russland und der Europäischen Union: Perspektiven und juristische Probleme // Baltische Region. 2011. № 3. S. 122-129 [Войников В.В. Облегчение свободы передвижения граждан между Россией и Европейским Союзом: перспективы и правовые проблемы // Балтийский регион. 2011. № 3. С. 122-129].

5.   Der Kreml hat die Ineffektivität der besonderen wirtschaftlichen Zonen erkannt // Informationsagentur «REGNUM». Moskau. 9.06.2016. URL: https://regnum.ru/news/2143117.html (Datum des Zugriffes: 02.03.2017) [Кремль признал неэффективность особых экономических зон // Информационное агентство «REGNUM». Москва. 9 июня 2016 года. URL: https://regnum.ru/news/2143117.html (дата обращения: 07.07.2016)].

6.   Die Abgeordneten haben die Idee des Referendums über die Umbenennung Kaliningrads scharf kritisiert // RIA Nachrichten. 21.09.2011. URL: http://ria.ru/society/20110921/441108211.html (Datum des Zugriffes: 02.03.2017) [Депутаты раскритиковали идею референдума о переименовании Калининграда // РИА Новости. 21.09.2011. URL: http://ria.ru/society/20110921/441108211.html (дата обращения: 7.7.2016)].

7.   Die Karte der Oblast Kaliningrad // Quelle: offizielle Webseite der regionalen Direktion vom Bundesdienst für die Kontrolle im Bereich der Nachrichtenwesen, Informationstechnologien und Massenkommunikation (ROSKOMNADZOR) im Kaliningrader Gebiet. URL: http://39.rkn.gov.ru/about/p6706/?print=1

8.   Die Sowjetunion auf internationalen Konferenzen in der Periode des Großen Vaterländischen Krieges 1941-1945. Dokumentensammlung. Teil 2. Teheran-Konferenz der Staatschef von UdSSR, USA und Großbritannien (28. November – 1. Dezember 1943). Moskau. POLITIZDAT. 1984. S. 150 [Советский Союз на международных конференциях периода Великой Отечественной войны, 1941-1945 гг.: Сб. Доку-ментов / Министерство иностранных дел СССР. Т. 2. Тегеранская конференция руководителей трех союзных держав - СССР, США и Великобритании (28 ноября - 1 декабря 1943 г.). М.: Политиздат, 1984. С. 150].

9.   Die Sowjetunion auf internationalen Konferenzen in der Periode des Großen Vaterländischen Krieges 1941-1945. Dokumentensammlung. Außenministerium der UdSSR. Teil 6. Berliner (Potsdamer) Konferenz der Staatschef von UdSSR, USA und Großbritannien (17. Juli – 2. August 1945). Moskau. POLITIZDAT. 1984. S. 457 [Советский Союз на международных конференциях периода Великой Отечественной войны, 1941-1945 гг.: Сб. документов / Министерство иностранных дел СССР. Т. 6. Берлинская (Потсдамская) конференция руково-дителей трех союзных держав - СССР, США и Великобритании (17 июля - 2 августа 1945 г.). М.: Политиздат, 1984. С. 457].

10.   Erlass des Präsidiums des Obersten Sowjets der RSFSR vom 7. September 1946 «Über die administrativ-territoriale Gliederung des Kaliningrader Gebietes» // Staatliches Archiv des Kaliningrader Gebietes (GAKO). F.297. Op.11. D.1. L.23 [Указ Президиума Верховного Совета РСФСР от 7 сентября 1946 г. «Об административно-терри-ториальном устройстве Калининградской области» // ГАКО. Ф.297. оп.11. д.1. л.23].

11.   Ganina, N. A., Insel Rügen: zur Grundlage der Wechselwirkung von Kulturen und Sprachen // Atlantik: Schriften der historischen Poetik. Moskau: Moskauer Universität für Geisteswissen-schaften. 2011. S. 3—33 [Ганина Н.А. Остров Рюген: к основам взаимодействия культур и языков // Атлантика: Записки

по исторической поэтике. — М.: Московский гуманитарный университет, 2011. С. 3—33].

12. Grave, O. I./Serebrjakova, A. A., Das Schicksal der Besonderen Wirtschaftlichen Zone im Kaliningrader Gebiet im Zusammenhang mit dem Beitritt Russlands zu WTO // Gesetze Russlands: Erfahrung, Analyse, Praxis. 2013. № 2. C. 58-62 [Граве О.И., Серебрякова А.А. Судьба особой экономической зоны в Калининградской области на фоне вступления России в ВТО // Законы России: опыт, анализ, практика. 2013. № 2. С. 58-62].

13. Horst, Gerfried, Vorschläge von Veranstaltungen zum 300. Geburtstag Immanuel Kants (präsentiert an der Sitzung der Arbeitsgruppe Bildung und Wissenschaft am 24.09.2015 in Moskau) // Freunde Kants und Königsberg e.V.
    URL: http://www.freunde-kants.com/index.php/de/13-2024/16-kant-jubilaeum-2024-peters-burger-dialog-2015 (Datum des Zugriffes: 02.03.2017).

14. Kaliszuk, Wiesław, Granica polsko-radziecka w b. Prusach Wschodnich // Internet-Projekt «Postkarte aus Ostpreußen». - 1. URL: http://www.eastprussia.ru/border/ (Datum des Zugriffes: 02.03.2017); 2. URL: http://historia-wyzynaelblaska.pl/granica-polsko-radziecka-w-b.-prusach-wschodnich.html (Datum des Zugriffes: 02.03.2017) [Веслав Калишук. Польско-советская граница в бывшей Восточной Пруссии // Интернет-проект «Открытка из Восточной Пруссии».

    1. URL: http://www.eastprussia.ru/border/ (Datum des Zugriffes auf die Webseite: 02.03.2017); 2. URL: http://historia-wyzynaelblaska.pl/granica-polsko-radziecka-w-b.-prusach-wschodnich. html (Datum des Zugriffes: 02.03.2017)].

15. Karamsin, N. M., Geschichte des russischen Staates. In 12 Bänden. Akademie der Wissenschaften der UdSSR; der verantwortliche Herausgeber Sacharov A.N. Moskau. NAUKA Verlag. 1989 [Карамзин Н.М. История государства Российского. В 12 т. АН СССР; Отв. ред. А. Н. Сахаров. - М.: Наука, 1989].

16. Konjuschenko, A. N., Probleme und Perspektiven der Entwicklung der Besonderen Wirtschaftlichen Zone im Kaliningrader Gebiet // Wettbewerbsrecht. 2015. № 1. S. 36-39 [Конюшенко А.Н. Проблемы и пер-пективы развития особой экономической зоны в Калининградской области // Конкурентное право. 2015. № 1. С. 36-39].

17. Kostjaschow, J. W., Besiedlung des Kaliningrader Gebietes nach dem Zweiten Weltkrieg // Geisteswissenschaft in Russland: Geschichte, Archäologie, Kulturanthropologie und Ethnographie. Moskau. 1996. S. 82-88 [Костяшов Ю.В. Заселение Калининградской области после Вто-рой Мировой Войны // Гуманитарная наука в России: история, архе-ология, культурная антропология и этнография. М. 1996. С. 82-88].

18. Kretinin, G. V., Militärkommandaturen des Königsberger Militärbezirks 1945-1946 // Vestnik der Russ. Staatlichen Universität von Immanuel Kant. 2006. Heft 12. Geisteswissenschaften. S. 55-62. [Кретинин Г.В. Военные комендатуры Кёнигсбергского Особого военного округа в 1945-1946 гг. // Вестник РГУ им. И. Канта. 2006. Вып. 12. Гуманитарные науки. С 55-62].

19.	Maslow, W. N., Gründung des Königsberger Gebietes und seine Umbenennung in 1946 // Kaliningrader Archive. 2014. Heft 11. S. 99-109 [Маслов В.Н. Создание Кёнигсбергской области и её переименование в 1946 году // Калининградские архивы. 2014. № 11. С. 99-109].

20.	Maslow, W. N., Die Umbenennung der Kreisstädte des Kaliningrader Gebietes 1946 // Vestnik der Immanuel Kant Baltischen Föderalen Universität. Geisteswissenschaften. 2014. Heft 12. S. 58-69 [Маслов В.Н. Переименование районных центров Калининградской области в 1946 году // Вестник Балтийского федерального университета им. И.Канта. Серия: Гуманитарные и общественные науки. 2014. № 12. С. 58-69].

21.	Merkulov, V. I., Altrussische Überlieferung von der Insel Rügen // Rusin. 2014. № 1 (35). S. 165 - 171 [Меркулов В.И. Древнерусское предание с острова Рюген // Русин. 2014. № 1 (35). С. 165 - 171].

22.	Nilow, K. N., Besondere Wirtschaftliche Zone (BWZ) im Kaliningrader Gebiet: aktuellen Fragen des juristischen Regimes // Vestnik d. Immanuel Kant Baltischen Föderalen Universität. Geisteswissenschaften. 2006. Heft 9. S. 48-56 [Нилов К.Н. Особая экономическая зона в Калининградской области: некоторые вопросы правового режима // Вестник Балтийского федерального университета им. И.Канта, Серия: гуманитарные и общественные науки. 2006. № 9. С. 48-56].

23.	Ostpreußen mit den Augen sowjetischer Umsiedler. Die ersten Jahren des Kaliningrader Gebiets in Erinnerungen und Dokumenten. St. Petersburg, 2002. 2. verbesserte und ergänzte Auflage: Kaliningrad. 2003 [Восточная Пруссия глазами советских переселенцев. Первые годы Калининградской области в воспоминаниях и документах. СПб. 2002. 2-е издание, исправ-ленное и дополненное: Калининград, 2003].

24.	Panow, W., Kaliningrad wird niemals Königsberg // Die analytische Ausgabe des Fonds der historischen Perspektive „Jahrhundert".09.04.2013. URL:http://www.stoletie.ru/rossiya_i_mir/kaliningrad_ne_budet_ konigsbergom_893.htm	(Datum des Zugriffes: 02.03.2017) [Панов В. Калининград не будет Кёнигс-бергом // Информационно-аналитическое издание фонда исторической перспективы «Столетие». 09.04.2013. URL:http://www.stoletie.ru/rossiya_i_mir/kaliningrad_ne_budet_konigsber-gom_893.htm (дата обращения: 07.07.2016)].

25.	Salenko A., Die Kaliningrader Dimension in den Beziehungen der EU und Russlands. – Das Kaliningrader Kapitel im PKA // OSTEUROPA-Recht. Heft 1 2011. BWV - Berliner Wissen-schafts-Verlag. C.76-86

26.	Smorodinskaja, N. W./Kapustin A./Malygin, W., Kaliningrader Gebiet als freie wirtschaftliche Zone // Fragen der Wirtschaftswissenschaft. 1999. № 9. S. 36-44. [Смородинская Н.В., Капустин А., Малыгин В. Калин-инградская область как свободная экономическая зона // Вопросы экономики. 1999. № 9. С. 36-44].

27. „Selbstverständlich muss man Kaliningrad früher oder später umbenennen" // Kommersant.RU. 22.09.2011. URL: http://www.kommersant.ru/doc/1778475 (Datum des Zugriffes: 02.03.2017) ["Калининград, конечно, рано или поздно придется переименовать" // Коммерсант.ru. 22.09.2011. URL: http://www.kommersant.ru/doc/1778475 (дата обращения: 07.07.2016)].

28. Tegeler, T., Der litauische Partisanenkampf im Lichte sowjetischer Akten. München: Osteuropa-Institut. 2001. URL: http://www.dokumente.ios- regensburg.de/publikationen/mitteilungen/mitt_44.pdf (Datum des Zugriffes auf die Webseite: 02.03.2017

29. Terenitschenko, A. A., Das Problem der Sicherstellung der Souveränität Russlands über das Kaliningrader Gebiet: der juristische Aspekt / Der moderne Jurist. 2013. № 4 (5). S. 44-53. [Терени-ченко А.А. Про-блема сохранения суверенитета России над Калининградской область: правовой аспект // Современный юрист. 2013. № 4 (5). С. 44-53].

30. Vertrag zwischen der Union der Sozialistischen Sowjetrepubliken und der Polnischen Volksrepublik über die sowjetisch-polnische Staatsgrenze vom 16. August 1945 // IZVESTIA (die neuesten Nachrichten) der Sowjets der Deputierten der Werktätigen der UdSSR vom 17. August 1945. Heft 193 [Договор между Союзом Советских Социа-листических Республик и Польской Республикой о советско-польской государственной границе от 16 августа 1945 г. // Известия Советов депутатов трудящихся СССР. 17 августа 1945 г. № 193].

31. Wormsbecher, Hugo, Autonome SSR der Wolgadeutschen: Wolga oder Kaliningrad? // Das Literatur-Portal «PROZA.RU». URL: https://www.proza.ru/2011/03/04/274 (Datum des Zugriffes auf die Webseite: 02.03.2017) [Гуго Вормсбехер. Немецкая АССР: Волга или Калининград? // Литературный портал «Проза.ру». URL: https://www.proza.ru/2011/03/04/274 (дата обращения: 07.07.2016)].

32. „Visafreies Regime in Kaliningrad wird die Beziehungen zwischen der Europäischen Union und Russland entspannen" // Informationsagentur «REGNUM». Moskau. 26.02.2016. URL: https://regnum.ru/news/polit/2087473.html (Datum des Zugriffes auf die Webseite: 02.03.2017) [Безвизовый режим в Калининград снимет напряжение между ЕС и Россией» // Информационное агентство «REGNUM». Москва. 26 февраля 2016 года. URL: https://regnum.ru/news/polit/2087473.html (дата обращения: 7.7.2016)].

33. Voinikov, V. V., Die Erleichterung der Reisefreiheit für die Bürger zwischen Russland und der Europäischen Union: Perspektiven und juristische Probleme // Baltische Region. 2011. № 3. S. 122-129 [Войников В.В. Облегчение свободы передвижения граждан между Россией и Европейским Союзом: перспективы и правовые проблемы // Балтийский регион. 2011. № 3. С. 122-129].

Aldona Szczeponek:

Wirtschaftssanktionen als nationales, europäisches und völkerrechtliches Problem am Beispiel von Polen, EU und Russland

I. Einführung

Seit dem Zerfall der Sowjetunion erleben die „Ost-West-Beziehungen" immer wieder ihre Höhen und Tiefen. Gegenwärtig herrscht eine Phase der Abkühlung, verursacht maßgeblich durch die aggressive Politik der Russischen Föderation – die Annexion der Krim und die Unterstützung der Separatisten in der Ostukraine. Auch die Beziehungen zwischen Polen und Russland sind zurzeit durch gegenseitiges Misstrauen und Vorsicht gekennzeichnet. Aus historischer Perspektive verwundert das nicht, denn die Nähe zu Russland war auch für Polen eine ständige Herausforderung. Die einst nach dem Zweiten Weltkrieg „zwangsverbrüderten" Länder vertreten heute zwei verschiedene Standpunkte: Polen steht als ein souveräner Staat und Mitglied der Europäischen Union und NATO fest auf der westlichen Seite Europas. Die Russische Föderation, getrieben von Großmachtträumen versucht, ihre ehemaligen Einflusszonen unter Inkaufnahme von Völkerrechtsverletzungen wieder zu erobern und seine Rolle als Global-Player hervorzuheben.

Das angespannte Verhältnis und die Notwendigkeit, auf völkerrechtswidriges Verhalten angemessen zu reagieren, führten zur Verhängung von restriktiven Maßnahmen der Europäischen Union gegenüber Russland. Dieser Problematik ist der erste Teil des Beitrags gewidmet. Ein weiteres Problemfeld bildet die Betrachtung der ausschließlich gegenseitigen Sanktionsmaßnahmen, mit denen Polen in den früheren Jahren konfrontiert wurde. Bereits vor dem aktuellen Konflikt ist es immer wieder zu politisch bedingten wirtschaftlichen Hindernissen gekommen, indem Russland Importverbote für bestimmte polnische Waren (z. B. Fleisch oder Gemüse) erließ. Es stellt sich die Frage, ob dieses Verhalten als ein rein innerstaatliches, polnisches Problem zu betrachten ist, oder ob auch die EU gefordert ist, Gegenmaßnahmen zu ergreifen und sich gegebenenfalls an den Folgekosten zu beteiligen. Eine Klärung, ob völkerrechtliche Probleme mit einer möglicherweise willkürlichen Sanktionspraxis entstehen, findet zum Schluss statt.

II. Grundbegriffe

Das Phänomen der Sanktionen mit anderen als militärischen Mitteln hat eine lange Tradition und gewann nach dem Ende des „kalten Krieges" wieder an Bedeutung.[1] Grundsätzlich ist es der Staatengemeinschaft erlaubt, auf Völkerrechtsverletzungen mit wirtschaftlichen Sanktionen zu reagieren, um den verletzenden Staat zum Einstellen der völkerrechtwidrigen Handlungen zu zwingen.[2] Begrifflich wird zwischen einem Embargo und einer Wirtschaftssanktion unterschieden, wobei beide eine hoheitliche Anordnung voraussetzen.[3] Die Wirtschaftssanktionen umfassen breitere Maßnahmen als ein Embargo, haben jedoch einen repressiven Charakter.[4] Die völkerrechtliche Zulässigkeit der Wirtschaftssanktionen wird immer wieder Gegenstand von Diskussionen, es steht allerdings fest, dass diese nicht gegen das Gewaltverbot der UN-Charta verstoßen.[5] Ein völkerrechtliches wirtschaftliches Diskriminierungsverbot oder eine völkerrechtliche Pflicht zur wirtschaftlichen Zusammenarbeit sind ebenfalls nicht anzunehmen.[6] In bestimmten Fällen jedoch können

---

[1] Vgl. Ress, Hans-Konrad, Das Handelsembargo, 2000, S. 1 f.

[2] Die Völkerrechtsordnung wird oft als eine Rechtsordnung ohne Zwangsmechanismen bezeichnet, da seine Durchsetzung nicht gewährleistet wird. Die Wirtschaftssanktionen stellen hier ein solches Zwangsmittel dar.

[3] Vgl. Lindemeyer, Bernd, Schiffsembargo und Handelsembargo, 1975, S. 183 ff.; Hasse, Rolf, Wirtschaftliche Sanktionen als Mittel der Außenpolitik, 1977, S. 21.

[4] Vgl. Ress (Anm. 1), S. 11. Definition nach Schneider: Wirtschaftssanktion ist eine „durch hoheitliche Maßnahmen im Bereich der Außenwirtschaftsbeziehungen zu Friedens- oder Kriegszeiten bewirkte Ungleichbehandlung, die als außenpolitisch motivierte Reaktion eines oder mehrerer Völkerrechtssubjekte auf ein nachhaltiges Verhalten eines anderen Völkerrechtssubjekts erfolgt, um dieses durch Zufügung eines Nachteils zu einer Verhaltensänderung zu veranlassen." (Schneider, Henning C, Wirtschaftssanktionen – Die VN, EG und BRD als konkurrierende Normgeber beim Erlass paralleler Wirtschaftssanktionen, 1999, S. 34).

[5] Vgl. Kewenig, Wilhelm, Die Anwendung wirtschaftlicher Zwangsmaßnahmen im Völkerrecht, in: Berichte der Deutschen Gesellschaft f. Völkerrecht, Heft 22 (1982), S. 15; Bryde, Brun-Otto, Die Intervention mit wirtschaftlichen Mitteln, in: Ingo von Münch (Hrsg.), Staatsrecht-Völkerrecht-Europarecht, FS für Hans-Jürgen Schlochauer, 1981, S. 227, 237 f.

[6] Vgl. Pech, Susanne, Außenpolitisch motivierte Sanktionen der EU, 2013, S. 57 f.; Schneider (Anm. 4), S. 98 f.

Sanktionen eine unzulässige Intervention darstellen. Die Grenze zwischen dem zulässigen wirtschaftlichen Druck und einer verbotenen Intervention ist dann überschritten, wenn die Maßnahme darauf abzielt, die souveränen Rechte des Staates einem anderen unterzuordnen.[7] Demzufolge stellen Wirtschaftssanktionen prinzipiell ein zulässiges Mittel dar und nur in absoluten Ausnahmefällen verstoßen sie gegen das völkerrechtliche Interventionsverbot.

Die von den Sanktionen betroffenen Wirtschaftsteilnehmer tragen unmittelbar die Folgen der verhängten Maßnahmen, sie dürfen ihre Waren und Dienstleistungen nicht exportieren und verlieren damit die Absatzmärkte, da ihre Konkurrenten aus anderen Ländern nun diese Märkte bedienen. Daher ist die Problematik der Entschädigung von betroffenen Unternehmen von essentieller Bedeutung. Eine völkerrechtliche Eigentumsgarantie wird allerdings in solchen Fällen nicht angenommen, so dass keine Enteignung vorliegt.[8] Die Entschädigung für die Folgen einer hoheitlich angeordneten, rechtmäßigen Maßnahme gehört der Problematik der Staatshaftung an.

III. Sanktionen der Europäischen Union gegenüber Russland

Als Antwort auf die russische aggressive Politik und völkerrechtswidrige Schritte gegenüber der Ukraine hat die EU beschlossen, Sanktionen als Druckmittel zu verhängen.[9] Diese gezielten Maßnahmen unterscheiden sich von den oft in früheren Jahren angewandten breiten Sanktionen, die sich unmittelbar auf die Bevölkerung ausgewirkt haben.[10]

---

[7] Vgl. Kewenig (Anm. 5), S. 7, 16. Nach Art. 32 der Resolution der UN-GV Nr. 3281 (XXIX) vom 12.12. 1974 („Charta der wirtschaftlichen Rechte und Pflichten") darf ein Staat „keine wirtschaftlichen, politischen oder sonstigen Zwangsmaßnahmen gegen einen anderen Staat anwenden oder ihre Anwendung begünstigen, um von ihm die Unterordnung bei der Ausführung seiner souveränen Rechte zu erlangen". Ähnliche Regelung enthält die sog. Friendly Relations Declaration (UN-GV-Res. 2625 (XXV) vom 24.10.1970).

[8] Vgl. Lindemeyer (Anm. 3), S. 439 ff.

[9] Außer der EU ergriffen die Sanktionsmaßnahmen ebenfalls die USA, Kanada, Australien, Norwegen, Japan und die Schweiz.

[10] Z. B. in den 90er Jahren gegen den Irak nach der Kuwait-Aggression, gegen Haiti oder Jugoslawien.

1. Konkrete Sanktionsmaßnahmen der EU

Die Sanktionen erstrecken sich sowohl auf den wirtschaftlichen Bereich als auch auf Maßnahmen auf diplomatischer Ebene und auf die Einreiseverbote und das Einfrieren von Vermögen. Darüber hinaus wurden Einschränkungen für die Krim und Sewastopol beschlossen.

Die EU erweiterte die Sanktionen nach und nach auf einen immer breiteren Personenkreis und auf bestimmte Bereiche der internationalen Zusammenarbeit.[11] Die Einführung der Sanktionen begann unmittelbar nach der Krim-Annexion und wuchs mit der Eskalation des Konflikts (Unterstützung der Separatisten in der Ostukraine, Abschuss der malaysischen Boeing-Maschine). Die Diskussion, ob die Sanktionen überhaupt verhängt werden sollten, spaltete zunächst die Mitgliedstaaten der EU, denn einige, wirtschaftlich stark mit Russland verbundene Länder befürchteten negative Folgen für sich.[12] Zuletzt wurden die Sanktionen bezüglich der Wirtschaft am 6. Juni 2015 bis 31. Januar 2016[13] und bezüglich der Personen am 14. September 2015 bis 15. März 2016 verlängert.[14]

Im Einzelnen wurden folgende Schritte vorgenommen:[15]

---

[11] Konkret sind die Maßnahmen in einer Reihe von GASP-Beschlüssen und Ratsverordnungen vorgesehen. Vgl. beispielsweise den Beschluss 2014/512/GASP (vom 31.07.2014) geändert durch Beschluss 2014/872/GASP (vom 04.12.2014) und die Verordnung (EU) Nr. 833/2014 (vom 31.07.2014), geändert durch Verordnung 1290/2014 vom 04.12.2014.

[12] Polen und die baltischen Staaten waren, trotz starker Wirtschaftsverbindungen zu Russland, für einen scharfen Kurs, andere MOE-Staaten dagegen befürchteten einen Wirtschaftskrieg mit negativen Folgen für den eigenen Handel. Deutschland verlangte von Frankreich einer Zustimmung für das Waffenembargo, umgekehrt forderte Frankreich eher finanz- und energiebezogene restriktive Maßnahmen.

[13] Vgl. „Russland: EU verlängert Wirtschaftssanktionen um sechs Monate", http://www.consilium.europa.eu/de/press/press-releases/2015/06/22-russia-sanctions/.

[14] Vgl. "EU verlängert Sanktionen wegen Handlungen gegen die territoriale Unversehrtheit der Ukraine",
 http://www.consilium.europa.eu/de/press/press-releases/2015/09/15-eu-extends-of-sanctions-over-actions-againstu-ukraines-territorial-integrity/.

[15] http://europa.eu/newsroom/highlights/special-coverage/eu_sanctions/index_de.htm.

a. Diplomatische Maßnahmen

Das geplante G8-Gipfel in Sotschi wurde abgesagt und stattdessen fand am 4. und 5. Juni 2014 ein G7-Treffen in Brüssel statt. Die EU-Staaten unterstützten auch die Aussetzung der Verhandlungen über den Beitritt Russlands zur OECD und zur Internationalen Energieagentur. Die Wiederaufnahme Russlands in die „G 8"-Gruppe ist nach Ansicht der Mitglieder zurzeit unmöglich, da Russland durch die Krim-Annexion und die militärische Unterstützung der Separatisten in der Ostukraine bewiesen hat, dass es die gemeinsamen Werte der Partner nicht teilt. Die entstandene Barriere sei im Moment nicht überwindbar.[16]

Der EU-Russland-Gipfel 2014 wurde ebenfalls abgesagt und die EU-Mitgliedsstaaten beschlossen, keine regelmäßigen bilateralen Gipfeltreffen abzuhalten. Bilaterale Gespräche mit Russland über Visaangelegenheiten sowie über das neue Abkommen zwischen der EU und Russland wurden suspendiert. Darüber hinaus findet derzeit eine Neubewertung der EU-Russland-Kooperationsprogramme statt, um zu prüfen, ob die Umsetzung der bilateralen und regionalen Kooperationsprogramme der EU ausgesetzt werden soll. Projekte, die sich ausschließlich mit grenzüberschreitender Zusammenarbeit und der Zivilgesellschaft befassen, sollen allerdings beibehalten werden.

b. Restriktive Maßnahmen (Einfrieren von Vermögen und Visaverbote)

Visaverbote und Vermögenseinfrierungen gelten für insgesamt 151 Personen, für 37 Unternehmen wurde ihr Vermögen in der EU eingefroren. Darunter fallen zum einen 145 Personen und 24 Einrichtungen, die für Aktionen gegen die territoriale Integrität der Ukraine verantwortlich sind, sowie sechs Personen, die russische Entscheidungsträger unterstützen und 13 Einrichtungen auf der Krim und in Sewastopol, die von einer im Gegensatz zu ukrainischem Recht stehenden Eigentumsübertragung profitiert haben.

---

[16] Vgl. das Interview mit der Kanzlerin Angela Merkel im ARD am 05.06.2015 anlässlich des G 7–Gipfels in Elmau und die Abschlusserklärung des Gipfels.

c. Einschränkungen für die Krim und Sewastopol

Die EU hat ein Verbot für Einfuhren aus der Krim und aus Sewastopol verhängt, es sei denn, diese werden von einem Ursprungszeugnis der ukrainischen Behörden begleitet. Investitionen auf der Krim oder in Sewastopol sind verboten. Europäer und in der EU ansässige Unternehmen dürfen auf der Krim keine Immobilien oder Unternehmen kaufen, keine Unternehmen finanziell unterstützen oder damit verbundene Dienstleistungen anbieten.

Zusätzlich ist es Reiseunternehmen aus der EU nicht mehr erlaubt, Tourismusdienstleistungen auf der Krim oder in Sewastopol anzubieten. Insbesondere dürfen europäische Kreuzfahrtschiffe (außer im Notfall) nicht mehr in Häfen rund um die Krim-Halbinsel anlegen. Dies gilt für alle Schiffe, die Eigentum eines Europäers sind oder unter der Flagge eines Mitgliedstaates fahren.

Es ist auch verboten, bestimmte Güter oder Technologien an Unternehmen, die auf der Krim ansässig sind, zu liefern oder diese Güter oder Technologien auf der Krim zu nutzen. Dies betrifft insbesondere die Bereiche Verkehr, Telekommunikation und Energie, aber auch die Prospektion, Exploration und Produktion von Erdöl, Gas und mineralischen Ressourcen. Dienstleistungen in den Bereichen technische Unterstützung, Vermittlung, Bau und Konstruktion dürfen für diese Sektoren nicht zur Verfügung gestellt werden.

d. „Wirtschaftssanktionen" – Maßnahmen, die auf den Handelsaustausch mit Russland in bestimmten Wirtschafts-zweigen ausgerichtet sind

Die am meisten spürbare Sanktion betrifft den Zugang zum Kapitalmarkt, der für Russland deutlich beschränkt wurde.[17] Die EU-Bürger und Unternehmen dürfen keine neuen Anleihen, Aktien oder ähnliche Finanzinstrumente mit einer Laufzeit von höchstens 30 Tagen kaufen oder verkaufen, wenn diese ausgestellt wurden von:

---

[17] Vgl. Voswinkel, Johannes, Der Preis des Wirtschaftskrieges, http://www.zeit.de/wirtschaft/2014-08/russland-putin-ukraine-sanktionen-westen/komplettansicht.

- fünf großen staatlichen russischen Banken, ihren Tochtergesell-
schaften außerhalb der EU und anderen Instituten, die in ihrem
Namen handeln oder unter ihrer Aufsicht tätig sind,
- drei großen russische Energieunternehmen,
- drei großen russischen Rüstungsunternehmen.

Dienstleistungen für die Ausgabe solcher Finanzinstrumente, z.B.
Vermittlungstätigkeiten, sind ebenfalls verboten. EU-Bürger und
Unternehmen können fünf großen russischen Staatsbanken keine
Kredite vergeben.

Bezüglich der Einfuhr und Ausfuhr von Waffen und damit verbundenen Materialen aus und nach Russland wurde ein Embargo verhängt, das alle Elemente betrifft, die auf der Gemeinsamen Militär-
güterliste der EU aufgelistet sind. Es ist also verboten, Waffenhan-
del mit Russland zu betreiben, allerdings gilt das nur für Verträge,
die nach dem 1. August 2014 abgeschlossen wurden.[18]

Die Ausfuhr von Gütern mit doppeltem Verwendungszweck (dual
use) sowie von Technologien für militärische Zwecke oder für militärische Endnutzer (eine Auflistung der Güter erfolgte in einer ent-
sprechenden EU-Liste) ist ebenfalls verboten. Darüber hinaus ist
der Export von Gütern mit doppeltem Verwendungszweck an neun
in der Liste aufgeführten Mischrüstungsunternehmen untersagt.
Weiterhin dürfen russische Unternehmen keine Technologien für
die Tiefsee-Ölförderung und Technologien mit doppeltem Verwendungszweck in der EU erwerben.[19]

Die Ausfuhr bestimmter energiebezogener Ausrüstung und Technologien nach Russland unterliegt der vorherigen Genehmigung
durch die zuständigen Behörden der Mitgliedstaaten. Ausfuhrlizen-
zen werden verweigert, wenn diese für die Exploration und

---

[18] Durch diese zeitliche Zäsur wird dem Grundsatz des Vertrauensschutzes Rechnung getragen.
[19] Das Verbot umfasst technische und sonstige (z.B. Finanzierung) Hilfeleistungen
oder Vermittlung in diesem Bereich.

Herstellung von Produkten aus Tiefsee-Öl, Arktis-Öl oder für Schieferöl in Russland bestimmt sind.

Dienstleistungen, die für die Exploration und Herstellung von Tiefsee-Öl, Arktis-Öl oder Schieferöl in Russland notwendig sind, z. B. Bohrungen, Bohrlochtests oder Protokollierungsdienste, dürfen nicht getätigt werden.

e. Maßnahmen im Bereich der wirtschaftlichen Zusammenarbeit

Am 16. Juli 2014 ersuchte der Europäische Rat die EIB, die Unterzeichnung neuer Finanzierungsoperationen in der Russischen Föderation auszusetzen. Die Mitgliedstaaten der Europäischen Union werden ihre Positionen innerhalb des EBWE-Direktoriums koordinieren, um auch die Finanzierung neuer Operationen auszusetzen.

Der Rat forderte die Kommission auf, die Kooperationsprogramme zwischen der EU und Russland neu zu bewerten, um von Fall zu Fall zu entscheiden, ob die Umsetzung der bilateralen und regionalen EU-Kooperationsprogramme ausgesetzt werden soll. Projekte, die sich ausschließlich mit grenzüberschreitender Zusammenarbeit und der Zivilgesellschaft befassen, werden beibehalten.

2. Kompetenz der EU zum Ergreifen von Sanktionsmaßnahmen

Die Europäische Union hat nach Art. 215 AEUV die Kompetenz zur Verhängung der Wirtschaftssanktionen.[20] Die Umsetzung ist – wie im Unionsrecht üblich – den Mitgliedstaaten überlassen, die an den Beschluss gebunden sind. Die Wirtschaftssanktionen sind durch eine Überschneidung der Handelspolitik mit der Außenpolitik gekennzeichnet.[21] Da beide Bereiche an sich den unterschiedlichen

---

[20] Von diesen „autonomen Handlungen der EU gegenüber Drittstaaten" ist die Umsetzung der UN-Sanktionen durch die EU zu unterscheiden (Vgl. Pech, Susanne (Anm. 6), S: 68).
[21] Vgl. Pyka, Alexander, Wirtschaftssanktionen der Vereinten Nationen und der Europäischen Union. Eine Analyse anhand des Sanktionsregimes gegen den Iran, 2015, S. 59 f.

Kompetenzsphären der EU angehören, zeichnet sich hier ein Spannungsverhältnis ab: für die Handelspolitik ist nach Art. 3 I lit. e AEUV ausschließlich die Union zuständig und es wird mehrheitlich darüber abgestimmt (Art. 217 II AEUV). Der Bereich der GASP ist dagegen größtenteils der Kompetenz der Mitgliedstaaten überlassen und verlangt Einstimmigkeit (Art. 31 EUV).

Um die erforderlichen Maßnahmen nach Art. 215 AEUV ergreifen zu können, wird zuvor ein Beschluss nach Titel V, Kapitel 2 des EUV (Art. 31 EUV) benötigt (einstimmiger GASP-Beschluss). Das Verfahren besteht also aus zwei Schritten. Im ersten Schritt müssen alle Mitgliedstaaten dem Beschluss zustimmen, im zweiten entscheidet der Rat mit qualifizierter Mehrheit. Damit wird mit Art. 215 AEUV eine Brücke zwischen der intergouvernementalen Außenpolitik im Rahmen der GASP und der supranationalen Außenhandelskompetenz geschlagen.[22]

Bei der Ausgestaltung der restriktiven Maßnahmen ist der Rat in seinem Beschluss nicht völlig frei, er hat zwar ein Ausgestaltungsermessen, ist aber gleichzeitig an den GASP-Beschluss gebunden.[23] Als „erforderliche Maßnahme" kommen sowohl kurz- als auch längerfristige Maßnahmen in Betracht, die auf die „Aussetzung, Einschränkung oder vollständige Einstellung der Wirtschafts- und Finanzbeziehungen" zu einem oder mehreren Drittländern abzielen. Damit sind Wirtschaftssanktionen jeder Art möglich.

3. Autonome Sanktionen der Mitgliedstaaten

Da sich die EU als Staatengemeinschaft stets im Wettbewerb der Kompetenzen befindet, stellt sich auch im Bereich der Außenkompetenz, im vorliegenden Fall bezüglich der Wirtschaftssanktionen

---

[22] Vgl. Bungenberg, Marc, in: von der Groeben, Hans/Schwarze, Jürgen, Europäisches Unionsrecht, AEUV Art. 215 Rn. 20 ff. (beck-online.de); Terhechte, Jörg/Schneider, Henning in: Grabitz, Eberhard/Hilf, Meinhard/Nettesheim, Martin, Das Recht der Europäischen Union, 2015, Bd. 1, Art. 215, Rn. 15 ff. (beck-online.de).
[23] Von der Ausgestaltung und dem Grad der Detailliertheit des GASP-Beschlusses hängt schließlich der Ratsbeschluss ab.

die Frage, inwieweit die Mitgliedstaaten eine eigenständige Kompetenz zur Verhängung der Sanktionen besitzen.

In Art. 215 AEUV wird die EU ermächtigt, Wirtschaftssanktionen gegen Drittsaaten und Privatpersonen zu erlassen, was als ein effektives Instrument der Durchsetzung außenpolitischer Ziele betrachtet wird.[24] Diese umfassende Kompetenz verleiht der EU eine nach außen wirkende Kohärenz der Unionsmaßnahmen und überträgt die Verantwortung der Mitgliedstaaten für das auswärtige Handeln in dem Wirtschaftsbereich auf die Unionsebene. Die Mitgliedstaaten werden an Verhängung selbständiger Sanktionsmaßnahmen grundsätzlich gehindert. Das heißt, nach dem Grundsatz der Kompetenzausschließlichkeit sind die staatlichen Maßnahmen nur dann zulässig, wenn die EU-Maßnahme dies ausdrücklich zulässt oder einen Umsetzungsspielraum vorsieht. Diese Regel kann dadurch gerechtfertigt werden, dass mit dieser Flexibilität den verschiedenen Interessen der Staaten entgegengekommen wird, damit die Einstimmigkeit in der GASP erreicht wird. Auf der anderen Seite muss auch der Effektivität und der Kohärenz Rechnung getragen werden, so dass für die Abweichungen in der Praxis kaum noch Raum verbleibt.[25] Die Mitgliedstaaten sind, wie erwähnt, zur Umsetzung der Unionsmaßnahmen nach Art. 215 AEUV verpflichtet.

Es stellt sich die Frage, ob außerhalb des Anwendungsbereichs des Art. 215 AEUV eine Außenkompetenz der Mitgliedstaaten zur Verhängung von Wirtschaftssanktionen besteht. Dies wäre in Situationen vorstellbar, in denen nur ein oder einige EU-Staaten von Maßnahmen eines Drittstaates betroffen wären, auf die mit wirtschaftlichen Sanktionen reagiert werden kann. Eine andere denkbare Konstellation besteht, wenn wegen mangelnder Einstimmigkeit kein GASP-Beschluss gefasst werden kann.

Das Gebot der Gemeinschaftstreue (Art. 5 Abs. 3 EUV) und die ausschließliche Kompetenz der EU im Bereich der gemeinsamen

---

[24] Vgl. Terhechte/Schneider, (Anm.22), Rn. 1, S. 179.
[25] Vgl. Schneider (Anm. 4), S. 210; Kokott, Juliane in: Streinz, Rudolf, EUV/AEUV Art. 215, Rn. 7 (beck-online).

Handelspolitik (Art. 3 Abs. 1 lit. E AEUV) sprechen gegen die Möglichkeit, selbständige außenpolitische Handlungen durch die Mitgliedstaaten vorzunehmen. Jedenfalls ist der Mechanismus des Art. 215 AEUV als vorrangig anzusehen. Auf der anderen Seite kann sich aus dem Prinzip der übertragenen Einzelkompetenzen ergeben, dass in Situationen, in welchen die Union nicht imstande ist, zu handeln, den Mitgliedstaaten die Möglichkeit nicht genommen werden darf, „auf eigene Faust" Sanktionen zu ergreifen. Dafür spräche auch Art. 347 AEUV, in dem ein Vorbehalt zugunsten der Mitgliedstaaten für notstandsähnliche Fälle vorgesehen ist. Die einzelstaatlichen Maßnahmen sind demzufolge zum Schutz der inneren Sicherheit, im Kriegsfall oder bei einer ernsten, eine Kriegsgefahr darstellenden internationalen Spannung erlaubt. Solche Sanktionsmaßnahmen setzen voraus, dass sich die Mitgliedstaaten miteinander ins Benehmen setzen und dass das Funktionieren des Binnenmarktes nicht unverhältnismäßig beeinträchtigt wird.[26]

4. Russische Reaktion

Auf die russische Reaktion auf die EU-Sanktionen musste man nicht lange warten – diese Maßnahmen wurden als Versuch der Erniedrigung Russlands und der Einflussnahme auf die russischen Innenverhältnisse interpretiert. Daher wurde im August und im Oktober 2014 ein Embargo (Importverbot) für Lebensmittel aus der EU, den USA, Kanada und Norwegen verhängt. Im September 2014 wurde auf die Ukraine und die EU Druck ausgeübt, indem die Gaslieferungen über das ukrainische Gebiet in Frage gestellt wurden. Eine Kompromissbereitschaft und Suche nach diplomatischen Lösungen zeichnen sich in Russland nur bedingt ab.

5. Auswirkungen der Sanktionen auf Russland

Die Sanktionen haben in vielen Lebensbereichen konkrete negative Auswirkungen. Zwar liegt die Hauptursache der russischen Wirtschaftskrise im niedrigen Ölpreis, die Sanktionen tragen jedoch zweifellos zur Verschlechterung der Lage bei. Sowohl in der

---

[26] Vgl. Terhechte/Schneider (Anm.22), Art. 215, Rn. 38.

Wirtschaft, Verwaltung, Militär und in der Energiebranche als auch in der Politik und Gesellschaft führten die Maßnahmen bereits zu Veränderungen.[27]

a. Auswirkungen in der Wirtschaft und Verwaltung

Die russische Wirtschaft ist durch strukturelle Defizite, einen starken politischen Einfluss, oligarchische Strukturen und Korruption in allen Bereichen des öffentlichen Lebens gekennzeichnet. Die Sanktionen verschärften die Lage durch erschwerten Zugang zu Krediten sowie durch die die Kapitalflucht und den Investitionsschwund.[28] Die Währung verlor massiv an Wert, was zur Inflation (6%), Konsumschwund und zu fiskalen Problemen führte.[29] Die EU-Sanktionen, vor allem im Bereich der Finanzen und Unternehmen, führten zum Vertrauensverlust der ausländischen und inländischen Investoren, was einen großen Kapitalabgang in andere Märkte, einen schwachen Rubel und Inflation bedeutet.

Eine loyale Verwaltung ist für die russische Führung enorm wichtig.[30] Ein großer, regimetreuer Verwaltungsapparat soll die Kontrolle über der Gesellschaft haben, von der westeuropäischen Vorstellung über die Grundsätze der Rechtsstaatlichkeit in der Verwaltung ist die russische Realität weit entfernt. Es herrscht Korruption und Rechtsbeugung. Die Wirtschaftssanktionen verstärkten diese Tendenzen. Allerdings wurde den Beamten verboten, ausländische Aktiva zu erwerben und sich von ausländischen Staaten finanziell unterstützen zu lassen sowie wurde davon abgeraten, ins Ausland zu reisen. Stattdessen sollten sie ihren Urlaub auf der Krim verbringen. Personen mit doppelter Staatsangehörigkeit sollten sich bei den Behörden melden und sich zwischen dem Beibehalten des zweiten

---

[27] Die nachfolgende Darstellung stützt sich auf eine Analyse des Polnischen Instituts für Auswärtige Angelegenheiten aus dem Jahre 2015 unter dem Titel: Die Sanktionen und Russland (Sankcje i Rosja, PISM 2015, https://www.pism.pl/publikacje/ksiazki/Sankcje_i_Rosja) sowie auf andere angegebene online-Quellen.

[28] Vgl. Voswinkel, Johannes, Der Preis des Wirtschaftskrieges, http://www.zeit.de/wirtschaft/2014-08/russland-putin-ukraine-sanktionen-westen/komplettansicht.

[29] Vgl. Sankcje i Rosja (Anm. 27), S. 47 ff.

[30] Vgl. Sankcje i Rosja (Anm. 27), S. 73 ff.

Passes oder einem Job in der öffentlichen Verwaltung entscheiden. Die ergriffenen Maßnahmen können dazu führen, dass sich ein Teil der Beamten von der Putin-Politik distanziert oder sie zumindest insgeheim missbilligt, jedoch ein Aufstand in diesen Reihen ist nicht zu erwarten.

b. Auswirkungen in der Gesellschaft und auf die Oligarchen

Die russische Gesellschaft, seit Jahren durch die Regierungspropaganda manipuliert, war zunächst bereit, die Folgen und Kosten des Embargos zu tragen.[31] Sie schien zu Beginn der Einführung von Sanktionen sich nicht über den direkten Einfluss auf das tägliche Leben bewusst zu sein.[32] Die Unterstützung der Regierung und seiner Maßnahmen, sowohl in Bezug auf die Ukraine als auch auf die Verhängung der Gegensanktionen auf Waren aus der EU, war erstaunlich groß. Mit wachsenden Preisen und Inflation wurde aber deutlich, dass auch die Bürger die Kosten der Ukraine-Politik zu spüren bekommen. Trotzdem sind die Anhänger der Regierung in der Mehrheit, was in Russland immer bei äußeren Bedrohungen der Fall war. Der Staat kürzt die Bürgerfreiheiten, kontrolliert Medien und Internet und unterdrückt jegliche Formen der Oppositionstätigkeit. Gleichzeitig werden Patriotismus, konservative Werte und Maßnahmen zur Förderung der Jugend nach Kreml-Vorstellungen propagiert.

Die Oligarchie ist in Russland ein besonders negativ geprägter Begriff. Die engen Verbindungen zwischen der Politik und den Konzernen machen deutlich, dass in Russland die Oligarchen als Werkzeug der Politik und des Staates anzusehen sind.[33] Wer dem Kreml treu ist, kann in Sicherheit sein Vermögen mehren und behalten. So entsteht eine „win-win" Situation. Die Zahl der Milliardäre wächst in

---

[31] Der Zugang zu westeuropäischen Krediten wurde erschwert, das Kapital wird ins Ausland verlagert. Dazu kommen der Verlust der Auslandsinvestitionen und die sinkenden Ölpreise.

[32] Vgl. Sankcje i Rosja (Anm. 27), S. 59 ff.

[33] Zwar hat der Einfluss der „alten" Moskauer Oligarchen etwas abgenommen, ein neuer Kreis der persönlichen Freunde von Putin (Petersburger Oligarchen) gewinnt dagegen seit einigen Jahren an Bedeutung.

Russland ständig.[34] Gegen diese, mit Putin eng verbundenen Geschäftsleute, richten sich die personen- und vermögensbezogenen Sanktionen.

Der begrenzte Zugang zu ausländischen Krediten lässt sich durch die staatliche Förderung etwas abschwächen, jedoch auf längere Sicht ist die Situation nicht tragbar. Der Verlust ausländischer, europäischer Partner und Finanzierungsquellen führt zum Einstellen gewisser Investitionen (z. B. Jamal LNG in Sibirien) und zur Suche nach Alternativen. Die Oligarchen betonen aber trotzdem öffentlich ihre Unterstützung für die Kreml-Politik, wofür sie entsprechend „belohnt" werden. Ein verstärkter Konkurrenzkampf innerhalb Russlands macht sich bemerkbar.[35] Es ist schwer einzuschätzen, wie sich die Sanktionen im längeren Zeitraum auf das Verhalten der Oligarchen auswirken.

c. Auswirkungen in der Energiebranche und im Militärbereich

Die Sanktionen wirken sich direkt aus auf die wirtschaftliche Tätigkeit im Bereich der Energiegewinnung, vor allem bei Öl- und Gasförderung. Das europäische Exportverbot der Tiefseebautechnologien zieht unmittelbare Hindernisse für die Firmen nach sich, die mit der Suche nach Öl- und Gasreserven im russischen Festlandsockel in der Arktis beauftragt sind, d. h. Rosnieft und Gazprom. Das geplante Fördervolumen kann wegen der Sanktionen nicht erreicht werden und die Projekte werden teilweise gestoppt.[36]

Das Verbot, mit Russland Waffenlieferungsverträge abzuschließen, hat grundsätzlich eine eher symbolische Bedeutung, da sowohl das Export- als auch Importvolumen kein besonders großes Gewicht haben.[37] Einen erheblich größeren Wert haben die Exporte der dual-use Güter.[38]

---

[34] Angaben nach: Forbes.com.

[35] D.h. der Kampf um die inländischen Investitionen od. im Bereich der Ölindustrie.

[36] Da diese Ressourcen die Hauptquelle der Staatsfinanzen sind, trägt das Verbot zu einer Rezession bei.

[37] Der Wert der russischen Exporte in die EU in den Jahren 2011-2013 betrug 75 Mio. USD, der Importe 2010-2013: 33 Mio. USD.

[38] Er wird auf 20 Milliarden USD jährlich geschätzt.

Der erschwerte Zugang zu Technologien zwingt Russland zur Erschließung von neuen Quellen und Lieferanten (China, Belarus) und zu einer eigenständigen Forschung und Produktion. Bis 2017 möchte Russland die bislang importierte Rüstungsproduktion durch die eigene ersetzen und ab 2020 selbständig die Produktion der Weltallraketen bewältigen. Dieser Zeitplan wird wahrscheinlich nicht eingehalten, da nicht nur die Kosten, sondern auch die Umsetzung der Ziele durch den Bau moderner Betriebe, Ausbau der Infrastruktur und Personals ohne Zugang zu ausländischen Technologien gravierende Schwierigkeiten bereiten werden. Allerdings genießt das Militär in Russland eine privilegierte Stellung. Daher kann man vermuten, dass in diesem Bereich nicht gespart wird. Durch die Aufhebung der Rüstungsverträge zwischen der Ukraine und Russland sowie durch das Embargo auf dual-use Technologien wird Russland, solange es nicht eigenständig produzieren kann, Schwierigkeiten bei Erfüllung der vertraglichen Verpflichtungen gegenüber Drittstaaten (z.B. Indien) haben.

Russland stellt im Bereich der Rüstung und des Militärs auf Eigenständigkeit und Unabhängigkeit ab. Die Umdeutung der Kriegsdoktrin und der nationalen Sicherheitsstrategie – inklusive das Recht zum Präventionsschlag, begünstigt die militärische Entwicklung des Landes und seine Konfrontationsbereitschaft.

6. Aussichten für Russland

Von Anfang an bestritt Russland die Möglichkeit, dass die Sanktionen seine Politik gegenüber der Ukraine ändern könnten. Einerseits wurden die EU und die USA verbal massiv angegriffen, indem ihnen die Schuld an den Ereignissen in Kiew (Majdan) zugeschrieben wurde, andererseits wollte Russland die europäischen Unternehmen als unmittelbar betroffen für sich gewinnen, indem die EU beschuldigt wurde, die eigenen Wirtschaftsträger an den Kontakten zu Russland zu hindern und somit auch der eigenen Wirtschaft zu schaden.

Die Gegensanktionen Russlands – Importverbote für Lebensmittelprodukte aus den USA, der EU, Australien, Kanada und Norwegen – werden in Russland auch als eine Chance für die Entwicklung der heimischen Landwirtschaft angesehen. Die Verbote werden auch teilweise umgangen, indem nach Russland z.B. europäische Produkte über Belarus oder illegal eingeführt werden.

Die Sanktionen führen dazu, dass der betroffene Staat gezwungen ist, seine wirtschaftlichen Beziehungen zu anderen Partnern zu entwickeln und neue Bündnisse einzugehen, was letztendlich einen dauerhaften Verlust für die bisherigen Partner bedeuten kann. Russland hat 2014 die Euroasiatische Wirtschaftsunion ins Leben gerufen, zu der außer Russland Belarus, Kasachstan, Armenien und Kirgistan gehören. Moldau, das mit der EU mit einem Assoziierungsabkommen verbunden ist, wurde durch Russland mit Exportverboten schikaniert. Im Kaukasus versucht Russland, seine Positionen zu verstärken, indem z.B. Abchasien nach und nach in das russische Rechtssystem integriert und de facto annektiert wird. Georgiens Schicksal ist, angesichts der Ereignisse 2008, ebenfalls ungewiss.

Angesichts der westeuropäischen Sanktionen und drohender Isolation muss Russland andere strategische Partner suchen. Die Orientierung nach Asien, insbesondere zu China, ist verständlich. Die Gaslieferungen nach China wurden nun vertraglich zu günstigen Konditionen vereinbart und ab 2019 soll mit der Lieferung begonnen werden. Allerdings muss Russland noch gewaltige Investitionen in die Pipeline tätigen.

Auch in anderen Bereichen, vor allem im Banken- und Börsensektor, sowie im technologischen Bereich sucht Russland nach Möglichkeiten auf den asiatischen Märkten. In China sollen auch u. a. russische Atomkraftwerke entstehen. Russland führt ebenfalls Gespräche mit anderen asiatischen Staaten, z. B. mit Indien, Indonesien, Mongolei oder Vietnam. Im Nahen Osten kann man ebenfalls eine verstärkte russische Präsenz beobachten – das Waffenembargo gegenüber Pakistan wurde aufgehoben und Ägyptens

Lebensmittelexporte nach Russland ersetzen zum Teil die europäischen. Die militärische Unterstützung im Kampf gegen den Terrorismus in Syrien bestätigt den Willen Russlands, sich längerfristig im Nahen Osten zu engagieren.

Der russische Kurswechsel in Richtung Asien kann sich in längerer Perspektive als trügerisch entpuppen. China wird sich als Global-Player wahrscheinlich nicht auf eine enge, einseitige Partnerschaft einlassen wollen, denn die westeuropäischen Kontakte darf China nicht vernachlässigen. Russland wird daher diese Strategie durchdenken müssen. Gewiss wird die russische Position in der Einflusszone im ehemaligen sowjetischen Bereich konsolidiert, was einerseits zunächst zu einer stärkeren Bindung der Länder an Russland führt, andererseits Proteste in der Zivilbevölkerung auslösen kann.

Wirtschaftlich versucht Russland andere Märkte zu gewinnen und sich unabhängig zu machen, jedoch die Realität zeigt, dass ein geringer oder kein Wirtschaftswachstum zu erwarten ist. Die Hauptursache dafür stellt der erschwerte Zugang zu ausländischen Krediten dar. Für die meisten nicht-europäischen ausländischen Investoren ist Russland deswegen nicht sicher genug, abgesehen davon, dass sie die Beziehungen zu EU-Ländern nicht aufs Spiel setzen wollen.

Um sich künftig mit Geld versorgen zu können, wurde im Juli 2015 auf dem BIRCS[39]-Gipfel in Ufa beschlossen, eine gemeinsame BRICS-Entwicklungsbank und ein gemeinsames System für Währungsreserven ins Leben zu rufen. Auf diese Weise sollte die europäische Dominanz im Finanzsektor durchbrochen und gegenseitige Hilfe im Fall der Sperrung des Zugangs zu westlichen Finanzmärkten geboten werden.[40] Der Gipfel sollte darüber hinaus politisch zeigen, dass die russische Isolation überwunden sei.

Politisch gesehen wird Russland in absehbarer Zeit nicht bereit sein, seine Politik gegenüber der Ukraine zu korrigieren, daher stellt

---

[39] Brasilien, Russland, Indien, China und Südafrika.
[40] http://www.money.pl/gospodarka/wiadomosci/artykul/szczyt-brics-szansa-na-wyjscie-rosji-z,216,0,1850328.html.

sich die Frage, ob verstärkte Sanktionen eine Einlenkung bewirken können und falls nein, wie Europa darauf reagieren soll. Die völkerrechtwidrige Annexion der Krim und die Unterstützung der Separatisten im Osten der Ukraine dürfen von der EU nicht gebilligt werden. Allerdings kann die gegenüber dem Westen betriebene Charme-Offensive Russlands durchaus Wirkung zeigen. Die europäischen Krisen nutzt Kreml für seine Zwecke sehr geschickt aus, was deutlich in der Griechenland-Krise oder Flüchtlingskrise sichtbar ist. Alles, was Europa in seiner Einheit schwächt, kann Vladimir Putin freuen.

In Polen wird zum Teil vertreten, dass Russland eher ein „strategisches Problem" als ein Partner für Europa und seine Werte sei.[41] Russlands Reaktion deutet nicht auf einen Wechsel in der Ukraine-Politik hin, die Sanktionen sollen deshalb verstärkt werden. Das Feindbild der EU und der USA als potenzielle Aggressoren wird in Russland massiv verbreitet, daher sollte freiheitliche Informationskampagne („Anti-Propaganda") betrieben werden.

Die scheinbare Verhandlungs- und Kompromissbereitschaft Russlands führt, wie das Minsker Abkommen zeigt, nicht zur Lösung des Konflikts, sondern höchstens zu seinem Einfrieren. Es wird zurzeit vermutet, dass Russland durchaus bereit wäre, Donbass als Teil der Ukraine zu akzeptieren, um ein Gegenpol zu den Anhängern der EU-Annäherung der Ukraine im Land zu haben. Da die EU an einer Stabilisierung in der Region interessiert ist, wird es möglich sein, dass einige Sanktionen ausgesetzt werden, was ein fatales Signal für die Ukraine wäre.

IV. Zwischenstaatliche Sanktionen Russland-Polen

Wie zu Beginn erwähnt, erfuhr Polen in den Jahren vor der Krim-Annexion mehrmals wirtschaftliche Attacken seitens der Russischen Föderation, die primär politischer Natur waren, jedoch verkleidet in Maßnahmen zum Gesundheitsschutz oder Einfuhrverbote

---

[41] Vgl. Sankcje i Rosja (Anm. 27), S. 109 ff.

wegen Nichterfüllung bestimmter russischer sanitärer Vorschriften. Diese zwischenstaatlichen de facto-Sanktionen warfen die Frage auf, inwieweit hier die Kompetenz der EU zum Ergreifen von Gegenmaßnahmen besteht und ob das gegenseitige Loyalitätsprinzip nach Art. 4 Abs. 3 EUV die EU zur Unterstützung des von wirtschaftlichen Sanktionen betroffenen Staates verpflichtet.

1. Polnische Position

Die von den betroffenen polnischen Unternehmen und der polnischen Regierung hervorgebrachten Argumente zielten darauf ab, dass es sich bei solchen Verboten nach dem EU-Beitritt Polens nicht mehr um polnische, sondern vielmehr um europäische Waren handelte. Für die Handelspolitik sei ja bekanntermaßen die Union zuständig. Darüber hinaus wurde auf die Willkür der russischen Praktiken hingewiesen, da die angeblichen sanitären Vorschriften an sich nur ein Deckmantel für politische Schikanen waren.

2. Europäische Handlungspflicht?

Aus dem EUV und dem AEUV ergeben sich tatsächlich Verpflichtungen zur Solidarität und Loyalität zwischen der Union und den Mitglied-staaten. Der Lissaboner Vertrag statuiert ausdrücklich eine „gegenseitige" Verpflichtung zur loyalen Zusammenarbeit. Nach Art. 4 Abs. 3 EUV „achten und unterstützen sich die Union und die Mitgliedstaaten gegenseitig bei der Erfüllung der Aufgaben, die sich aus den Verträgen ergeben." Dieser Grundsatz der Loyalität bildet ein fundamentales Verfassungsprinzip und durchdringt die ganze Unionsrechtsordnung. Er ist kein bloßer Programmsatz, sondern besitzt rechtliche Verbindlichkeit.[42]

Für den Einzelnen entfaltet es aber, wegen Unbestimmtheit und mangelnder Unbedingtheit, keine unmittelbare Wirkung.[43] Im Art. 4 Abs. 2 EUV wird bereits die Achtung der Union gegenüber den

---

[42] Vgl. Kahl, Wolfgang, Art. 4 EUV, in Calliess, Christian/Ruffert, Matthias, EUV/AEUV, 2011, Rn. 42 ff., (beck-online): „Art. 4 Abs. 3 kann unter bestimmten Voraussetzungen unmittelbar autonome Pflichten der Mitgliedstaaten oder der Union begründen, die im EU-Recht jedenfalls nicht explizit angelegt sind."
[43] Kahl, Wolfgang (Anm. 42), Rn. 44, (beck-online.de).

Mitglieds-staaten konkretisiert (Gleichheit, Identität und Staatlichkeit). Der EuGH betont, dass die Verpflichtung zur loyalen Zusammenarbeit „ihrer Natur nach beiderseitig" sei.[44] In der Literatur spricht man von einem Grundsatz des „mitgliedstaatsfreundlichen Verhaltens", der eine umfassende Verpflichtung zur Rücksichtnahme auf die Belange der Mitgliedstaaten beinhaltet.[45] Diese Verpflichtung gilt sowohl im rechtlichen als auch im tatsächlichen Bereich und bildet für die EU, neben den anderen Prinzipien wie Subsidiarität und Verhältnismäßigkeit, eine Kompetenzausübungsschranke.[46] Neben der Verpflichtung zur Loyalität ist in den Verträgen das Prinzip der Solidarität als ein verfassungsrechtlicher Grundsatz des Unionsrechts zu finden.[47]

Es stellt sich also die Frage, ob auch im vorliegenden Fall, wenn ein Drittstaat gegenüber einem oder mehreren Mitgliedstaaten der EU-Sanktionen verhängt, die Union zur Solidarität verpflichtet ist und wie sich diese äußern können. Die Zuständigkeit der EU im Bereich der gemeinsamen Handelspolitik hat einen ausschließlichen Charakter (Art. 3 Abs. 1, lit. e AEUV). Wenn die Handelspolitik eines EU-Mitgliedstaates durch Sanktionen beeinträchtigt wird, betrifft dies direkt die Kompetenzen der Union. Es handelt sich hier um einen Bereich, in dem Aufgaben erfüllt werden sollen, die sich aus den Verträgen ergeben, also um den Anwendungsbereich des Art. 4 Abs. 3 EUV. Die „gegenseitige Unterstützung" erfordert, dass zumindest eine solidarische Erklärung seitens der EU abgegeben werden soll, wenn sich der Staat an die Kommission wendet und um Unterstützung bittet.

Die Erfahrung zeigt, dass die EU in Bezug auf die Antwortbereitschaft in solchen Situationen sehr zögerlich reagiert. Rechtfertigen

---

[44] EuGH, Rs. C-339/00, Slg. 2003, I-11 757, Rn. 72 (Irland/Kommission).
[45] Vgl. Kahl, Wolfgang (Anm. 42), Rn. 105. m. w. Nachweisen; Streinz, Rudolf, in: Streinz, EUV/AEUV, 2012, Rn. 30.
[46] Vgl. Kahl, Wolfgang (Anm. 42), Rn. 106.
[47] Vgl. Bogdandy, Armin von, in: von Bogdandy, Armin von/Bast, Jürgen (Hrsg.), Europäisches Verfassungsrecht, 2009, S. 13 (69). Explizit wird Solidarität u.a. in Art. 2, 24 Abs. 2, 25 lit. c, 31 Abs. 1 U Abs.2 S. 2 und 3, 32, 34, 35 EUV und in Art. 121 Abs. 1, 146 Abs. 2, 168 Abs. 2, 171 Abs. 2, 173 Abs. 2, 175 Abs. 1, 222, 325 Abs. 3 S. 2, 351 Abs. 2 S. 2 AEUV erwähnt.

lässt sich dies durch die möglichen Interessenskonflikte innerhalb der Union und damit, dass diese russischen Maßnahmen sich nicht gegen die EU, sondern lediglich gegen bestimmte Produkte aus einem Land richteten, die den russischen Anforderungen nicht entsprachen.

Vorstellbar wäre eine praktische Unterstützung der EU für die Mitgliedstaaten in ähnlicher Form wie bei dem russischen Embargo auf EU-Waren 2014. Am 30. Sept. 2014 wurde ein zweites Unterstützungs-programm für Landwirte beschlossen, die von den russischen Sanktionen betroffen sind (165 Mio. €). Davor wurden bereits 125 Mio. € zur Verfügung gestellt. Profitieren von der Entschädigung konnten Landwirte, die Äpfel, Birnen, Zitrusfrüchte, Möhren, Gurken, Paprika, Tomaten, Pflaumen oder Weintrauben anbauen und die Waren entweder kostenlos an Bedürftige abgeben oder von der Ernte absehen oder sie kompostieren. Für polnische Landwirte war bei dem zweiten Paket weniger Mittel vorgesehen als beim ersten, weil Polen bereits aus dem ersten Paket relativ viele Mittel beantragt und bekommen hat. Nach Verlängerung der Sanktionen im Sommer 2015 wurden erneut Hilfen für Landwirte beschlossen.[48] Der Widerstand gegen die Sanktionen ist in der Landwirtschaftsbranche verständlicherweise groß.[49]

3. Völkerrechtliche Beurteilung

Die Verletzungen des Völkerrechts durch Russland haben die Sanktionen der Europäischen Union ausgelöst. Wie zu Beginn erwähnt, stellen Wirtschaftssanktionen ein zulässiges Handlungsmittel und nur ausnahmsweise eine verbotene Intervention dar. Im

---

[48] http://deutsche-wirtschafts-nachrichten.de/2015/08/01/eu-verspricht-bauern-neue-millionen-fuer-ausfaelle-wegen-russland-sanktionen/

[49] Allerdings haben polnische Landwirte laut Analyse von Wirtschaftsexperten aus Polen und Russland dank der EU-Hilfen und Erschließung neuer Märkte sowie der Anpassungsfähigkeit poln. Produzenten kaum die negativen Auswirkungen des Embargos gespürt. Der poln. Export der Landwirtschaftsprodukte verzeichnete 2014 insgesamt ein Wachstum von 7,1%. Vgl. den Artikel von Ernest Wyciszkiewicz und Ewgenij Gontmacher in der russ. Zeitung „Wiedomosti" vom 03.11.2015, http://www.biztok.pl/gospodarka/rosyjskie-embargo-nie-zaszkodzilo-gospodarce-polski_a22632.

vorliegenden Fall sind die Sanktionen völlig legitim und gefährden die russische Souveränität nicht. Auch die Antwort mit Gegenmaßnahmen ist völkerrechtlich nicht zu beanstanden. Ob die einseitigen russischen Importverbote für polnische Waren gegen das allgemeine Völkerrecht verstoßen, könnte anhand des wirtschaftlichen Diskriminierungsverbots oder einer völkerrechtlichen Pflicht zur wirtschaftlichen Zusammenarbeit geklärt werden. Da jeder Staat selbst entscheiden darf, mit welchen Partnern er wirtschaftliche Beziehungen aufrechterhält und die Importverbote nur bestimmte Waren betreffen, verletzt das russische Vorgehen nicht das Völkerrecht.[50]

V. Fazit und Aussichten

Bei der Verhängung von Sanktionen ist immer die Abwägung der politischen, ökonomischen und gesellschaftlichen Kosten und Nutzen einer wirtschaftlichen Sanktion nötig.[51] Eine geschwächte, destabilisierte Gesellschaft mit kaputter Wirtschaft garantiert keinesfalls eine positive Wende der staatlichen Politik. Durch die Sanktionen wird zwar Russland geschwächt, ihre negativen Auswirkungen sind aber auch Europa deutlich zu spüren. Es wird geschätzt, dass in Europa 2 Millionen Arbeitsplätze dadurch bedroht sind, darin 0,5 Millionen[52] in Deutschland. Etwa 100 Milliarden Euro werden europaweit in der Wertschöpfung eingebüßt. Für viele stellt sich die Frage, ob diese Maßnahmen sinnvoll sind und zur positiven Entwicklung und tatsächlich zur Einlenkung Moskaus in der Ukraine-Krise führen. Die Stimmen, der Schaden für die europäische

---

[50] Eine andere, komplexe Frage betrifft d. Verletzung vertraglicher Verpflichtungen im Rahmen d. WTO.

[51] Die Effektivität der breit gefächerten Sanktionen hat sich in der Vergangenheit oft als unzureichend, sogar als verfehlt erwiesen, da die Maßnahmen eher die Armut der Bevölkerung verstärkten und weniger Einfluss auf die Entscheidungen der Regierenden hatten. Vgl. dazu den Brief der ständigen Vertreter der SR-Mitglieder an den SR-Vorsitzenden aus dem Jahre 1995 (S/1995/300). Als ein Beispiel der Wirksamkeit der Sanktionen wird der Iran genannt, der sich 2012 zu Gesprächen über das Atomprogramm bereit erklärte.

[52] Angaben nach WiFo: Elisabeth Christen/Oliver Fritz/Peter Huber/Gerhard Streicher, Makroökonomische Effekte des Handelskonflikts zwischen der EU und Russland, S. 19 ff. Laut Umfragen haben 70 % der deutschen Firmen nicht vor, ihre wirtschaftliche Tätigkeit in Russland einzustellen.

Wirtschaft sei unverhältnismäßig groß, werden immer lauter. In Polen dagegen wird die Meinung vertreten, dass ausschließlich die Verschärfung der Sanktionspolitik Russland zum Einlenken in der Ukraine-Frage zwingen kann. Es ist nicht vorstellbar, dass Russland freiwillig die Krim aufgibt, auch im Donbass werden sich die Separatisten nicht ohne Druck zurückziehen. Die Minsker Vereinbarungen werden nur zum Teil respektiert, vielerorts kommt es zu Kämpfen, bei denen bereits Tausende gestorben sind.

Europa ist hier also gepalten, die europäische Einheit ist gefährdet und durch diese und andere Krisen geschwächt. In letzter Zeit sind in Europa zahlreiche Beispiele mangelnder Einigkeit in Bezug auf die Russland-Sanktionen zu verzeichnen:[53]

Im September 2015 haben die größten europäischen Energiekonzerne (BASF, E.ON, ENGIE, OMV, Royal Dutch Shell) mit Gazprom Verträge zum Ausbau der Pipeline Nord Stream II unterschrieben. Es wird vertreten, dass die Verträge nicht gegen die Sanktionen verstoßen, da sich die Sanktionen nicht auf die Gasindustrie erstrecken. Es sollen bis 2020 zwei Piplines aus Russland über die Ostsee nach Deutschland gebaut werden. Damit werden Gaslieferungen nach Europa ohne den „Umweg" über die Ukraine möglich. Polen interpretiert diese Verträge als Gefahr für die eigene energetische Sicherheit und als Verrat der Solidarität mit der Ukraine. Da Russland nun direkt Gas liefern kann, kann die Jamal-Pipeline als überflüssig betrachtet werden, was für Polen erhebliche negative Auswirkungen haben könnte.[54] In Deutschland werden die direkten Gaslieferungen durchaus begrüßt, deshalb werden der Verwirklichung der Verträge politisch keine Schwierigkeiten gemacht. Gazprom wird sowohl das Gas fördern und liefern als auch Eigentümer der Pipeline bleiben (was gegen das europäische Recht verstößt).

---

[53] Auch in den USA gibt es Stimmen gegen die Sanktionen, z.B. durfte das Pentagon von Russland keine Raketenmotoren mehr kaufen, die in den militärischen Weltallmissionen genutzt werden, was enorme Schwierigkeiten mit der Beschaffung von alternativen Motoren bereitete und deshalb zum Druck auf den Kongress führte, dieses Verbot zu lockern.

[54] http://www.money.pl/gospodarka/wiadomosci/artykul/nord-stream-ii-co-oznacza-dla-polski, 117,0,1897077.html.

Darüber hinaus erwirbt der Konzern den größten Gasspeicher in Europa. Als Gegenleistung bekommt Wintershall (BASF-Tochter) Zugang zu Gasressourcen in Sibirien.

Auch die Slowakei spricht sich gelegentlich gegen die Sanktionen aus, da dieses Land von russischen Gaslieferungen abhängig ist und einen Anschluss des Landes (über die geplante Pipeline „Eastring", die durch Slowakei, Ungarn, Bulgarien und Rumänien führen sollte) an die Pipeline „Turkish Stream" (über Schwarzes Meer in die Türkei) erwägt, der ihr von Russland in Aussicht gestellt wurde.[55] Russland beabsichtigt, durch den Bau von Turkish Stream, den Gas-Transit über die Ukraine, an dem die Slowakei hängt, bis 2020 einzustellen. Außerdem möchte die Slowakei ihre Raketensysteme S-300 modernisieren, die von der durch die Sanktionen betroffenen Firma Almaz-Antiej hergestellt werden. Zwar bestätigt die slowakische Führung, dass Russland die Minsker Vereinbarungen umsetzen soll, damit die EU von den Sanktionen absehen kann, jedoch vertritt sie dabei die Meinung, dass ein Dialog und freundschaftliche Beziehungen notwendiger seien als Sanktionen, die mehr Schaden als Nutzen bringen.

Zu den Staaten, die gegen die Sanktionen stimmen, gehören auch Griechenland, Zypern und Ungarn. In der Duma liegt ein Antrag vor, wonach griechische Produkte von den Sanktionen ausgenommen werden sollten.[56]

Die Einheit und Solidarität in Europa werden in letzter Zeit auch wegen des Flüchtlingsproblems auf den Prüfstand gestellt. Russland weist die Schuld für die Unruhen in den arabischen Ländern den USA und Europa zu, die nicht an die Konsequenzen des Zerfalls der Diktaturen in der Region nachgedacht haben. Ein durch das Flüchtlingsthema geteiltes Europa ist Vladimir Putin sehr willkommen. Er positioniert sich als Retter und Verteidiger vor dem IS. Sein Engagement in Syrien wurde zwar schnell durchschaut, an Europas

---

[55] http://www.money.pl/gospodarka/unia-europejska/wiadomosci/artykul/rosjanie-kupili-slowakow-bratyslawa-zrywa-z,253,0,1818877.html.
[56] http://nf.pl/przedsiebiorca/rosyjska-duma-chce-zniesienia-embarga-dla-grecji,,52130,227.

Unfähigkeit, mit geeigneten Mitteln zu reagieren, hat sich jedoch nichts geändert. Ein geteiltes Europa wird sich nach Putins Kalkül auch bei Verlängerung der Sanktionen uneinig werden. Tatsächlich ist die Einigkeit in der EU bezüglich der wirtschaftlichen Sanktionen schwer zu erreichen und nur mit Unterstützung der größten Mitgliedstaaten – Deutschlands und Frankreichs möglich.[57]

Die südlichen EU-Länder erwarten von den osteuropäischen Staaten Solidarität in den Angelegenheiten, die sie unmittelbar betreffen, daher ist ein europäischer Zusammenhalt, unabhängig davon, wie hoch die geografische Entfernung vom jeweiligen Problem ist, von essenzieller Bedeutung.

Viele Interessen der europäischen Staaten sprechen dafür, die Sanktionen gegenüber Russland einzustellen oder zumindest – um das Gesicht zu wahren – sie auf eine bestimmte Zeit auszusetzen. Das Einfrieren des Konflikts kann dies begünstigen. Es wäre aber ein eindeutiges Zeichen der europäischen Schwäche. Moskau ist und bleibt unberechenbar und hält sich nicht an die europäischen Werte und Regeln. Eine schnelle Lösung des Konflikts in der Ukraine ist nicht in Sicht und verlangt sowohl diplomatische Anstrengungen als auch Taten, zu denen auch die Aufrechterhaltung der Sanktionen, solange bis die Verletzungen ukrainischer territorialer Souveränität nicht eingestellt werden, zählt.

---

[57] http://swiat.newsweek.pl/sankcje-wobec-rosji-utrzymane-dzieki-francji-i-niemcom,artykuly,359444,1.html.

Vadzim Samaryn:

Belarus, ein Mittler zwischen Russland und der europäischen Union

„Reißen Sie uns bitte nicht auseinander!"
Staatspräsident Lukaschenka, 6.11.2015

1. Einleitung

Belarus lag immer im Zentrum Europas: die Handelswege gingen von Osten nach Westen und von Norden nach Süden und in umgekehrter Richtung durch dieses Land. Auch Kriege überzogen das Land in diesen Richtungen. Die Menschen in Belarus wollten allerdings schon immer Frieden. Hier war und ist immer noch die Zivilisationsbruchstelle und die Belarussen wollen hier verbinden. Als einflussreiches mittelalterliches Großfürstentum Litauen such-ten sie eine Allianz mit seinem Nachbarn Moskowien im Osten und dem Königreich Polen im Westen. Im Laufe der Jahrhunderte fegte die Geschichte durch Belarus und erst im Jahr 1991 gewannen sie ihren unabhängigen Staat wieder, ein Staat, der versucht eine friedliche Koexistenz mit allen zu finden.

Zu Recht weist Victor Schadurski[1] darauf hin, dass es drei Arten von Faktoren gibt, die sich auf die Bildung von Beziehungen zwischen Belarus und der Europäischen Union auswirken: den innenpolitischen Faktor, den russischen Faktor und den nachbarschaftlichen Faktor.

Der (innen)politische Faktor ist ein Hindernis für die Wiederherstellung normaler Kontakte sowohl mit der Europäischen Union als Ganzes als auch mit den Staaten im Westen von Belarus. Trotz der Meinungsverschiedenheiten über die politische und wirtschaftliche Lage in Belarus kann die belarussische Regierung nicht darüber hinwegtäuschen, dass sie die Beziehungen zu Europa verbessern möchte.

---

[1] Шадурский, В. Отношения Республики Беларусь и Европейского Союза: внутренний и внешний контекст // Белорусский журнал международного права и международных отношений 2003 — № 1.

Es sollte anerkannt werden, dass die entscheidende Rolle bei der Entwicklung der Beziehungen zwischen Belarus und Europa die Politik Russlands spielt. Man kann den russischen Faktor als einen wichtigen Faktor bei der Bildung der Innen- und Außenpolitik der Republik Belarus (wie auch einiger anderen Staaten in der Region, wie die vorherrschende geopolitische Lage zeigt) nennen. Belarus entwickelte sich nicht nur zu einer der am meisten entwickelten Regionen der Sowjetunion, sondern kam auch in starke Abhängigkeit von russischen Lieferungen und Märkten als Folge der Wirtschaftspolitik der Kommunistischen Partei der UdSSR. Belarus wird von den russischen Medien beherrscht. Es ist offensichtlich, dass der russische Faktor die Grenzen in den Beziehungen zwischen Belarus und der EU beschreibt. Moskau hat genug Hebel, um die Politik eines benachbarten souveränen Staates in die gewünschte Richtung zu lenken.

-         Nachbarschaftlicher Faktor
die neuen EU-Mitgliedstaaten (Polen, Litauen, Lettland)
Perspektiven der Zusammenarbeit zwischen Belarus und den Leitungsstrukturen der EU, den Mitgliedstaaten, sind weitgehend abhängig von der Position der Nachbarländer. Diese Länder, insbesondere Polen, Litauen, Lettland, haben nicht nur eine gemeinsame Grenze mit Belarus, sondern sind auch eng mit Belarus durch historische, kulturelle, wirtschaftliche und zwischen-menschliche Beziehungen verbunden.

Generell kann man in der Entwicklung der Beziehungen zwischen Belarus und der EU sowie Russland folgende Etappen feststellen:

I. 1991-1997 (Zusammenarbeit mit dem Osten und dem Westen)
II. 1997-2005 (Periode des fehlenden Fortschritts in den Beziehungen)
III. 2006-2008 (Periode des wirtschaftlichen Drucks auf Belarus)
IV. 2009-2014 (Idee der östlichen Partnerschaft und danach)
V. 2014- 2015 (die letzten Entwicklungen)

2. Zusammenarbeit mit dem Osten und dem Westen 1991-1997

Im Jahre 1991 erkannte die EU den unabhängigen belarussischen Staat an und nahm 1992 diplomatische Beziehungen auf.

Zur gleichen Zeit nach der Wende unterzeichnete Belarus die sog. Bialowieza Vereinbarung, die den Beginn einer schwachen Integration mit den ehemaligen Sowjetrepubliken (einschließlich Russland) festlegte. Belarus und die Russische Föderation unter-zeichneten das Abkommen über den freien Handel im Jahr 1992, das im Jahr 2012 zum Inkrafttreten des GUS-Freihandelszonen-vertrags führte.

Belarus stand noch 1994 in einer Reihe mit den Ländern Lettland und Litauen als möglicher Kandidat für den EU-Beitritt. Aber ab diesem Zeitpunkt setzte die politische Führung von Belarus die Idee der Vereinigung der beiden Staaten Belarus und Russland als eine Art politisches Instrument in den Beziehungen mit sowohl Russland selbst als auch dem Westen ein. Präsident Alexander Lukaschenko begann dieses Thema auch während seiner ersten Präsident-schaftswahlen im Juli 1994 aktiv zu nutzen. Nach 1994 verlangsamte sich jedoch die Entwicklung der Beziehungen mit der EU. Im Jahr 1995 vereinbarten die Parteien den Text eines Abkommens über die Partnerschaft und Zusammenarbeit. Jedoch wurden diese Verhandlungen später abgebrochen. Seit diesem Moment ist Belarus der einzige Staat, auf den sich die ENP (*"European Neighbourhood Policy"*) bezieht, der gleichzeitig kein Abkommen über die Partnerschaft und Zusammenarbeit mit der EU hat. Zur gleichen Zeit im Jahr 1995 unterzeichnete Belarus ein Abkommen mit Russland über die Zollunion. Dieses Abkommen hat die Zoll- und Grenzkontrollen an der gemeinsamen Grenze beseitigt. Im April 1996 wurde ein Vertrag über die Gemeinschaft von Russland und Belarus abgeschlossen.

Das Europäische Parlament verabschiedete am 24. Oktober 1996 eine Entschließung, in der darauf hingewiesen wurde, dass das Abkommen über die Partnerschaft und Zusammenarbeit mit Belarus erst dann ratifiziert werden kann, wenn die Behörden von Belarus die Menschenrechte beachten, die sich aus der Europäischen Menschenrechtskonvention und der Charta von Paris ergeben[2]. Die bilaterale wirtschaftliche Zusammenarbeit zwischen der EU und Belarus entwickelte sich auf Grundlage des Meistbegünstigungsprinzips, das durch Abkommen zwischen der UdSSR und der EG von 1989 verankert wurde. Dieses Abkommen wurde von Belarus ratifiziert.

Es war eine Zeit der verpassten Chancen in den Beziehungen zwischen der Europäischen Union und Belarus und gleichzeitig die Geburtsstunde der modernen Integrationsprozesse in Richtung der östlichen Nachbarn, wenn auch die bilateralen Beziehungen mit Russland verlangsamt wurden.

3. Periode des fehlenden Fortschritts in den Beziehungen 1997-2005

In dieser Periode zwischen 1997 und 2005 kann man keinen Fortschritt in den Beziehungen zwischen Belarus und der EU mehr feststellen. Im Jahre 1999 wurde der Vertrag zur Gründung der Europäischen Union abgeschlossen, der die Einführung eines einheitlichen Verfassungs-gesetzes und die Gründung von gemeinsamen Einrichtungen des Unions-Staates enthielt.

Die belarussischen Wahlen zum Parlament in den Jahren 2000 und 2004, die Präsidentenwahl 2001 und das Referendum von 2004 wurden von den EU-Ländern nicht, von Seiten Russlands aber schon anerkannt. Die Europäische Union, von der „Machtpolitik" geleitet, stellte Bedingungen, unter denen eine weitere Entwicklung der Beziehungen möglich wäre. Grundlage dieser Bedingungen ist nach wie vor die Gewährleistung der Menschenrechte in Belarus, insbesondere die Gewährleistung der Pressefreiheit. Das Europäische Parlament bezeichnete in seiner Entschließung vom 11. Februar 2003 Belarus als ein wichtiges Bindeglied zwischen der Europäischen Union und Russland, das als ein Tor für die immer umfangreicheren Handelsströme in beide Richtungen funktioniert, und

---

[2] ABl. C 347 vom 18.11.1996, S. 168.

rief zu einer zukünftigen Partnerschaft mit Belarus auf[3]. Jedoch hat
der Rat der EU bereits im November 2004 die Entscheidung getroffen, die multilateralen Kontakte und die Kontakte, die für die trans-
nationalen Beziehungen erforderlich sind, einzugrenzen und die
zweiseitigen amtlichen Kontakte zwischen der EU und Belarus ausschließlich über den Präsidenten, den Generalsekretär des Rates
der EU, die Europäische Kommission und die „Troika" zu führen.
Die Hilfsprogramme unterstützen lediglich die Bedürfnisse der Bevölkerung sowie die Demokratisierung. Es wurde ein Visumsverbot
in Bezug auf einige höchste Beamten eingeführt. Gleichzeitig wurde
eine aktive Zusammenarbeit im Rahmen der technischen Unterstüt-
zungshilfe TASIS (1990-2003) gepflegt.

4. Periode des wirtschaftlichen Drucks auf Belarus 2006-2008

Die Präsidentenwahl in Belarus wurde 2006 von der OSZE als nicht
den demokratischen Standards entsprechend bezeichnet. In diesem Zusammenhang traf der Rat der EU im April 2006 die Entscheidung, den Kreis der Beamten, die keine EU-Visen bekommen,
zu erweitern. Darüber hinaus wurden die Bankkonten einiger belarussischen Beamten in der EU gesperrt. Zugleich begannen die
„Wirtschaftskriege" Russlands („Erdgaskrieg", „Milchkrieg", „Zucker-
krieg", „Ölkrieg", usw.) gegen Belarus aufzuflammen. Neben dem
politischen Druck aus dem Westen gab es einen spürbaren wirtschaftlichen Druck aus dem Osten, der zur Unterbrechung der Erdgaslieferungen nach Belarus im tiefsten Winter führte.

Am 21. November 2006 publizierte Benita Ferrero-Waldner, die EU-
Kommissarin für Außenbeziehungen und Nachbarschaftspolitik, einen Beitrag, in dem sie die Maßnahmen, die die EU zugunsten von
Belarus ergreifen könnte, benannte[4]. Positiv in diesem Dokument
war, dass auf die Wichtigkeit der Beziehungen zwischen den

---

[3] ABl. C 43E vom 19.2.2004, S. 60.

[4] EU – Belarus: Neue Botschaft an die Bevölkerung in Belarus [Elektronische Res-
source] / European Commission. – Brussels, 2006. – http://europa.eu/rapid/press-
release_IP-06-1593_de.htm. – Zugriffsdatum: 15.11.2015.

Nachbarländern hinge-wiesen wurde. Im Juni 2007 wurde Belarus aus dem allgemeinen Präferenzsystem ausgeschlossen. In den folgenden Monaten konnte man keine positiven Veränderungen in den Beziehungen zwischen der EU und Belarus mehr beobachten. Jedoch blieb die EU nach der Russischen Föderation der zweitwichtigste Handelspartner von Belarus und der wichtigste Investor in die belarussische Wirtschaft. Die technische Zusammenarbeit zwischen Belarus und der EU entwickelte sich effektiv. Belarus wurde zur Teilnahme an drei ENP-Programmen zugelassen (das Programm der baltischen Region, Lettland-Litauen-Belarus, Polen-Ukraine-Belarus). Belarus konnte auch am Instrumentarium der europäischen Nachbarschaft und Partnerschaft teilnehmen, indem es die grenzübergreifende Zusammenarbeit und die technische Unterstützung des institutionellen Aufbaus förderte. Die EU war bereit, die Zusammenarbeit im Rahmen der ENP in drei Gebieten zu initiieren: Qualität, Standards, Zusammenarbeit bei den Finanzdienstleistungen, Ernährung und Agrarwirtschaft.

Am 1. April 2008 wurde in Belarus eine Vertretung der Europäischen Kommission geöffnet, was die Möglichkeit eines erneuerten Verhandlungsprozesses bestätigte. Am 13. Oktober 2008, nach dem Treffen des Ministers für Auswärtige Angelegenheiten von Belarus mit der Troika traf die Europäische Union die Entscheidung, die Kontakte mit den Behörden von Belarus wiederaufzunehmen, außerdem wurden die Visumsbeschränkungen gegenüber einflussreichen Personen von Belarus abgeschafft.

5. Idee der östlichen Partnerschaft und danach 2009-2014

Anfang 2009 fand eine Reihe von wichtigen Zusammentreffen zwischen den Amtspersonen von Belarus und der EU statt. Am 7. Mai 2009 wurde Belarus auf dem Gipfeltreffen in Prag vorgestellt. Zum Abschuss des Gipfeltreffens von Staatsoberhäuptern und Regierungschefs der EU-Mitgliedsländer wurde eine gemeinsame Deklaration über die Ostpartnerschaft unterzeichnet. Außer Belarus unterschrieben Aserbaidschan, Armenien, Georgien, Moldau und die Ukraine dieses Dokument.

Die östliche Partnerschaft stellt eine Art „Initiative innerhalb einer Initiative" dar. Das ist eine Erweiterung der 2004 initiierten ENP oder wie es in der gemeinsamen Erklärung bezeichnet wurde „die Entwicklung einer besonderen östlichen Dimension in der europäischen Nachbarschaftspolitik." Die früher entwickelte „Schritt-für-Schritt-Strategie" führte den erwarteten Effekt nicht herbei. Deswegen wurde die polnisch-schwedische Initiative „Ostpartnerschaft" als Antwort auf die Kritik der ENP vorgestellt, die sich auf sechs EU-Nachbarländer konzentrierte. Im Juni 2008 wurde das Programm auf dem Gipfeltreffen von Staats- und Regierungsoberhäuptern der EU-Mitgliedstaaten genehmigt. Die Initiative „Östliche Partnerschaft", die durch die Europäische Kommission im Dezember 2008 vorgeschlagen wurde, wurde durch die Europäische Kommission im März 2009 unterstützt. Am 20. März 2009 trafen die Oberhäupter der 27 Staaten die Entscheidung über die vollrechtliche Eingliederung der Republik Belarus in die Östliche Partnerschaft. Wie Präsident Lukaschenko in einem Interview für die österreichische Zeitung „Die Presse" bemerkte: „Die östliche Partnerschaft ist für uns sehr vorteilhaft. Die Europäer bieten uns eine sehr vorteilhafte Kooperation an: Wir können technologisch etwas lernen, und es gibt dort Kreditressourcen. Fast die Hälfte des belarussischen Warenexports geht nach Europa. Aber wir müssen auf unsere Interessen achten, wenn Russland Druck auf uns ausüben und die EU uns Bedingungen diktieren will"[5].

Das Programm setzte eine politische und wirtschaftliche Annäherung der eingeladenen Staaten zur Europäischen Union voraus. Das Hauptziel der Ostpartnerschaft ist es, die notwendigen Bedingungen für die Entwicklung der politischen Beziehungen und der weiteren wirtschaftlichen Integration zwischen der Europäischen Union und den interessierten Mitgliedstaaten zu schaffen. Zu den Perspektiven der Partnerstaaten gehört die Integration der nationalen Wirtschaftssysteme in den gemeinsamen europäischen Markt,

---

[5] Steiner, E. Lukaschenko: „In Russland ist eine Diktatur möglich", DiePresse.com. – Wien, 2009. – Elektronische Ressource:
http://diepresse.com/home/politik/aussenpolitik/ 494312/Lukaschenko_In-Russland-ist-eine-Diktatur-möglich. – Zugriffsdatum: 15.11.2015.

die Eingliederung in das gemeinsame System der kollektiven Sicherheit und ein gemeinsames energetisches Netz, Kostensenkung und allmähliche Abschaffung von Visumsbeschränkungen.

Die Arbeit wird folgende Gebiete beinhalten:
- Demokratie, Effektivität der Verwaltung, Stabilität,
- wirtschaftl. Integration u d Annäherung an die Sektoralpolitik der EU,
- Sicherheit im Energiebereich,
- zwischenmenschliche Kontakte.

Die Teilnehmer des Gipfels „Östliche Partnerschaft" in Prag luden die Abgeordneten der Europäischen Union und die Partnerstaaten ein, den Vorschlag des Europäischen Parlaments bezüglich einer Organisation einer Parlamentsversammlung EU-Östliche Nachbarn (EURO-NEST PA) umzusetzen; der Vorschlag stammt vom Jahr 2011. Die Teilnahme der belarussischen Delegation wurde nur unter besonderen Bedingungen vorgesehen.

Die Zusammenarbeit im Rahmen der Östlichen Partnerschaft wird auf zwei Ebenen durchgeführt: Bilaterale Kontakte (Kontakte jedes Programmmitgliedes mit der EU) und multilaterale Zusammenarbeit (gemeinsam für alle Mitgliedsländer-Projekte).

- Bilaterale Kontakte

Auf dieser Ebene können Fragen in Bezug auf jeden Partnerstaat differenziert gelöst werden. Es wurden einige neue Assoziationsabkommen mit den Partnern abgeschlossen, die den erforderlichen Fortschritt in der Entwicklung der Demokratie, des Rechtsstaats, der Achtung der Menschenrechte und den Prinzipen der Marktwirtschaft bereits erreicht hatten. Es werden die volle wirtschaftliche Integration mit der EU (mit dem Ziel der Formierung einer tiefen und umfangreichen freien Wirtschaftszone) sowie der freie Handel zwischen den Partnerstaaten mit dem Ziel der Entwicklung einer wirtschaftlichen Gemeinschaft und einer guten Nachbarschaft in langfristiger Perspektive angestrebt. Für die Bürger ist eine Steigerung der Mobilität durch die Ratifizierung des Abkommens über die Vereinfachung des Visa-Regimes vorgesehen (auf längere Sicht mit einem schrittweisen Übergang zur vollen Liberalisierung, allerdings unter der Bedingung der Gewährleistung einer gut verwalteten und sicheren Fortbewegungsmöglichkeit). Es wird eine Verstärkung der Zusammenarbeit im Bereich der Energiesicherheit angestrebt, unter anderem durch die Unterstützung von Investitionen in die Infrastruktur, eine verbesserte Regulierung der Energieeffizienz, ein effektiveres System zur früheren Erkennung und Verhinderung von Energieversorgungsstörungen sowie die Entwicklung der erneuerbaren Energiequellen.

– Multilaterale Zusammenarbeit

Nach Benita Ferrero-Waldner, Eurokommissarin für die Außenbeziehungen und Nachbarschaftspolitik der Europäischen Union, kann Belarus zunächst nur an den vielfältigen Investitionsprojekten teilnehmen, weil ein bilateraler Teil noch nicht existiert.[6] Auf diese Weise wurden gleich zu Beginn die Partnerstaaten durch diskriminie-rende Bedingungen benachteiligt. Der multilaterale Mechanismus erlaubt es, mit den Partnern Erfahrungen auf den oben genannten vier Gebieten auszutauschen. Diese Gebiete werden die Grundlage für die Lösung der gemeinsamen Probleme sein. Es werden Seminare mit dem Ziel durchgeführt, der Auslegung der Gesetzgebung zu dienen und die Einführung von EU-Standards vorzubereiten. Wenn es notwendig ist, erfolgt ein Erfahrungsaustausch durch die Erarbeitung gemeinsamer Maßnahmen.

Es wurde vorgesehen, dass die bilateralen Beziehungen zwischen der Republik Belarus und der EU im Energiebereich, im Bereich des Umweltschutzes, der Agrarwirtschaft, des Zolls, des Transports und der Normierung und Standardisierung ausgebaut werden. Belarus bezieht im Rahmen des Instrumentariums der europäischen Nachbarschaft und Partnerschaft Hilfe im Rahmen des Programms für Entwicklung der Lebensmittelsicherheit.

---

[6] Ferrero-Waldner: Belarus Needs Good Relations With Both Russia, EU [Electronic resource] / Radio Free Europe/Radio Liberty. – 2009. – http://www.rferl.org/content/FerreroWaldner_Belarus_ Needs_Good_Relations_With_Both_Russia_EU/1760469.html. – Zugriffsdatum: 15.11.2015.

Im gleichen Zeitraum unternahm die Russische Föderation aktive Schritte, um eine neue Integrationsform unter Beteiligung von Belarus zu schaffen. 2010 wurde eine Zollunion zwischen Belarus, Kasachstan und Russland mit besonderer Berücksichtigung beispielsweise der Erdölprodukte gegründet. Und ab dem 1. Januar 2015 schufen diese Staaten die Eurasische Wirtschaftsunion (später schlossen sich auch Armenien und Kirgisistan an). Doch aufgrund der politisierten kritischen Bewertung der Präsidentschaftswahlen in Belarus im Jahr 2010 und der Ereignisse nach den Wahlen erweiterte die EU 2011 die bestehenden Visa-Sanktionen gegen belarussische Amtsträger. Es gab auch Beschränkungen für Finanztransaktionen mit einer Reihe von belarussischen Unternehmen und ein Verbot der Lieferung einiger Waren und Dienstleistungen zu einem hoch spezialisierten Zweck nach Belarus. Gleichzeitig verwies Belarus konsequent auf die kontraproduktive Politik der Sanktionen und Einschränkungen der EU und forderte auf, alle Streitigkeiten im Wege des Dialogs auf der Grundlage von Gleichheit und gegenseitigem Respekt zu lösen. Im März 2012 erreichte der Sanktionsliste der EU seinen Maximalstand (gegen 243 Personen und 32 juristische Personen). Obwohl die Präsidentin von Litauen, Dalia Grybauskaitė, sagte, dass „irgendwelche unüberlegte Sanktionen gegen den Staat, gegen das Volk von Belarus nur dazu führten, dass das ganze belarussische Volk sich vom Westen abwenden und in den Armen eines anderen Nachbarlandes landen wird; es hängt von der Finanzierung aus anderen Ländern ab und wird gezwungen, seine Wirtschaft für ein Lied zu verkaufen."[7]

---

[7] D. Grybauskaitė: nepamatuotos sankcijos baltarusius pastūmėtų į Rusijos glėbį [Electronic resource] / Delfi. – 2011 – http://www.delfi.lt/news/daily/lithuania/dgrybauskaite-nepamatuotos-sankcijos-baltarusius-pastumetu-i-rusijos-glebi.d?id=47516005. – Zugriffsdatum:15.11.2015.

EU-Sanktions-Politik gegen Belarus (1998-2015)

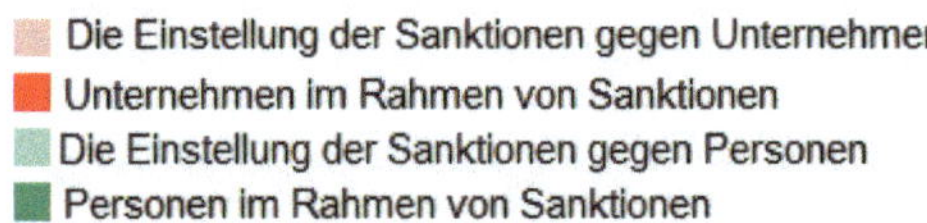

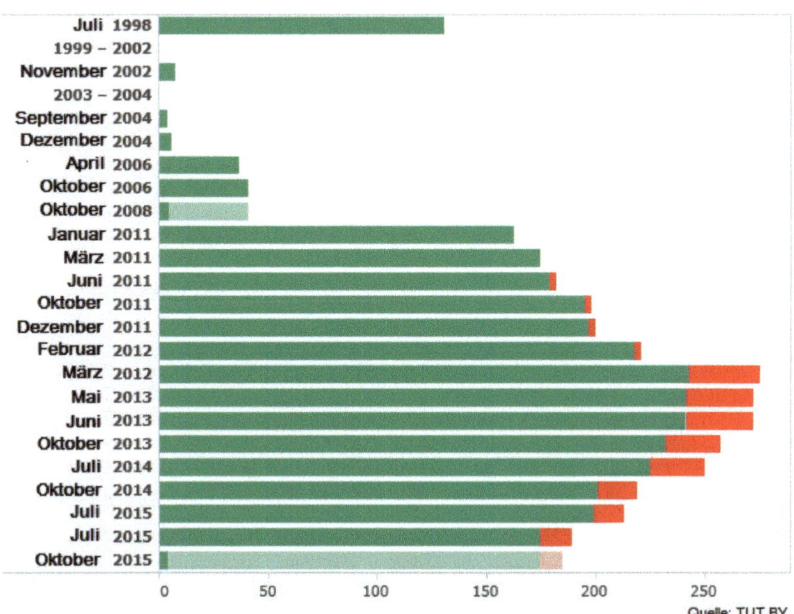

Die EU-Länder und Belarus ziehen für zwei Monate ihre Botschafter in die Hauptstädte ihrer Länder zu Konsultationen ab. Doch dieses Jahr wird zu einem Wendepunkt. Es wird deutlich, dass die Sanktionen nicht die richtigen Früchte bringen und im Widerspruch zu den Interessen einzelner europäischer Unternehmen stehen. Ende des Jahres 2012 erneuerten sich die Kontakte auf hoher Ebene zwischen belarussischen Amtsträgern sowie europäischen Strukturen und EU-Mitgliedsstaaten. In den Jahren 2013 bis 2015 reduzierte die EU teilweise die Sanktionsliste der belarussischen Privatpersonen und Unternehmen, auch als Ergebnis von EuG-Urteilen[8].

---

[8] Judgment of the General Court on case T-276/12 Chyzh and Others v Council [2015]; judgment of the General Court on case T-163/12 Ternavsky v Council [2015]; judgment of the General Court on case T-275/12 FC Dynamo-Minsk v Council [2015].

6. Die letzten Entwicklungen 2014-2015

Trotz der aktuellen Einschränkungen beteiligte sich Belarus weiter an der multilateralen Komponente der Initiative „Östliche Partnerschaft". Belarus setzt sich für die Einhaltung der Grundprinzipien der Östlichen Partnerschaft, wie Gleichheit und Nichtdiskriminierung, in der Praxis ein, und fordert eine stärkere Differenzierung der Partnerländer sowie eine Berücksichtigung von deren Wünschen, Prioritäten und Bedürfnissen.

Im Jahr 2015 konzipierte die Europäische Kommission die Idee einer Änderung der Östlichen Partnerschaft wegen seiner mangelnden Tragfähigkeit in der ursprünglich vorgeschlagenen Form. Es wird erwartet, dass die EU eine Annäherung an die Länder der Östlichen Partnerschaft mit mehreren Geschwindigkeiten betreibt, vor allem angesichts der Integration von Armenien und Belarus in die Eurasische Wirtschaftsunion (EAWU). Angesichts der Bedeutung der Vermeidung neuer Trennungslinien in der Region förderte Belarus konsequent im Format der Östlichen Partnerschaft die Idee der „Integration von Integration", die schließlich als Grundlage für die Harmonisierung der Integrationsprozesse in der Europäischen Union und der Eurasischen Wirtschaftsunion dienen könnte, sowie die Schaffung eines gemeinsamen wirtschaftlichen und humanitären Raumes „von Wladiwostok bis Lissabon".

Es ist erforderlich, die Rolle von Belarus in der Auflösung der ukrainisch-russischen Krise im Jahr 2015 zu würdigen. Minsk wurde ein neutraler Treffpunkt für die Konfliktparteien. Dieser Umstand erhöhte die geopolitische Bedeutung von Belarus in der Region und führt zur Stabilisierung der Beziehungen mit der EU.

Am 29. Oktober 2015 setzte der Rat der EU für vier Monate die Sanktionen gegen Belarus und die Sanktionen gegenüber 170 Personen und drei Unternehmen auf der schwarzen Liste aus.[9] „Mit der Aussetzung der meisten restriktiven Maßnahmen hat die EU auf

---

[9] http://www.zeit.de/politik/ausland/2015-10/belarus-sanktionen-europaeische-union-alexander-lukaschenko.

diese Fortschritte reagiert und zu weiteren positiven Entwicklungen ermutigt, die zu einer Verbesserung der Beziehungen zwischen der EU und Belarus führen", – wurde in einer Erklärung des EU-Rats verlautbart[10].

7. Schlussfolgerungen

Belarus baut die multidimensionale Politik aus. Belarus bleibt dabei ein souveräner Staat, entwickelt die eigene Neutralität und bemüht sich um eine Balance zwischen dem Osten und dem Westen, um die eigenen Vorteile zu sichern und gute Beziehungen zu beiden strategischen Partnern zu entfalten. Als Teilnehmer an der EU-Politik „Östliche Partnerschaft" strebt Belarus nicht danach, die freundschaftlichen Beziehungen zur Europäischen Union zum Nachteil der freundlichen Beziehungen zur Russischen Föderation auszubauen. Es sei aber vermerkt, dass 2015 der Einfluss der politi-schen Faktoren auf die Beziehungen zwischen der Europäischen Union und Belarus sinkt. Ein möglicher Grund sind die geopolitischen Veränderungen in diesem Teil Europas und der wachsende Einfluss der wirtschaftlichen Faktoren. Die Integration mit der Russischen Föderation erhaltend hofft das demokratische Belarus, dass Russland die Souveränität von Belarus respektieren wird.

---

[10] Belarus: EU setzt restriktive Maßnahmen gegen die meisten Personen und alle Organisationen, die derzeit solchen Maßnahmen unterliegen, aus [Zugriffsdatum: 15.11.2015] / Europäischer Rat / Rat der Europäischen Union. – Brüssels, 2015. http://www.consilium.europa.eu/de/press/press-releases/ 2015/10/29-belarus/.

Andrij Kudrjačenko:

Die Ukraine auf schwierigem Weg nach Europa

Man erwartete – nach dem Zusammenbruch des sozialistischen Systems – einen raschen Systemwandel in unserem Land in Richtung westlichen Demokratie. Am Beispiel der Ukraine lässt sich auch dieser Weg, allerdings mit so genannter nationaler Spezifik, aufzeigen. Die Ukraine hat schon wichtige Schritten gemacht und Transformationen durchgeführt. Aber in diesem Zusammenhang entsteht folgende Frage: ist es genug? Die Forschung und unsere Praktik zeigen Defizite der entwickelten Demokratie in verschiedenen Bereichen. Die Ukraine hat seit der „Wende" eine wechselvolle Entwicklung vollzogen; aufs Ganze gesehen konnte das Land bis heute keine konsequente demokratische Entwicklung durchlaufen.[1]

---

[1] Болебрух А.Г. Нариси з історії громадської самосвідомості (суспільна думка України та Росії XI – XIX ст.): Моногр. – Д.: ПП«ЛіраЛТД», 2008. – 452с. [Bolebruch A. H. Narysy z istoriji hromadskoji samosvidomosti (suspilna dumka Ukrajiny ta Rosiji XI – XIX st.): Monohr. D.: PP«LiraLTD» 2008, S. 452]; Герасимова Р. Украина: 20 лет движения к капитализму / Современная Европа. – 2012, № 3 [Herasimova R. Ukraina: 20 let dviženija k kapitalizmu / Sovremennaja Evropa 2012, № 3]; Иноземцев Владислав. (2014) Украина Россия: выбор пути // Новое время, №28(336), 8 сентября 2014 [Inozemcev Vladislav. (2014) Ukraina Rossija: vybor puti // Novoe vremja, №28(336), 8 sentjabrja 2014]; Мироненко В.И. Украина: Революция обманутых надежд / Современная Европа. 2015. №1 [Mironenko V.I. Ukraina: Revoljucija obmanutych nadežd / Sovremennaja Evropa 2015, №1]; Его же: Российское влияние в Украине в 1991 – 2010 гг./ Доклады Института Европы № 273. – М., 2011. 193с. [Ego že: Rossijskoe vlijanie v Ukraine v 1991 – 2010 gg. / Doklady Instituta Evropy № 273, M. 2011, S. 193]; Україна в Європі: пошуки спільного майбутнього / Кол.Моногр. за ред А.І. Кудряченка. – К.: Фенікс, 2009. – 544 с. [Ukrajina v Jevropi: pošuky spilnoho majbutn'oho / Kol.Monohr. za red. A.I.Kudrjačenka. K.: Feniks 2009, S. 544]; Україна в Європі: контекст міжнародних відносин / Кол.Моногр. за ред А.І. Кудряченка. – К.: Фенікс, 2011. – 544 с. [Ukrajina v Jevropi: kontekst mižnarodnych vidnosyn / Kol.Monohr. za red. A.I.Kudrjačenka. K.: Feniks 2011, S. 544]; Шульга Николай. Дрейф на обочину. Двадцать лет общественних изменений в Украине. – К. 2011. 448 с. http://i-soc.com.ua/institute/shulga_dreyf.pdf [Šul'ga Nikolaj. Drejf na obočinu. Dvadcat' let obščestvennich izmenenij v Ukraine. K. 2011, S. 448 http://i-soc.com.ua/institute/shulga_dreyf.pdf]; Український парламентаризм: минуле і сучасне / За ред. Ю.С. Шемшученка. – Л.: Парламентське вид-во, 1999. – 368с. [Ukrajins'kyj parlamentaryzm: mynule i sučasne / Za red. Ju.S. Šemšučenka. L.: Parlamentske vyd-vo 1999, S. 368].

Auch die sog. „Orangene Revolution" (2004) und Majdan (2013-2014) haben zur keiner Phase der Stabilisierung der Demokratie geführt. Die Verfassungsstrukturen als auch die politischen Kräfte und ihre Interaktionen scheinen zu einer solchen demokratischen Entwicklung noch nicht durchgebrochen zu sein. Also, welche Ursachen hierfür gab es und welche bleiben noch in unserem Land?

Eine erste wichtige Dimension, die zu untersuchen ist, ist die historische.

Im Mittelpunkt steht das Problem der Staatlichkeit der Ukraine als Voraussetzung der politischen Entwicklung, auch im Zeitalter der System-transformation.

Die leitende Frage hier lautet: gibt es in der Ukraine Traditionen eigenständiger Staatlichkeit und wenn ja, welcher Art sind diese? Kann auf der Basis dieser Traditionen eine erfolgversprechende Entwicklung zu einem modernen rechtsstaatlich-demokratischen Staat erfolgen und vermutet werden? Diese Frage kann sinnvollerweise durch die Geschichte beantwortet werden.

In diesem Zusammenhang sei darauf hingewiesen, dass die Ukraine und ihre Vorgängerstaaten (im vorliegenden Gebiet) in früheren Epochen nicht immer ihren eigenen Staat gehabt hatten. Die staatliche Entwicklung wurde längere Zeit durch den Eintritt der Territorien in den Bestand von anderen Staaten gehindert. Diese Faktoren hatten einen erheblichen Einfluss in den Jahren der unabhängigen Ukraine. Es solle auch darauf hinweisen, dass für die moderne Ukraine nicht nur die historischen Wurzeln ihrer Staatlichkeit wichtig sind, sondern auch eine direkte Verbindung zu den Kiewer Rus und in den Folgeperioden zu der europäischen Zivilisation besteht.[2]

Das Christentum wurde vom Fürsten Vladimir eingeführt. Die Rus hatte, wie im Jahre 1054 vor der Teilung des Ostchristentums mit Konstantinopel von Rom und der Unterordnung Roms durch die

---

[2] Крупницький Б. Основні проблеми історії України. – Мюнхен, 1955. – С. 217. [Krupnyc'kyj B. Osnovni problemy istoriji Ukrajiny. Mjunchen 1955, S. 217].

westliche Kirche, auch danach eine gemeinsame europäische Tradition.

Dynastische Ehen der Kiewer Fürsten und politische Beziehungen zu Russland richteten sich an den Westen, an Europa. Als Beweis dafür diente auch die so genannte "Familiendiplomatie" von Jaroslaw dem Weisen, der die dynastische Ehe mit europäischen Monarchen anwandte. Deshalb wurde er als "Schwiegervater Europas" bezeichnet. Jaroslaw selbst hatte die Tochter des schwedischen Königs Ingigerda geheiratet. Sein Sohn, Vsevolod, heiratete die Tochter des byzantinischen Kaisers Konstantin IX, Izjaslaw vermählte sich mit der Schwester des polnischen Fürsten Casimir und Swjatoslaw heiratete die Enkelin des deutschen Kaisers Heinrich II. Drei Töchter von Jaroslaw dem Weisen heirateten europäische Könige: Anna, den französischen König Heinrich I., Anastasija, den ungarischen König Andrew und Elizabeth, den norwegischen König Harald den Tapferen.[3] Mit der Annahme des Christentums wurden die Kiewer Rus in den geistigen europäischen Raum integriert.

Auf der anderen Seite ist es wichtig zu erwähnen, dass das Volk, welches auf dem Territorium der modernen Ukraine lebt, nicht immer seine Unabhängigkeit besaß. Die längste Zeit gehörten die Territorien der Ukraine zu anderen staatlichen Formationen. Die Invasion der Tataren 1237-1242 zerstörte die Staatlichkeit und unterbrach die Kommunikation der nordöstlichen Wladimir-Susdal Rus mit Europa. Allerdings setzten Nowgorod, Pskow, Polozk, Kiew und Galich ihre Entwicklung unter dem europäischen Einfluss fort. Die Führungseliten in Südrussland erwarben das Fürstentum Gali-zien-Wolhynien. Es war der direkte Nachfolger des Fürsten Danil Galitsky von Kiew. Galitsky hatte enge Beziehungen zu Polen und Ungarn und wurde von einem Vertreter des Papstes zum König gekrönt.

Man sollte betonen, dass während der litauisch-polnischen Periode (14.-18. Jahrhundert) schon die ganze Kiewer Rus ihre

---

[3] Субтельний О. Історія України. – К. : Либідь, 1991. - 512 с. [Subtel'nyj O. Istorija Ukrajiny. K.: Lybid' 1991, S. 512].

Unabhängigkeit verloren hatte. Obwohl Litauen und Polen zu den europäischen Peripheriestaaten gehörten, blieben die kulturellen und wirtschaftlichen Beziehungen ukrainischer Gebieten zu Europa bestehen. Als Beweis dafür diente die Verbreitung von Renaissance und Barock, die humanistischen Ideen sowie der Umlauf von europäischen Münzen bis zum Anfang des 18. Jahrhunderts sowie bis zur Herrschaft von Mazepa I.[4]

Die nationale Befreiungsrevolution und der Sieg des Kosakenaufstandes in der Mitte des 17. Jahrhunderts. läuteten den Beginn der Staatsbildung ein und waren ein Phänomen in der Reihe der bürgerlichen Revolutionen des europäischen Kontinents. Der Führer der englischen Revolution, Oliver Cromwell gratulierte Bohdan Khmelnytsky zum Sieg.

Die Bildung einer eigenen Staatlichkeit in der Ukraine brachte eine Reihe von nationalen Besonderheiten und demokratischen Traditionen mit sich. Dies bestätigte die Wahl öffentlicher Beamter: Hetmane, Obersten, Kapitäne; die Anwendung des Magdeburger Rechts in den meisten europäischen Städten; die Trennung der Gerichte von der staatlichen Verwaltung.[5]

Die Zaporozhian Kosaken spielten eine wichtige Rolle in der ukrainischen und europäischen Geschichte. Die Armee hatte einen einflussreichen Akteur in der europäischen Politik gewonnen. Bei sehr schwierigen Umständen konnte sie den Lauf der Dinge im Kampf deutlich beeinflussen gegen die drei Welt-Kulturen um die Herrschaft in Osteuropa. So war es während des Krieges der Kosaken gegen das Osmanische Reich 1610. Die 1630er Jahre, der Osmanisch - Polnische Krieg im Jahre 1621, die russischen Turbulenzen der Ereignisse 1604 – 1618 usw. und die nationale Befreiungs-revolution des ukrainischen Volkes 1648 – 1676. Über 5000 Kosaken

---

[4] Котляр М.Ф. Нариси історії обігу і лічби монет на Україні XIV-XVIII ст. – К., 1981. – C. 181. [Kotljar M.F. Narysy istiriji obihu i ličby monet na Ukrajini XIV-XVIII st. K. 1981, S. 181].
[5] Українська Козацька Держава: витоки та шляхи історичного розвитку: (Матеріали республіканських історичних читань). – К., 1991. – S. 6. [Ukrajins'ka kozac'ka Deržava: vytoky ta šljachy istoryčnoho rozvytku: (Materialy respublikans'kych istoryčnych čytan').

unterstützten Österreich im Jahre 1683 während der Bela-gerung Wiens durch die Türken und halfen dem österreichischen Kaiser zum Sieg. Als Teil der alliierten Truppen beteiligten sich die Kosaken auch an einer Reihe von Schlachten gegen die Osmanen in Ungarn und der Slowakei. Das heißt, dass die kosakische Ukraine der territorialen Expansion Moskaus und der muslimischen Welt in Osteuropa Einhalt gebot.[6]

Das militärisch-politische Bündnis der hetmanischen Ukraine mit Moskau (1654) hatte weitreichende Folgen. Im öffentlichen, politischen und kulturellen Leben des Landes ereigneten sich zwei parallele, aber unterschiedliche Prozesse, vor allem seit dem Bginn des 18. Jahrhunderts. Zunächst wurden von Moskau systematisch Maßnahmen zur Unterordnung der ukrainischen Kosakischen Ukraine in ihre staatlichen Institutionen und die Integration der ukrainischen Gesellschaft in die russische Zivilisationswelt durchge-führt. Zweitens, die ukrainische Autonomie entwickelte sich als Teil der europäischen Welt weiter. Peter I. begann seine aggressive Politik der erzwungenen Trennung der Ukraine von Europa.

Die schrittweise Absorption der Ukraine vom eurasischen Reich war die Abschaffung des Hetmanats der Ukraine im Jahre 1764, die Zerstörung des Sitsch im Jahr 1775, die Einführung der Leibei-genschaft im Jahr 1783, die Umsetzung von Bildung und Druck. Als Symbol der Unterordnung der Ukraine durch Russland wurde 1801 von Moskau die Reichsverordnung über das Verbot zum Bau von Kirchen in der "Malorossischen Stil" verabschiedet, das heißt, der Kosaken-Barock-Stil.[7]

---

[6] Бульвінський А.Г. Еволюція європейської парадигми розвитку України в XIV – XIX ст. / Україна в Європі: пошуки спільного майбутнього. – С. 102 [Bul'vins'kyj A.H. Evoljucija jevropejs'koji paradyhmy rozvytku Ukrajiny v XIV – XIX] st. / Ukrajina v Jevropi: pošuky spilnoho majbutn'oho. S. 102]; Кобилецький М. Магдебурзьке право в Україні (XIV – перша половина XIX ст.). Історико-правове дослідження. – Л., 2008. – C.148–149. [Kobylec'kyj M. Mahdeburz'ke pravo v Ukrajini (XIV – perša polovyna XIX st.). Istoryko-pravove doslidžennja. L. 2008, S. 148-149].
[7] Наливайко Д. Козацька християнська республіка: (Запорізька Січ у західноєвропейських літературних пам'ятках). – К., 1992. – С. 186-188. [Nalyvajko D. Kozac'ka chrystyjans'ka respublika: (Zaporiz'ka Sič u zachidnojevropejs'kych literaturnych pam'jatkach). K. 1992, S. 186-188].

Staatliche Einrichtungen während des Ersten Weltkriegs in der Ukraine gab es in den Jahren 1917–1921. Diese Einrichtungen gehörten zu den jungen Staaten in der Zentralukraine, die unter dem russischen Herrschaftsbereich standen, und auch in der westlichen Ukraine. Dazu zählten die ukrainische Volksrepublik, der Hetmanat, Direktorija der UNR, die West-Ukrainische Volksrepublik und die Ukrainische Sowjetrepublik. Am 22. Januar 1919 wurde ein Akt über die Vereinigung der UVR und der WUVR verabschiedet. Aber es wurde zu einem wichtigen symbolischen Schritt, seitdem ist die konziliaritäre Ukraine nicht zu einer politischen Realität geworden. Aus vielen Gründen konnte die Bildung der Landesregierung nicht dem Angriff des bolschewistischen Russlands und anderer Ländern standhalten. Als Ergebnis wurde ein großer Teil der Ukraine Teil der Sowjetunion und die westliche Ukraine ein Teil der europäischen Mächte bis zur Mitte des 20. Jahrhunderts. Der Ukrainische Staat wurde 1917-1921 von 25 Ländern zu unterschiedlichen Zeiten anerkannt (de jure).[8] Der Sieg der Bolschewiki führte zur Eingliederung des größeren Teils der Ukraine in die UdSSR als eine Republik. Und erst am Ende des Zweiten Weltkrieges, in Übereinstimmung mit den Beschlüssen der Konferenz von Jalta mit den drei Mächten der Anti-Hitler-Koalition, betrat die Ukraine die internationale Bühne und wurde zu einem Mitglied der UNO.

Bis ins 19. und 20. Jahrhundert gab es nur wenige nennenswerte Traditionen ukrainischer Staatlichkeit. Im 19. und frühen 20. Jahrhundert war die Ukraine Bestandteil des russischen Zaren-reiches, danach im 20. Jahrhundert Teilrepublik der Sowjetunion. Lediglich in einer ganz kurzen Phase zwischen dem Ende des Zarismus und dem Entstehen der Sowjetunion gab es – für 2 bis 3 Jahre – den Ansatz zu einer eigenen Entwicklung, die aber bald in dem großen Rahmen der Sowjetunion aufging. Das bedeutet, dass erst nach dem Zusammenbruch der Sowjetunion (1991) der Weg zu einer eigenständigen Staatlichkeit frei wurde, die entsprechend nicht auf

---

[8] Міжнародно-правовий статус України / Енциклопедія українознавства. – Т. 4. – Львів. – 1994. – С. 1572. [Mižnarodno-pravovyj status Ukrajiny / Encyklopedija ukrajinoznavstva. T. 4. L'viv 1994, S. 1572].

ältere Traditionen von Staatlichkeit zurückgreifen konnte. In der Sowjetunion und der Ukrainischen SSR wurde die Mehrheit der ukrainischen ethnischen Territorien nach dem Zweiten Weltkrieg vereinigt. Aber jedes dieser Territorien hatte seine Differenzen und ein schweres Erbe. Daher ist zu beachten, dass die ukrainische Unabhängigkeit als Staat nur für eine kurze Zeit existierte. Die Mentalität der politischen Praxis in den verschiedenen Regionen war sehr unterschiedlich, das System der staatlichen Institutionen enthielt auch Fehler.

Die zweite wichtige Dimension ist die Dimension der politischen Kultur

In enger Verbindung mit der historischen Dimension der Staatlichkeit steht die der politischen Kultur; gemeint sind damit die Einstellungen der Bürger zu Politik und Staat. Eine politische Kultur, auf die eine selbstständige Entwicklung zur Demokratie aufbauen könnte (seit 1990), gab es offensichtlich nicht. Dieses Defizit belastet die demokratische Systemtransformation der Ukraine stark negativ. Seit dem Beginn der Systemtransformation sind keine wesentlichen Entwicklungen erkennbar. Es ist wichtig zu bedenken, dass die politischen Praktiken der früheren historischen Epochen kaum in die gegenwärtige Phase der Entwicklung der Ukraine passen könnten. Dies bezieht sich auf die weitgehend idealisierten Traditionen der Demokratie der Kosakenrepublik, auf die politische Erfahrung der Staatsbildung und auf die sowjetische Zeit. Sie alle waren weit weg von den Praktiken wirklicher Demokratie entfernt. Als Ausnahme galt die Westukraine. Die Bevölkerung von Galizien und Wolhynien und anderen westlichen Regionen hatte bis 1939 enge kulturelle und wirtschaftliche Beziehungen zu Europa. Die Bewohner von Galizien hatten ein bedeutend höheres Niveau bürgerlicher Freiheiten – im Vergleich zu der Ostukraine; sie hatten ein nationales Bewusstsein bewahrt.[9]

---

[9] Болебрух А.Г. Нариси з історії громадської самосвідомості (суспільна думка України та Росії XI – XIX ст.): Моногр. – Д. : ПП»ЛіраЛТД», 2008. – 452с. [Bolebruch A. H. Narysy z istoriji hromadskoji samosvidomosti (suspilna dumka Ukrajiny ta Rosiji XI – XIX st.): Monohr. D. : PP«LiraLTD» 2008, S. 452].

Die dritte wichtige Dimension ist die Dimension der Gesellschaft

Es handelt sich hier um die geschichtlichen Entwicklungen der Bevölkerung, Bevölkerungszahl, Nationalitäten, Minderheiten, Religionen, Sprachen und Grenzen. Die komplizierte nationale Vergangenheit erklärt die relative Rückständigkeit der Ukraine. Die Geschichte des Landes verlief zwischen den russischen, polnischen, litauischen und österreichischen Fronten. Die Ukraine entstand durch die Kiewer Rus im 9. Jahrhundert. Die Zersplitterung in Fürstentümer im 13. Jahrhundert, das Eindringen der Mongolen und die Annexion von Teilen des Reiches durch Litauen, Polen und Österreich-Ungarn und schließlich die zunehmende Macht Russlands verhinderten eine gesamtnationale Entwicklung. Das brachte die Ukraine nach dem gescheiterten Kosakenaufstand unter der Führung Bogdan Chmelnizkis 1654 unter die Herrschaft Russlands.

1917 wurde die ukrainische Volksrepublik deklariert, die aber von den Bolschewiki zerschlagen wurde. Bereits 1922 erfolgte der Anschluss an die Sowjetunion und erst deren Auseinanderbrechen führte zur Proklamation der Unabhängigkeitserklärung am 24. August 1991. Die Ukraine ist mit über 600.000 km nach Russland und Kasachstan das drittgrößte und mit fast 52 Millionen Einwohnern bevölkerungsreichste Land, in dem die Transformation begonnen hat.

Die relativ einfach erlangte Unabhängigkeit der Ukraine hatte eine Reihe von Effekten zur Folge, die Transformationen und die Einführung einer realen Demokratie erschwerten. Unter diesen Eigenschaften sind die folgenden: alle höheren und lokalen Behörden blieben in den Händen der gleichen Leute, die sie früher geleitet hatten.[10] Der Zusammenbruch der Sowjetunion führte zu einer

---

[10] Верховна Рада України: від декларації – до Конституції України 1996 р. / Український парламентаризм: минуле і сучасне / За ред. Ю.С.Шемшученка. – Л.: Парламентське вид-во, 1999. – С. 198 – 216. [Verchovna Rada Ukrajiny: vid deklaraciji – do Konstytuciji Ukrajiny 1996 r. / Ukrajins'kyj parlamentaryzm: mynule i sučasne / Za red. Ju.S. Šemšučenka. L. : Parlamentske vyd-vo 1999, S. 198-216].

relativ schnellen Schaffung von öffentlichen Institutionen der unabhängigen Ukraine.

Durch die Erklärung vom 20. September 1991 der Werchowna Rada wurde der Nationale Sicherheitsdienst der Ukraine geschaffen. Am 6. Dezember 1991 wurde das Gesetz "Über die Militärkräfte der Ukraine" erklärt. Ab dem 1. Januar 1992 begann die Tätigkeit des staatlichen Steueramtes, der National-Bank der Ukraine usw. Das wichtigste Dokument über die Beziehungen des Staates zu der Bevölkerung wurde das am 8. Oktober 1991 erklärte Gesetz "Über die Staatsbürgerschaft der Ukraine".[11]
Dadurch wurden als Bürger der Ukraine alle Personen anerkannt, die ständig auf dem Territorium der Ukraine und zum Zeitpunkt der Bildung eines unabhängigen ukrainischen Staates wohnten. Die letzte Phase der rechtlichen Genehmigung der Ukraine als unabhängiger Staat war durch das Referendum und die Präsidentschaftswahlen am 1. Dezember 1991 geprägt. Unter den sieben Präsidentschaftskandidaten siegte Leonid Kravchuk, er hatte mehr als 61% der Stimmen.[12]

Nach der Unabhängigkeit wurde die Legalisierung und Legitimierung der Behörden angestrebt. Es wurde nur der Name des Landes verändert – aus der Ukrainischen SSR wurde die Ukraine. Alle Organe, Richter, Staatsanwälte, Strafverfolgungsbehörden – alle wurden während der Sowjetzeit und unter sowjetischem Gesetz gebildet. Deshalb hatte sich die Macht in der Ukraine im persönlichen und strukturellen Sinne nicht geändert.
Konformität ist typisch für die überwiegende Mehrheit der herrschenden Elite, die ihre Bemühungen darauf ausrichtete, das politische System zu ändern, um die Transformation der sozialen Einrichtungen und sozialen Beziehungen in der Gesellschaft aufzubauen. Während dieser Zeit war schnell eine Schicht aus

---

[11] Закон про громадянство України N 1636-XII. Режим доступу http://zakon3.rada.gov.ua/laws/show/1636-12. [Zakon pro hromadjanstvo Ukrajiny N 1636-XII. Režym dostupu http://zakon3.rada.gov.ua/laws/show/1636-12].
[12] Вибори першого Президента України / Танцюра В.І. Політична історія України. – К.: Академвидав. – 2008. – 552 с. [Vybory peršoho Prezydenta Ukrajiny / Tancjura V.I. Polityčna istorija Ukrajiny. K. : Akademvudav 2008, S. 552].

"Nomenklatur-Nationalisten" entstanden. Sie hatten versucht, ihre Position zu stärken. Diese Prozesse werden als «Revolution der Nomenklatur» bezeichnet. Der Zusammenbruch der Sowjetunion und vor allem die Bildung der unabhängigen Ukraine hatten eine sehr große Bedeutung. Durch Schwierigkeiten bei der Entwicklung eines neuen Kurses näherte sich die Ukraine einer Erneuerung des Landes sowie an echte Demokratie an.

Die Ukraine hat unter den Unionsrepubliken der ehemaligen Sowjet-union eine große Rolle gespielt und war hinter der Russi-schen Republik das wichtigste Mitglied der Union. Deshalb haben die Beziehungen zwischen Kiew und Moskau in dem darauf folgenden Zeitabschnitt eine wichtige Rolle gespielt. Aber diese Rolle war noch längere Zeit nicht eindeutig.

Der Anteil der ukrainischen Nation an der Gesamtbevölkerung kurz vor der Unabhängigkeit beträgt nur 73 %. Die zweitgrößte Bevölkerungsgruppe stellen die Russen. Der Anteil der Russen und auch der russisch-sprachigen Ukrainer nimmt von Osten nach Westen stark ab. Neben den Russen gibt es noch eine Vielzahl anderer nationaler Minderheiten. Es handelt sich um Weißrussen, Moldauer, Krimtataren, Polen, Bulgaren, Ungarn, Rumänen, Griechen, Tataren, Armenier, Deutsche u. a. All diese Merkmale sind historisch bedingt.[13]

Während der gesamtsowjetischen Nationalitätenpolitik bis in die 1980-er Jahre wurde am flexiblen Kurs festgehalten und vorerst weiter verkündet, dass zwischen Annäherung und Aufblühen der sowjetischen Nation ein Gleichgewicht zu wahren sei. Danach folgte die gesamtsowjetische Politik gegenüber der Ukraine. Es wurden auch überall die Russifizierungstendenzen verstärkt. Die

---

[13] Про кількість та склад населення України за підсумками Всеукраїнського перепису населення 2001 року // Вісник Держкомстату України 1 (45) – 2003. – C. 77-96. [Pro kil'kist' ta sklad naselennja Ukrajiny za pidsumkamy Vseukrajinskoho perepysu naselennja 2001 roku // Visnyk Deržkomstatu Ukrajiny 1 (45), 2003, S. 77-96].

ukrainische Sprache wurde in den Städten allmählich wieder zu einer Sprache der Unterschichten, die dem Russischen als Sprache der Gebildeten gegenüberstand. Auf dem Lande blieb Ukrainisch fest verankert, oft als einzige Umgangssprache, die von der Mehrheit verstanden wurde. Die ukrainische Sprache und Kultur wurden zusehends aus der Stadt verdrängt und wieder vermehrt mit Bauerntum und Provinzialismus verbunden. Die Änderung dieser Verhältnisse begann mit der «Perestrojka».

Ein spezifisches Problem der Ukraine ist das Fehlen einer den neuen Staat einigenden nationalen Identität. Dies ist auf die starke regionale, ethnische und kulturelle Spaltung der Ukraine zurückzuführen. Die große ethnodemographische Trennlinie verläuft zwischen dem Westen des Landes und den anderen Regionen. Im Westen dominieren die ethnischen Ukrainer; der Osten und der Süden werden dagegen von starken russischen Minderheiten oder von russischen Mehrheiten geprägt. Besonders deutlich wird die regionale Spaltung der unabhängigen Ukraine in Bezug auf die von der Bevölkerung gewünschte Außenpolitik (Westorientierung oder Russlandorientierung).

Die regionalen Unterschiede (Spaltung) in der Ukraine zeigen sich auch bei der Bewertung der Auflösung der Sowjetunion und der Unabhängigkeit der Ukraine. Noch stehen wichtige religiöse Pro-bleme aus. Die Wiederkehr des christlichen Glaubens in die Öffentlichkeit ist in der Ukraine eines der markantesten Zeichen des großen Umbruchs im Gefolge der Auflösung der Sowjetunion. Die ukrainische orthodoxe Kirche ist die zahlenmäßig stärkste Glaubens-gemeinschaft. Daraus haben sich in der Ukraine zwei Denominationen herausgebildet, deren national ausgerichtete Strömung sich nach der Selbstständigkeit des Staates wiederum in zwei Hierarchien aufspaltete. Selbst die Ukrainische Orthodoxe Kirche des Moskauer Patriarchats ist in sich nicht homogen. Ein Teil hält stark zu Moskau, ein anderer will sich von Russland emanzipieren.

Anfangssystemtransformation der unabhängigen Ukraine

Für die Ukraine gilt, was auch auf andere Länder zutrifft: die Transformation umfasst sowohl das politische als auch das ökonomische System, wodurch das „Dilemma der Gleichzeitigkeit" entsteht, denn beide Transformationen bedingen sich gegenseitig. Deutschland konnte nach dem Zweiten Weltkrieg auf einer Verwaltungs- und Marktwirtschaftstradition aufbauen, auch wenn letztere nach 1939 immer mehr zur Kriegswirtschaft verkommen war. Beides fehlt in der Ukraine. Hinzu kommt, dass Deutschland 1945 zerstört und das alte System militärisch besiegt worden war, während sich die Ukraine nicht in einer solchen Nullpunktsituation befand. Im Gegensatz zum Nachkriegsdeutschland, in dem die Siegermächte diese Aufgabe übernahmen und die deutschen Stellen nur die ausführenden waren, muss die Ukraine die Transformation an sich selbst vornehmen. Zudem stehen nach dem Zusammenbruch des alten Systems die für die Machtübernahme erforderlichen neuen/alten Eliten in der Ukraine nicht zur Verfügung. Und schließlich fehlen sogar in Ansätzen Elemente einer Zivilgesellschaft, die vermittelnd zwischen dem alten und dem neuen System wirken könnte.

Die Ukraine hatte immer eine wichtige Rolle in der Region gespielt und nimmt heute einen zentralen Platz im postsozialistischen Ost-, Mittel- und Südosteuropa ein. Sie grenzt an Polen, Russland, Weißrussland, Moldavien, Rumänien, die Slowakei und Ungarn. Die Notwendigkeit der gleichzeitigen Genehmigung der Souveränität und das Vorhandensein zeigte große Unterschiede in den Prioritäten der wichtigsten politischen Kräfte des Landes. Die ewige Frage "Die Ukraine zwischen Ost und West" gehörte eigentlich nicht mehr zur Theorie, sondern zu der Praxis. Es wurden von der Werchowna Rada am 2. Juli 1993 "Grundrichtungen der Außenpolitik der Ukraine" genehmigt. Die Ukraine hatte deutlich erklärt, sich als Mitglied der Familie der europäischen Länder zu fühlen und im europäischen Raum zu liegen.[14]

---

[14] Основні напрями зовнішньої політики України, схвалені Верховною Радою України 2 липня 1993 року / Відомості Верховної Ради Української РСР. – 1993. - № 33; // Політика і час. – 1993. - № 7. – С. 94-96. [Osnovni naprjamy zovnišn'oji polityky Ukrajiny, schvaleni Verchovnoju Radoju Ukrajiny 2 lypnja 1993 roku /

Die geopolitische Lage der Ukraine, geerbt aus sowjetischer Zeit, bedingte hinsichtlich der wirtschaftlichen Beziehungen in einem frühen Stadium der Entwicklung des Landes noch eine starke Abhängigkeit von Russland. Differenzen zwischen Kiew und Moskau über strategischen Fragen blieben für lange Zeit und machten es manchmal unmöglich, die notwendige Transformation in der Innenpolitik durchzuführen. Das alles hatte eine starke Auswirkung auf die Außenpolitik des Landes ausgeübt. Zusätzlich zu diesen Anforderungen gab es eine Reihe von spezifischen Problemen, die von der unabhängigen Ukraine gelöst werden sollten. Als erstes galt es, die Folgen einer der größten Katastrophe in der Geschichte der Menschheit, des Unfalls von Tschernobyl und zweitens die im Land befindlichen Atomraketen, die von der Sowjetunion geerbt worden waren, zu beseitigen. Drittens sollten die Personen ins Land zurückkehren, die in den 40 - 50er Jahren wegen ihrer ethnischen Zugehörigkeit hinausgejagt worden waren. Innere wie auch äußere Probleme beeinflussten Millionen Menschen und erforderten neue Lösungen. Zur Lösung von all diesen Problemen konnte man die Zusammenarbeit mit einer Reihe von Ländern, in erster Linie Mitgliedern des Sicherheitsrates der Vereinten Nationen und Mitgliedern des Atomwaffenclubs forcieren. Auch Millionen von Dollar waren erforderlich.

Unter diesen Bedingungen in den ersten Jahren der Unabhängigkeit (unter der Präsidentschaft von Leonid Kravchuk) gab es keine Strategie des Transformationsprozesses. Als Hauptanreiz der politischen Entscheidung galt die Konjunktur. In Anbetracht all dieser Schwierigkeiten hat sich die Bewegung der Ukraine in den westlichen politischen und wirtschaftlichen Raum nur langsam verzögert. Die Beziehungen von Kiew zum Westen können grob in drei Richtungen unterteilt werden. Ukraine – EU, Ukraine – NATO, Ukraine – USA. Ihre gegenseitige Abhängigkeit war und bleibt ein wichtiger Faktor. Es wurden Entscheidungen über das sowjetische Atomerbe getroffen und die Ukraine trat der Zahl der nichtnuklearen Staaten

---

Vidomosti Verchovnoji Rady Ukrajins'koji RSR. 1993, № 33; // Polityka i čas. 1993, № 7. S. 94-96].

bei. Eine Lösung dieser Probleme hatte die seit 1994 einsetzende Dynamik der Beziehungen in allen Bereichen ergeben. Im Jahr 1995 wurde die Ukraine zum Vollmitglied des Europarats.[15]

Schwierigkeiten gab es aufgrund des wirtschaftlichen Zustands des Landes nach dem Zusammenbruch der UdSSR. Sehr hoch war auch die Hyperinflation. Solche schwierigen Bedingungen wurden mit den neuen Rechtsrahmen für das Funktionieren des Staates geschaffen. Die Ukraine trat dem IWF im Jahre 1992 bei und gewann den Zugang zu internationalen Finanzen für die Umstrukturierung des Wirtschaftssystems. Im Land wurde im Jahre 1992 mit der Privatisierung begonnen. Präsident Kutschma begann im Jahr 1994 schon die lange von Allen erwartete Umstrukturierung des Wirtschaftssystems des Landes, die Deregulierung in der Land-wirtschaft, die Liberalisierung der Preise und die Transfomation der Wirtschaft. Zur Verbesserung der wirtschaftlichen Lage hatten die Kredite und die Einführung der nationalen Währung der Ukraine – Hryvna - im Jahr 1996 beigetragen. Im Jahre 2000 zeigte das Land eine wirtschaftliche Steigerung von 5,9%.

Die ukrainische Wirtschaft war extrem von importierter Energie aus Russland abhängig. Etwa ein Drittel der Produktion kam von der MIC. Die ersten zehn Jahre der Unabhängigkeit wurden von einem starken Rückgang der Produktion begleitet. Nach Angaben von Experten senkte sie sich im Laufe nur eines Jahres im Vergleich zu den Jahren 1989 -1991 auf 60%. Der Rückgang der Produktion wurde von den Experten als der größte unter allen ehemaligen Sowjetrepubliken geschätzt.[16] Während der ersten zehn Jahre der Unabhängigkeit wurden Massenprivatisierungen durch die freie Abgabe von Werken und Fabriken an die Machtvertreter durch-geführt

---

[15] Касьянов Г.В. Україна 1991 – 2007: нариси новітньої історії. – К.: Наш-Час – 2008. – С. 104. [Kas'janov H.V. Ukrajina 1991 – 2007: narysy novitn'oji istoriji. K.: Naš-Čas 2008, S. 104].

[16] K. Banaian, St. Cloud State University, "The economy of Ukraine after 10 years: the connection between delayed economic reforms and external assistance". 2001, p. 3; http://societv.polbu.ru/nikulichev sng/ch09 all.html

- so genannte werktätige Privatisierung.[17] Seit dem Jahr 2000 geschah die Privatisierung einzelner Projekte - die teuersten und strategisch wichtigsten Objekte. Dabei ist die Korruptionskom-ponente der Privatisierung deutlich gestiegen.

Demokratie in der Ukraine

Während der Übergangszeit näherte sich die Ukraine langsam dem demokratischen Standard an. In den Kravtschuk-Zeiten hatten Kommunisten eine starke Position. Sehr lang dauerte die Periode der Entwicklung und Verabschiedung der neuen Verfassung der Ukraine. Sie wurde am 28. Juni 1996 angenommen und erklärte das Volk zur Quelle der Macht, die Stärkung des Prinzips der Machtteilung in Legislative, Exekutive und Judikative und ihre Unab-hängigkeit voneinander.

Die Ukraine wurde zur präsidenten-parlamentarischen Republik. Sie proklamierte sich auf Basis der Grundsätze eines sozialen, rechtlichen und demokratischen Staats, der die demokratischen Rechte und Freiheiten der Bürger schützt.[18]
Doch die sozialpolitische Praxis, die Schwäche der politischen Parteien und der Zivilgesellschaft konnten der Stärkung der autoritären Tendenzen auf Seiten des Präsidenten und der gesamten Exekutive vertikal, die Bildung von oligarchischen Clans, die Verletzung der Rechte und Freiheiten der Bürger nicht widerstehen. Kutschmas

---

[17] Закон України від 19 червня 1992 року N2482-XII "Про приватизацію державного житлового фонду"; Закон України від 6 березня 1992 року N2171-XII " Про приватизацію невеликих державних підприємств (малу приватизацію)" // Відомості Верховної Ради України (ВВР), 1992, № 24, ст. 350 http://zakon5.rada.gov.ua/laws/show/2171-12 [Zakon Ukrajiny vid 19 červnja 1992 roku N2482-XII "Pro pryvatyzaciju žytlovoho fondu"; Zakon Ukrajiny vid 6 bereznja 1992 roku N2171-XII "Pro pryvatyzaciju nevelykych deržavnych pidpryjemstv(malu pryvatyzaciju)" // Vidomosti Verchovnoji Rady Ukrajiny(VVR), 1992, № 24, S. 350 http://zakon5.rada.gov.ua/laws/show/2171-12]; Economic Reform in Ukraine, the unfinished agenda, edited by Anders Aslund and Georges de Menil, 2000, p. 31; Кошик А. "Провал или успех? Апология приватизации в Украине", №32 (356), http://www.zn.ua/2000/2060/32015/ [Košik A. "Proval ili uspech? Apologija privatizacii v Ukraine", №32 (356), http://www.zn.ua/2000/2060/32015/].
[18] Конституція України 1996 року. – К. – Парламентське видавництво. – 87 с. [Konstytucija Ukrajiny 1996 roku. K. Parlaments'ke vydavnyctvo, S. 87].

Regierung wurde wegen der Dominanz auf allen Ebenen als korrupt kritisiert.[19]

Die Präsidentenwahl von 1999, die er wieder gewann, wurde wegen des Drucks auf die Medien, auf die Oppositionskandidaten und der Nutzung von Verwaltungsressourcen unehrlich genannt. Die Kutschma-Regierung lässt uns an den „Fall Georgy Gongadse" denken – damals beschuldigte die Opposition die Regierung des Mordes an dem Journalisten, der in seinen Publikationen die Korruption in den höchsten Schichten der Staatsmacht enthüllte.

Aber die Lage der Einhaltung der politischen Rechte und bürgerlichen Freiheit änderte sich seit der „Orangenen Revolution" im Jahr 2004. Bereits in der Mitte der 2000er Jahre bewies die Ukraine, dass sie ihre Zivilgesellschaft hatte und dass sie das Recht auf Wiederwahl verteidigte. Durch die Tätigkeit der neuen liberalen Kräfte in der Ukraine wurde die Tür zu weiteren ausländischen Investitionen eröffnet, die Stimme der Opposition wurde lauter, nach der „Orangenen Revolution" standen die Medien nicht mehr unter dem Druck der Behörden.[20] Aber die Kontrolle der Presse durch den Oligarchen ist geblieben. Dieselbe Lage herrscht auch heute noch. Die neuen Kräfte, die nach der „Orangenen Revolution" an die Macht kamen, konnten die Korruption im Land nicht besiegen. Bereits seit 2007 nahm die Korruption wieder stark zu. Laut der jährlichen

---

[19] Давиденко Б. Економіка: в тіні 36%. – Дело. – 27 жовтня 2009 http://delo.ua/ekonomika/makroekonomika/ekonomika-v-teni-132762/. [Davydenko B. Ekonomika: v tini 36%. Delo. 27 žovtnja 2009]; Шульга Н. Нарастание политического кризиса и конфликт элит во время президентских выборов 2004 года / Дрейф на обочину. – Двадцать лет общественных изменений в Украине. – К. 2011. – С. 38 – 45. [Šul'ga N. Narastanie političeskogo krizisa i konflikt ėlit vo vremja prezidentskich vyborov 2004 goda / Drejf na obočinu. – Dvadcat' let obščestvennych izmenenij v Ukraine. K. 2011, S. 38-45].

[20] Михальченко Н., Андрущенко В. Историческое время без перемен или политическое развитие «по кругу» / Украина разделенная в себе: от Леонидии к Виктории.Т.2. – К. 2012. - С. 527 – 550 [Michal'čenko N., Andruščenko V. Istoričeskoe vremja bez peremen ili političeskoe razvitie «po krugu» / Ukraina razdelennaja v sebe: ot Leonidii k Viktorii. T.2. K. 2012, S. 527 – 550]; Лазаренко рассказал свою правду об убийстве Щербаня http://www.facenews.ua/news/2013/102672/ [Lazarenko rasskazal svoju pravdu ob ubijstve Ščerbanja http://www.facenews.ua/news/2013/102672/].

internationalen Einschätzung rutschte die Ukraine vom Platz 118 im Jahr 2007 auf den Platz 152 im Jahr 2011. Die Regie-rung der Prä-sidentschaft von V. Juschtschenko hatte eine Reihe von Erklärun-gen für die Notwendigkeit der erneuten Privatisierung, obwohl solche Erklärungen oft nur politisch und unrealisierbar waren.[21]

Es muss auch betont werden, dass die "orangene Macht" nicht zu einer radikalen Erneuerung der Gesellschaft und der Regierung führte. Viktor Juschtschenko hatte sein Wahlprogramm nicht erledigt.[22] Ergebnis war eine Änderung der Elitegruppen an der Macht. Als Folge der Frustration von dem "Team der Orangenen" kam es zu einer tiefen Desorientierung bei demokratischen Reformen, so dass in den nächsten Präsidentschaftswahlen im Jahr 2010 Viktor Janukowitsch gewann.

Der neue Präsident kam an die Macht mit dem Programm "Ukraine für das Volk", in dem viel Aufmerksamkeit den systemischen Refor-men in der Ukraine geschenkt wurde.[23] Dank Investitionen und In-novationen wurden ehrgeizige Ziele für zehn Jahren geplant, um zu den 20 am meisten entwickelten Ländern der Welt zu gehören. Um ein nachhaltiges Wirtschaftswachstum zu erreichen, wurde geplant, Steuerbefreiungen für kleine Unternehmen für fünf Jahre zu schaffen, um das ukrainische Dorf wiederzubeleben.

---

[21] Приватизация в Украине: езда по встречной полосе http://privatizacija-v-ukraine-ezda-po-vstrechnoi-p [Privatizacija v Ukraine: ezda po vstrečnoj polose http://privatizacija-v-ukraine-ezda-po-vstrechnoi-p]; Пасхавер А., Верховодова Л. "Приватизация до и после оранжевой революции". Центр Социально-экономических исследований, Варшава, 2006, стр. 7. [Paschaver A., Verchvodova L. " Privatizacija do i posle oranževoj revoljucii". Centr Socialno-ékonomičeskich issledovanij, Varšava 2006, S. 7].

[22] Десять шагов навстречу людям
 http://www.intelros.org/lib/doklady/ushenko4.htm [Desjat' šagov navstreču ljudjam http://www.intelros.org/lib/doklady/ushenko4.htm].

[23] Украина для людей – програма Януковича
 http://vibori.in.ua/kandidaty/predvibomie-programy/427-predvibornaya-programa-yanukovicha.html [Ukraina dlja ljudej – programa Janukoviča
 http://vibori.in.ua/kandidaty/predvibomie-programy/427-predvibornaya-programa-yanukovicha.html].

Einen großen Platz im Programm des Präsidenten nahmen die Pläne ein, Sozialstandards zu verbessern, Sozialleistungen zu erhöhen, die Verbesserung der demographischen Lage im Land. Weder die versprochene Zunahme der Bevölkerung auf bis zu 50 Mill. Menschen (sank auf 45 Mill.), noch die im Wahlprogramm versprochenen Kostenreduktionen für die Aufrechterhaltung der Regierung oder bei Steuerbelastung für die Bevölkerung sind geschehen.

Unter der Präsidentschaft von Janukowitsch wuchsen antidemokratische Tendenzen an; die Meinungsvielfalt in der Gesellschaft wurde infrage gestellt. Das Verfassungsgericht änderte die Verfassung von 2004 und der Präsident bekam wieder größere Befugnisse. Der Druck auf die Medien galt als normale Praxis. Das Vertrauen in die Gerichtsbehörden bestand bei den Bürgern nicht mehr. Auch wegen der Verhaftung von Julia Timoschenko, der ehemaligen Ministerpräsidentin und ehemaligen Rivalin im Präsidentschaftswahlkampf. Alle diese Tatsachen spielten eine große Rolle bei der Umwandlung des Staates in ein unfreies Land. Korruption war überall, auf allen Ebenen.

Zur gleichen Zeit wurde die Stärkung der europäischen Integration zu einer der wichtigsten außenpolitischen Ziele des Landes festgelegt. Ende 2010 wurde ein Aktionsplan für die Schaffung eines visafreien Regimes mit der EU für kurzfristige Reisen vorbereitet. Eine Vereinbarung über die Visa-Abschaffung wurde zur Meisterschaft „Euro 2012" geplant. Zur gleichen Zeit wurde ein Protokoll zur Vereinbarung über Partnerschaft und Zusammenarbeit über die Grundlagen für die Teilnahme an EU-Programmen unterzeichnet. Es forderte die Teilnahme der Ukraine als Beobachter an den EU-Programmen. Der nächste logische Schritt wäre das Abkommen über die Assoziation zwischen der Ukraine und der Europäischen Union gewesen. Er wurde wegen der Verhaftung von Julia Timoschenko verschoben. Eine starke Reaktion der Öffentlichkeit in Europa und in den Vereinigten Staaten folgte, welche die Euro-Integration der Ukraine hemmte und ein Risiko für die Entwicklung der internationalen Beziehungen der Ukraine nach weißrussischem Muster schuf. 2011 erklärten die Vertreter der Europäischen Union die

Nicht-Übereinstimmung der Ukraine mit den Bedingungen für die Mitgliedschaft in der EU.

Ein weiteres wichtiges außenpolitisches Ziel der Ukraine war, nach Janukowitschs Erklärung, die Wiederaufnahme der guten Beziehungen zu Russland, ohne die nationalen strategischen Interessen von Kiew zu vergessen. Die Charkower Abkommen im Jahre 2010 erweiterten die Fristen der Stationierung der Schwarzmeerflotte der Russischen Föderation in Sewastopol für 25 Jahren.[24] Es wurden Preise für russisches Gas besprochen.

Sehr beeindruckend war die Tatsache, dass die meisten vom Janukowitsch-Umkreis und er selbst, die aus dem Donbass kamen, in der Euphorie eines lange erwarteten Sieges, sich in der Ukraine so verhalten hatten, wie in einem zerschlagenen, eroberten und fremden Land. Korruption, Machtmissbrauch, strafrechtliche Verfolgung politischer Gegner nahmen sehr stark zu und waren noch größer als in der Kutschma-Zeiten. Die Behörden hatten Steuern für kleinere und mittlere Hersteller sehr stark erhöht, um die Mindestbedürfnisse der Bevölkerung zu kompensieren.

Diese Politik in einem Land, in dem die Bürger die Erfahrung des organisierten Protests gehabt hatten, führte zu sozialen Unruhen. Die ersten Anzeichen für den Aufstieg der Proteste begannen mit dem sog. Steuer-Majdan und Auto-Majdan. Unternehmer waren gegen die Steuerordnung. Die Behörden verweigerten eine direkte Steuererhöhung zwar, aber sie hatten diese Idee doch nicht aufgegeben.

---

[24] Угода між Україною та Російською Федерацією з питань перебування орноморського флоту Російської Федерації на території України (укр/рос) http://zakon3.rada.gov.ua/laws/show/643_359 [Uhoda miž Ukrajinoju ta Rosijs'koju Federaci-jeju z pytan' perebuvannja Čornomors'koho flotu Rosijs'koji Federaciji na terytoriji Ukrajiny (ukr/ros) http://zakon3.rada.gov.ua/laws/show/643_359]; Закон України Про засади внутрішньої і зовнішньої політики (Відомості Верховної Ради України (ВВР), 2010, № 40, ст. 527 http://zakon3.rada.gov.ua/laws/show/2411-17; http://www.spiegel.de/international/europe/o,1518,791399,00.html [Zakon Ukrajiny Pro zasady vnutrišn'oji i zovnišn'oji polityky (Vidomosti Verchovnoji Rady Ukrajiny (VVR), 2010, № 40, S. 527.http://zakon3.rada.gov.ua/laws/show/2411-17.

Verstärkt wurde die Massenmedienkontrolle, die guten Be-ziehungen zu Russland. Womit der Ausgleich in der Balancierung Janukowitsch zwischen Russland und EU endete, ist allgemein bekannt: keine Unterzeichnung des Abkommens über die Assoziation zwischen der Ukraine und der EU auf dem Gipfel in Vilnius im November 2013. Dies alles galt als Anfangspunkt und führte zum zweiten Majdan. Das Erschießen von Studenten am 30. November 2013 hatte dazu geführt, dass sich am nächsten Tag am Platz der Unabhängigkeit in Kiew etwa eine halbe Million Menschen sammelten. Sie forderten das Ende der Unterdrückung und Bestra-fung für die, die Regierung vor dem Volk schuldig war.

Das Phänomen des Majdans bestätigte die starke Mobilisierung von den unteren Schichten der Gesellschaft bis hin zu einem enormen Maßstab. Dieses Phänomen war ein Weg, um die Kräfte des Protests und der Radikalisierung in ihren Anforderungen zu stärken. Die Zusammensetzung wurde durch die verschiedenen Schichten der ukrainischen Gesellschaft vertreten, statt einer schmalen Schicht der städtischen "überflüssigen Menschen". Es ist bezeichnend, dass sich während des akutesten, bewaffneten Konflikts die Anzahl von Spezialisten mit Hochschulbildung auf 27% erhöhte. Auch gab es deutlich mehr Geschäftsleute, ihre Anzahl stieg bis auf 17%. Erhöht war auch der Anteil an Arbeitern. Darüber hinaus kamen immer mehr junge Leute (4%), Polizisten und Militär (3%). Das Durchschnittsalter der Mitglieder des bewaffneten Majdan war 37 Jahre.[25] In den nächsten Monaten kam es zur Revolution. Die Unterstützung der Bestrebungen der Ukraine, ihrer Bevölkerung, die sich das Recht auf die demokratische Wahl erworben hatte, durch die EU und die USA hatten die bekannten Ergebnisse zur Folge.
Und Recht haben die Wissenschaftler, die behaupten: «nach seinem demokratischen und bürgerlichen Inhalt, wurde der Kiewer Majdan vom November 2013 bis Februar 2014 zum wichtigsten Bestandteil eines etwas breiteren Phänomens. Sein Wesen lag in der

---

[25] Майдан-декабрь и Майдан-февраль: что изменилось? Пресс-релизы и отчеты http://www.kiis.com.ua/?lang=rus&cat=reports&id=226 [Majdan-dekabr' i Majdan-fevral': čto izmenilos'? Press-relizy i otčety http://www.kiis.com.ua/?lang=rus&cat=reports&id=226].

Selbstorganisierung der Gesellschaft, die gegen das politische System an sich auftrat, gegen das System, das nicht im Stande war, die Interessen der Gesellschaft zu vertreten.[26] Dieser starke soziale und politische Protest spiegelte die bisher ungelösten Probleme der Bildung eines neuen Wirtschaftssystems, der Zivilgesellschaft, einer politischen Nation und eines Nationalstaates sowie die Asymmetrie der Beziehungen zu den Nachbarstaaten wider.

Die heutige Ukraine ist wirklich ein paar Schritte näher an den Westen gekommen. Viele Bürger verstehen sich sogar viel besser als früher. Aber immer noch hängt vieles von der Durchsetzung von Innenreformen, von der Achtung demokratischer Werte in der Gesellschaft und natürlich vom Kampf gegen die Korruption ab. [27]
Die Unterstützung der großen westorientierten Bestrebungen der Ukraine, der Menschen, die das Recht auf eine demokratische Wahl verteidigt hatten, hatte die bekannten Ergebnisse. Das Land ist nun viel näher am Westen. Und was ist das Ergebnis des fast fünfundzwanzigjährigen Weges der Ukraine nach Europa, nach Westen? Es ist offensichtlich, dass das Land einen recht langen Weg beschritten hat und eine Reihe von Transformationen der politischen und wirtschaftlichen Systeme durchgeführt hatte. Der Sowjetische Nachlass einer fehlerhaften Wirtschaftsstruktur machte die Übergangszeit für die Ukraine sehr schmerzhaft. Zurzeit sind die Wirtschaftsangaben in der Ukraine sehr schlecht und sehr niedrig – im Vergleich zu den anderen Ländern, wie beispielsweise den Ländern der Visegrád-Gruppe, die vor kurzem auch die Übergangs-periode bestanden haben.

---

[26] Ворожейкина Татьяна. Украина: неутраченные иллюзии. PRO et Contra. 2014, №3-4 (63), Май-август. [Vorožejkina Tat'jana. (2014) Ukraina: neutračennye illjuzii. PRO et Contra. 2014, №3-4 (63), Maj-avgust].
[27] Umland, Andreas Missverständnisse der Euromaidan-Ukraine http://www.laender-analysen.de/ukraine/pdf/UkraineAnalysen154.pdf; Die Macht der Oligarchen / von Marcel Siepmann http://www.mdr.de/heute-im-osten/die-macht-der-oligarchen100.html; https://www.tagesschau.de/ausland/ukraine-unter-kleptokratie-verdacht-101.html

Die Traditionen der Sowjetverwaltung, Totalkorruption, die Privatisierung der Großkonzernen zu Gunsten von Freunden, die Verfolgung der politischen Opponenten – durch diese Eigen-schaften
wurde oft die Macht in den Republiken der ehemaligen Sowjetunion
charakterisiert. Dies alles gehörte auch zu Kutschmas und Janukowitschs Regime.

Doch in der Regierungszeit von Viktor Juschtschenko und jetzt unter Präsident Poroschenko verliert die Regierung allmählich den
Glaubwürdigkeitskredit, der ihr nach der Revolution gegeben worden war. Viktor Janukowitsch zog die Macht seiner Freunde aus
Donezk an. Jetzt wiederholt sich eine Menge von negativen Ereignissen. Der politische Bereich verengt sich wieder. Es verzögert
sich der Reformprozess der Staatsanwaltschaft und der Gerichts-
verfahren. Die Korruption dringt auch in die Armee und den militärischen Bereich. Man kann zudem betonen, dass sich die Ukraine im
Kreis bewegte und wieder dahin zurückkehrte, wogegen sie im
Zuge der Revolution protestiert hatte.

Laut Beurteilung des bekannten ukrainischen Wissenschaftlers, des
Präsidenten der Ukrainischen Akademie für Politische Wissenschaften Professor Mykola Myhaltschenko, wird die Entwicklung
des ukrainischen Staates durch eine Auswechselung der herrschenden Eliten begleitet, und die Ereignisse der letzten zwei Jahren sind ein guter Beweis dafür. Auf der Grundlage der soziologi-
schen Forschung schließt Prof. Myhaltschenko damit, dass das Niveau der sozialen Spannungen in der Ukraine das Niveau über-
schritt, das vor der Revolution der Ehre war. Denn zum Anfang des
Zweiten Majdans gab es erst 13% der Bevölkerung, die bereit war,
auf die Straße zu gehen und für Freiheit, Demokratie und Rechte zu
kämpfen. Am Ende des Jahres 2015 stieg bei den Befragten diese
Zahl bis auf 17%. Zusätzlich gab es bei den zivilen Menschen bis
zu 2 Mill. Waffen.[28] Nur der Krieg im Donbass dient hier als der

---

[28] Держави пострадянського простору в умовах формування багатополюсного
світу: історичні уроки та перспективи // Зовнішні справи. - № 11 – 2015. – С.23.
[Deržavy postradjans'koho prostoru v umovach formuvannja bagatopoljusnoho svitu:
istoryčni uroky ta perspektyvy // Zovnišni spravy. № 11, 2015, S. 23].

einzige Faktor, der die soziale Explosion, seiner Meinung nach, hemmt.

Drüber hinaus braucht das Land, die Gesellschaft radikale soziale und wirtschaftliche Reformen, einen greifbaren positiven demokratischen Wandel, den starken Widerstand gegen das Monopol der Oligarchen und ihre negativen und korrupten Einflüsse auf die staatlichen und politischen Strukturen. Stattdessen müssen alle staatlichen Institutionen, die Zivilgesellschaft, die Rechtsstaatlich-keit, echte Demokratie, die Freiheit und Unabhängigkeit der Medien behaupten, und in allen Bereichen des Staates und der Gesellschaft demokratische Werte unterstützen. Die Regierung der Ukraine, politische Parteien und die Öffentlichkeit sind aufgerufen immer stärker dem Einfluss der Oligarchen in den staatlichen und politischen Strukturen zu widerstehen. Und in dieser Hinsicht können für die Ukraine die Nachbarländer der Visegrád-Gruppe, die baltischen Staaten und auch andere Länder als Beispiel dienen. Wir können natürlich einen neuen Majdan organisieren, Aufladung der Macht nicht ausschließen. Die Logik des historischen Prozesses des XXI Jahrhunderts führt unbedingt zu einer großen Demokratisierung. Die Ukraine muss sich auf die entwickelten Länder konzentrieren, sie als Beispiel für eigenen Fortschritt betrachten. Wenn man für den Fortschritt strebt, ist offenbar, dass es keinen anderen Weg gibt.

Gilbert Gornig:

Transnistrien, Abchasien und Südossetien als nicht anerkannte Staaten

Auch ein Beitrag zur *uti-possidetis*-Doktrin und zum Selbstbestimmungsrecht der Völker

I. Problematik

Transnistrien, Abchasien und Südossetien sind drei Territorien, die sich um Loslösung von ihrem Mutterland bemühen. Transnistrien strebt eine Sezession von Moldawien an, Abchasien und Südossetien wollen sich von Georgien lösen. Alle drei Gebiete haben ein abgegrenztes Territorium mit einem Volk und einer möglicherweise effektiven Staatsgewalt, so dass es sich um Staaten im Sinne der Drei-Elemente-Lehre von Jellinek handeln könnte. Allerdings haben die Gebilde bislang nicht bzw. nur wenig Anerkennung in der internationalen Staatengemeinschaft gefunden.

Transnistrien wird zwar von Russland unterstützt, Russland hat aber Transnistrien nicht anerkannt. Anders verhält es sich mit Abchasien und Südossetien. Beide Länder sind bereits anerkannt worden, allerdings nur von Russland und wenigen, zum Teil unbedeutenden Staaten der Welt. Die Konsequenz dieser Versuche der Abspaltung vom Mutterland ist, dass es sich bei Abchasien und Südossetien aus dem Blickwinkel der anerkennenden Staaten um Staaten im Sinne des Völkerrechts handelt, aus dem Blickwinkel der Staaten, die keine Anerkennung ausgesprochen haben, um *de facto*-Herrschaften. Völkerrechtssubjektivität genießen neben den Staaten allerdings auch *de facto*-Herrschaften[1].

Infolge russischen Einflusses bestehen allerdings am Vorliegen einer eigenen effektiven Staatsgewalt über das eigene Gebiet Zweifel. Im Falle von Transnistrien wurde die Frage der Gebietshoheit

---

[1] Als beschränktes Völkerrechtssubjekt hat der nicht anerkannte Staat oder das *de facto*-Regime einen Mindestbestand an völkerrechtlichen Rechten und Pflichten; vgl. beispielsweise Raap, Christian, De facto-Regime, stabilisiertes, in: Schöbener, Burkhard (Hrsg.), Völkerrecht. Lexikon zentraler Begriffe und Themen, 2014, S. 50 ff. (51).

auch vor dem Europäischen Gerichtshof für Menschenrechte verhandelt. In den Fällen Ilascu[2] und andere gegen Moldawien und Russland sowie Catan[3] und andere gegen Moldawien und Russland wurde geprüft, ob Russland als Beklagter Staat herangezogen werden kann, obwohl der territoriale Souverän des Territoriums *de iure* ausschließlich Moldawien ist. In beiden Fällen wurden die Militärunterstützung und Militärpräsenz der ehemaligen sowjetischen und gegenwärtigen russischen Armee – immerhin sind etwa 2.000 sog. Friedenssoldaten Russlands in Transnistrien stationiert[4] – die finanzielle Unterstützung durch Russland und Staatsbesuche der Regierungsmitglieder der Transnistrischen Moldauischen Republik in Moskau vom Europäischen Gerichtshof für Menschenrechte in die Bewertung einbezogen, so dass der Gerichtshof in beiden Fällen zum Ergebnis kam, Russland habe in Transnistrien Gebietshoheit ausgeübt und könne deswegen als Beklagter herangezogen werden[5]. Dies bedeutet, dass es in Transnistrien an einer wirklich effektiven Ausübung der Staatsgewalt durch die transnistrische Regierung fehlt und das Land sich deswegen zurzeit nicht auf den Status eines Staates berufen kann.

Eine ähnliche Situation ist auch in Abchasien und Südossetien zu konstatieren. Diese Gebiete erhalten materielle Unterstützung von Russland. Ihr Gebiet wird durch russische Militäreinheiten geschützt. Mit Abchasien und Südossetien schloss Russland zahlreiche Verträge auf den Gebieten der Steuern, des Freihandels, der Valuta und der Banksysteme sowie der Verteidigung[6]. Die

---

[2] EGMR, Urteil vom 8.7.2004, Ilascu und andere gegen Moldawien und Russland, Az.: 48787/99 – hudoc, Rn. 394.

[3] EGMR, Urteil vom 19.10.2012, Catan und andere gegen Moldawien und Russland, Az.: 43370/04 u.a. – hudoc, Rn. 123.

[4] . Vgl. Russische Truppen starten Manöver in Transnistrien, in: http://www.zeit.de/politik/ausland/2014-03/russland-moldau-transnistrien-truppenuebung.

[5] EGMR, Urteil vom 8.7.2004, Ilascu und andere gegen Moldawien und Russland, Az.: 48787/99 – hudoc, Rn. 394; EGMR, Urteil vom 19.10.2012, Catan und andere gegen Moldawien und Russland, Az.: 43370/04 u.a. – hudoc, Rn. 123.

[6] Im Frühjahr 2014 haben russische Truppen ein Manöver begonnen. Die Panzergrenadiere übten den Schutz friedlicher Bürger in einem möglichen Kriegsgebiet, sagte Oberst Oleg Kotschetkow der Agentur Interfax. Vgl. Russische Truppen starten Manöver in Transnistrien, in: http://www.zeit.de/politik/ausland/2014-03/russland-moldau-transnistrien-truppenuebung.

massenhafte Verleihung der russischen Staatsbürgerschaft an Südosseten ist mit den völkerrechtlichen Regeln unvereinbar und damit rechtswidrig[7]. Diese Einbürgerung unterwirft die Südosseten der Staatsgewalt der Russischen Föderation. Insgesamt können Südossetien und Abchasien nicht selbst die effektive Kontrolle über ihr Gebiet ausüben. Es ist zu erwarten, dass bei einer günstigen Gelegenheit Russland diese Gebiete einverleiben wird, eventuell nach einer vielleicht auch nicht einmal fingierten Abstimmung der Bevölkerung über den Anschluss an Russland. Heute wird man jedoch von *de facto*-Herrschaften ausgehen können, da noch hinreichend eigene Entscheidungsfreiheit besteht, wie etwa der überraschende Wahlausgang in Transnistrien im Jahr 2011 zeigt,[8] bei dem nicht der von Russland favorisierte Kandidat gewann.

Die Gebiete berufen sich zur Legitimierung ihres Unabhängigkeitsstrebens auf das Selbstbestimmungsrecht der Völker. Diejenigen Staaten hingegen, die nach wie vor diese Gebiete als Teile ihres Territoriums betrachten, berufen sich auf ihre territoriale Integrität und Staatssouveränität.

II. Geschichte von Transnistrien, Abchasien und Südossetien

1. Transnistrien

a. Überblick über die Geschichte bis zum Ende des Ersten Weltkriegs

Im Friedensvertrag von Bukarest zwischen Russland und der Türkei vom 28. Mai 1812[9] bekam Russland die östliche Hälfte des

---

[7] Mammadov, Müschfig, Die Sezessionskonflikte im postsowjetischen Raum und das Selbstbestimmungsrecht der Völker, 2012, S. 274.

[8] Bei der transnistrischen Präsidentschaftswahl 2011 wurde der Präsident Smirnow überraschend abgewählt und landete bei der Wahl nur auf dem dritten Platz. Es kam zur Stichwahl zwischen dem unabhängigen Kandidaten Jewgeni Schewtschuk und Anatoli Kaminski. Die Stichwahl konnte Schewtschuk für sich entscheiden.

[9] Text: Martens, G. F. von, Nouveau Recueil Général, tome III, S. 397 ff. Vgl. auch Rönnefarth, Helmuth K., Konferenzen und Verträge (Vertragsploetz), Teil III, 3. Bd.: Neuere Zeit 1492-1914, 2. Aufl. 1958, S. 240 f. Der Frieden von Bukarest

Fürstentums Moldau zugesprochen, die westliche Hälfte blieb im Einflussbereich des Osmanischen Reichs. Die Grenze zwischen dem Osmanischen Reich und Russland verlief ab dem Jahre 1812 nicht mehr am **Dnjestr**, sondern 100 bis 125 km weiter westlich, nämlich am Fluss Pruth. In dem Russland zugesprochenen Gebiet errichtete Russland das Gouvernement Bessarabien[10]. Für diesen Territorialgewinn verzichtete Russland auf die osmanisch beherrschten Donaufürstentümer Moldau (westlich des Pruth) und die Walachei. Als Russland 1812 das Land zwischen den Flüssen Pruth und Dnjestr mit einer Fläche von etwa 45.000 km² übernahm, dehnte es den ursprünglich nur für den Südteil geltenden Begriff Bessarabien auf das gesamte Gebiet aus. Eine Änderung der durch den Bukarester Frieden geschaffenen Lage brachte der Pariser Friedensvertrag vom 30. März 1856[11]. Durch Art. XX dieses Vertrages musste Russland einen Teil des südwestlichen Bessarabiens abtreten, der an das unter türkischer Suzeränität stehende Fürstentum Moldau angegliedert wurde. Die in diesem Artikel vorgesehene Grenzführung wurde durch das Protokoll der Pariser Konferenz vom 6. Januar 1857[12] noch weiter zuungunsten Russlands verschoben. Nach dem Russisch-Türkischen Krieg von 1877/78 forderte Russland die 1856 abgetretenen bessarabischen Bezirke zurück. Ihre Rückeingliederung in das Russische Reich geschah auf Grund von Art. XLV des Berliner Vertrages vom 13. Juli 1878.[13]

---

wurde am 28.5.1812 in Bukarest zwischen Zar Alexander I. und dem osmanischen Sultan Mahmud II. geschlossen. Er beendete den seit 1806 anhaltenden Siebenten Russisch-Türkischen Krieg zw. dem Russischen Reich und dem Osmanischen Reich.

[10] Die Bezeichnung „Bessarabien" leitet sich vom walachischen Fürstengeschlecht Basarab ab, das dort im 13. und 14. Jhrh. herrschte, und hat nichts mit Arabien zu tun.

[11] Signatarstaaten waren Russland, Frankreich, das Vereinigte Königreich, Sardinien-Piemont, das Osmanische Reich, Österreich und Preußen, Text: Strupp, Karl, Urkunden zur Geschichte des Völkerrechts, Bd. 1, 1911, S. 187 ff.; http://reader.digitale-sammlungen.de/de/fs1/object/display/bsb10557776_00001.html. Vgl. auch Rönnefarth (Anm. 9), Vertragsploetz, S. 315 ff.

[12] Vgl. dazu Schulz, Matthias, Normen und Praxis: Das Europäische Konzert der Großmächte als Sicherheitsrat, 1815-1860, 2009, S. 359.

[13] Text: RGBl. 1878, Nr. 31, S. 307 ff.; Strupp (Anm. 11), S. 202 ff.; vgl. auch Rönnefarth (Anm. 9), Vertragsploetz, S. 353 ff.; Makarov, Alexander N., Die

b. Geschichte nach dem Ende des Ersten Weltkriegs

Im Jahr 1918 okkupierte Rumänien Bessarabien und versuchte das Gebiet dem eigenen Staatsgebiet anzugliedern[14]. Am 9. April 1918 erklärte Bessarabien unter Zustimmung weiter Teile der Bevölkerung und unter Beibehaltung einer Teilautonomie den Anschluss an Rumänien für *ewige Zeiten*. Im November 1918 wurde dann die Vereinigung mit Rumänien vollzogen. Die Sowjetunion erkannte den Anschluss an Rumänien nicht an und qualifizierte ihn als eine planmäßige Annexion durch Rumänien.

Die Sowjetunion gab ihren Anspruch auf Bessarabien nicht auf. Sie forderte 1924 die Durchführung einer Volksabstimmung in Bessarabien über die künftige staatliche Zugehörigkeit. Als Rumänien dies 1924 ablehnte, bezeichnete die Sowjetunion Bessarabien als „sowjetisches Territorium unter Fremdbesatzung"[15]. Am Ostufer des Dnjestr, auf dem Gebiet der Ukrainischen SSR, wurde 1924 die „Moldauische Autonome Sozialistische Sowjetrepublik" gegründet, um die Ansprüche der Sowjetunion auf Bessarabien zu untermauern. In dieser Region lebte eine rumänischsprachige (moldauische) Minderheit, die meisten Einwohner waren jedoch Ukrainer.

Das zu Rumänien gehörige Gebiet Bessarabiens und die nördliche Bukowina wurden am 28. Juni 1940 mit deutscher Zustimmung als Folge des geheimen Zusatzprotokolls[16] des Hitler-Stalin Paktes[17] von sowjetischen Truppen besetzt und von der Sowjetunion annektiert. Am 2. August 1940 teilte die Sowjetunion Bessarabien und gründete für den größten Teil des Nordens und der Mitte

---

    Eingliederung Bessarabiens und der Nordbukowina in die Sowjet-Union, in: ZaöRV, Bd. 10 (*1940*/41), S. 336 ff. (337).

[14] Dazu Bowring, Bill, Transnistria, in: Walter, Christian/Ungern-Sternberg, Antje von/Abushov, Kavus (Hrsg.), Self-Determination and Secession in International Law, 2014, S. 157 ff. (160).

[15] Petrescu, Cristina, Contrasting/Conflicting Identities: Bessarabians, Romanians, Moldovans in Nation-Building and Contested Identities, 2001, S. 170.

[16] Text: ADAP VIII, Nr. 229, S. 206 f.; Gornig, Gilbert, Der Hitler-Stalin-Pakt. Eine völkerrechtliche Studie 1990, S. 125; ders., Der Hitler-Stalin-Pakt. Eine rechtliche Würdigung, in: Recht in Ost und West (ROW) 1989, Heft 7, S. 395 ff.

[17] Vgl. dazu Gornig (Anm. 16), Der Hitler-Stalin-Pakt, S. 2, 32, 38.

Bessarabiens die Moldauische Sozialistische Sowjetrepublik[18] (MSSR). Der MSSR zugeschlagen wurde die Hälfte der Moldauischen ASSR[19], die bis dahin eine autonome Region der Ukrainischen SSR gebildet hatte. Der Süden Bessarabiens und das Gebiet im Norden um die Stadt Chotyn (Oblast Tscherniwzi) wurde der Ukrainischen Sozialistischen Sowjetrepublik übertragen. Mehrere südliche Gebiete und die Zugangswege zum Schwarzen Meer über die Mündungen der Donau (bei der Stadt Ismail) und des Dnjestr (bei Bilhorod-Dnistrowskyj) wurden an die Ukraine abgegeben. Damit wurde die Republik Moldawien ein Binnenstaat.

In der Moldauischen SSR herrschten Spannungen zwischen den rumänischsprachigen Moldauern, die sich zur rumänischen Nation zählen einerseits und den russischsprachigen Ukrainern, Russen und russisch-sprachigen Moldauern andererseits. In den letzten Jahren der Existenz der UdSSR wurde Russisch als Amtssprache aufgehoben und beschlossen, für die moldauische Sprache wieder das lateinische Alphabet einzuführen. Dies allerdings stieß auf Proteste der russischsprachigen Bevölkerung der Moldauischen SSR.

c. Entwicklung nach der Wende 1990

Am 23. Juni 1990 erklärte sich Moldawien, so wie viele andere Sowjetrepubliken in jener Zeit, für souverän.[20] Daraufhin rief am 25. August 1990 der Oberste Sowjet von Transnistrien, der die Integration von Transnistrien in die neue Republik Moldawien verhindern wollte, die Unabhängigkeit des Landes Transnistrien aus.[21] Am 2.

---

[18]   Die Moldauische Sozialistische Sowjetrepublik war von 1940 bis 1991 eine Unionsrepublik der Sowjetunion. Das Staatsgebiet umfasste im Wesentlichen die historische Landschaft Bessarabien zwischen mittlerer Pruth und Dnjestr.

[19]   Die Moldauische Autonome Sozialistische Sowjetrepublik war zwischen dem Ersten und Zweiten Weltkrieg eine autonome Teilrepublik (ASSR) innerhalb der Ukrainischen SSR. Das Gebiet der Moldauischen Autonomen Sozialistischen Sowjetrepublik war nicht identisch mit dem Territorium der späteren Moldauischen SSR, sondern umfasste das Territorium der heutigen Moldauischen Dnjestr-Republik (Transnistrien) sowie der heute ukrainischen Bezirke Balta und Kotowsk (bis 1935 *Birsula*).

[20]   Bowring (Anm. 14), in: Walter/Ungern-Sternberg/Abushov, S. 157 ff. (161).

[21]   Ott, Martin, Das Recht auf Sezession als Ausfluss des Selbstbestimmungsrechts der Völker, 2008, S. 294.

September 1990 verkündeten die Separatisten in Transnistrien die Gründung der Transnistrischen Moldawischen Republik[22]. Präsident Smirnow sagte dazu: „Wir wollten keine Rumänen werden. So sind auf dem Gebiet der früheren Moldauischen Sowjetrepublik zwei neue Staaten entstanden: Moldau und Transnistrien".[23]

Ende 1991, Anfang 1992 brach zwischen den Streitkräften der Transnistrischen Moldawischen Republik und Moldawien ein kriegerischer Konflikt aus. Der Streit konnte mit dem moldawisch-russischen Abkommen vom 21. Juli 1992 über die friedliche Beilegung des Konflikts beendet werden.[24] Das Abkommen sieht insbesondere die Stationierung einer russischen „Friedenstruppe" in Transnistrien vor.[25] Am 8. Mai 1997 unterzeichneten schließlich die Präsidenten von Moldawien und der Transnistrischen Moldawischen Republik das Moskauer Memorandum (Primakow-Memorandum) zur Regulierung des Konflikts[26], in dem die Transnistrische Moldawische Republik mehr Autonomie und weitergehende Rechte gegenüber Moldawien erhielt.[27] Die Garanten[28] dieses Memorandums waren Russland und die Ukraine, aber auch die Organisation für Sicherheit und Zusammenarbeit in Europa (OSZE) [29] sowie die

---

[22] Bowring (Anm. 14), in: Walter/Ungern-Sternberg/Abushov, S. 157 ff. (161).

[23] Zitiert nach: http://www.spiegel.de/politik/ausland/separatistenrepublik-transnistrien-sie-sollten-uns-nicht-mit-der-ddr-verwechseln-a-613231.html.

[24] Vgl. Gabanyi, Anneli Ute, Moldova im Spannungsfeld zwischen Rußland, Rumänien und der Ukraine, Bericht des *Bundesinstituts für ostwissenschaftliche und internationale Studien* (BIOst) Nr. 16/1996, S. 9; http://www.ssoar.info/ssoar/bitstream/handle/document/4238/ssoar-1996-gabanyi-moldova_im_spannungsfeld_zwischen_ruland.pdf?sequence=1.

[25] Bowring (Anm. 14), in: Walter/Ungern-Sternberg/Abushov, S. 157 ff. (161).

[26] Memorandum on the Bases for Normalization of Relations Between the Republic of Moldova and Transdneistria, Text abrufbar unter: http://www.osce.or g/moldova/42309?download=true.

[27] Bowring (Anm. 14), in: Walter/Ungern-Sternberg/Abushov, S. 157 ff. (162).

[28] Vgl. Bowring (Anm. 14), in: Walter/Ungern-Sternberg/Abushov, S. 157 ff. (163).

[29] Es ist fraglich, ob die OSZE den Charakter einer internationalen Organisation hat, da Art. 22 der Budapester Erklärung die Hinterlegung beim Generalsekretariat der Vereinten Nationen (gemäß Art. 102 der Charta der Vereinten Nationen) nicht vorsieht. Eine internationale Expertenkommission hat die OSZE aufgrund ihrer Tätigkeiten als internationale Organisation eingestuft; die herrschende Meinung im Schrifttum sowie auch die überwiegende Staatenpraxis behandeln die OSZE nicht als internationale Organisation.

Gemeinschaft Unabhängiger Staaten (GUS)[30]. Im Jahre 2001 wurden weitere Verhandlungen zwischen Russland und Moldawien über die Zukunft der Transnistrischen Moldauischen Republik geführt. Das Ergebnis dieser Verhandlungen war das Kozak-Memorandum[31], das Moldawien als föderativen Staat konstituierte und der Transnistrischen Moldauischen Republik auch eine Vertretung in den legislativen Organen Moldawiens zusicherte.[32]

Obwohl der Präsident Moldawiens zunächst seine Bereitschaft zur Unterzeichnung verkündete, änderte er im Jahre 2003 seine Meinung und weigerte sich, das Kozak-Memorandum zu unterzeichnen.[33] Im Mai 2005 schlug der neugewählte ukrainische Präsident Juschtschenko einen Plan zur Beilegung des Konflikts vor, auf dessen Grundlage im Juli 2005 das Parlament Moldawiens das Gesetz über die Grundprinzipien des besonderen rechtlichen Status von Transnistrien verabschiedete. Zur Stärkung seiner eigenen Position organisierte der Präsident der Transnistrischen Moldauischen SSR, Igor Smirnow, 2006 ein Referendum. 15 Jahre faktischer Unabhängigkeit, so Separatistenchef Igor Smirnow vor der Abstimmung bei Radio »Echo Moskwy«, hätten gezeigt, dass die Region als souveräner Staat überlebensfähig sei.[34] Das Referendum solle daher den gegenwärtigen Status quo lediglich legalisieren. In dem Referendum stimmten die Bürger mit 97,1 % für die Unabhängigkeit und die Angliederung an Russland.[35] Die Wiedervereinigung mit Moldawien wurde mit 94,6 % der Stimmen abgelehnt. Die Wahlbeteiligung lag

---

[30]   Die GUS ist eine regionale internationale Organisation, in der sich verschiedene Nachfolgestaaten der Sowjetunion zusammengeschlossen haben.

[31]   Text: http://www.stefanwolff.com/files/Kozak-Memorandum.pdf. Vgl. dazu: Wolff, Stefan, Federalism vs. Regionalism as Mechanisms to Resolve the Moldovan-Transnistrian Conflict. Some Observations on Current Proposals and Expert Reports, abrufbar unter: http://www.stefanwolff.com/files/FedMold. pdf.

[32]   Bowring (Anm. 14), in: Walter/Ungern-Sternberg/Abushov, S. 157 ff. (163).

[33]   Bowring (Anm. 14), in: Walter/Ungern-Sternberg/Abushov, S. 157 ff. (163).

[34]   Wolkowa, Irina, Moldawien: Transnistrien will unabhängig sein – Option für Anschluss an Russland. Umstrittenes Referendum will Konfrontation mit dem Westen vermeiden, in: Neues Deutschland, 19.9.2006,
ferner http://www.ag-friedensforschung.de/regionen/Moldawien/dnjestr3.html.

[35]   Vgl. http://www.spiegel.de/politik/ausland/separatistenrepublik-transnistrien-sie-sollten-uns-nicht-mit-der-ddr-verwechseln-a-613231.html. Vgl. dazu aus russischer Sicht: Wolkowa (Anm. 34), in: Neues Deutschland, 19.9.2006, ferner http://www.ag-friedensforschung.de/regionen/Moldawien/dnjestr3.html.

bei fast 78 %. Allerdings wurde dieses Angliederungsgesuch von Russland abgelehnt. Es wird auch in absehbarer Zeit keine Entscheidung über einen Anschluss Transnistriens an Russland geben: Russland hat keine gemeinsame Grenze mit Transnistrien, während die Ukraine, die dazwischen liegt, wohl kaum zusätzliche Instabilitätsquellen an ihren Grenzen braucht.[36] Auch Abchasien und Südossetien erkannten die Transnistrische Moldauische Republik nicht an, obwohl die *de facto*-Regime gegenseitig Botschaften errichteten.[37] Im Jahre 2011 wurde in der Transnistrischen Moldauischen Republik als neuer Präsident Jewgeni Wassiljewitsch Schewtschuk[38] gewählt,[39] der die Idee der Wiedervereinigung mit Moldawien akzeptierte. Am 12. Juni 2013 wurde das Gesetz über die Staatsgrenze unterzeichnet und verkündet.

Heute wird die Transnistrische Moldauische Republik nach wie vor von keinem Staat der Welt anerkannt. Allerdings ist aufgrund der Annexion der Krim durch Russland zu befürchten, dass auch in diesem Falle Russland Transnistrien annektieren könnte. Problematisch ist allerdings zurzeit noch die geographische Lage, da Russland und Transnistrien keine gemeinsame Grenze haben und Russland erst den gesamten Bereich der nördlichen Küste des Schwarzen Meeres für sich erobern müsste, um den direkten Zugang über Land nach Transnistrien zu erhalten.

---

[36] So in seinem teilweise sehr russischfreundlichen Beitrag: Kassajew, Alan, Die Zukunft der „nichtanerkannten Republiken" im postsowjetischen Raum hängt nicht von den Unabhängigkeitsreferenden in diesen Regionen, sondern vom geopolitischen Gewicht Moskaus ab. Quelle: Russische Nachrichtenagentur RIA Novosti, 20.9.2006,
ferner: http://www.ag-friedensforschung.de/regionen/ Moldawien/dnjestr3.html.

[37] Bowring (Anm. 14), in: Walter/Ungern-Sternberg/Abushov, S. 157 ff. (165).

[38] Schewtschuk ist auch russischer Staatsbürger, http://lenta.ru/lib/14164168/.

[39] Bei den Präsidentschaftswahlen 2011 trat Schewtschuk als unabhängiger Kandidat gegen den amtierenden Präsidenten Igor Smirnow sowie gegen Parlamentssprecher Anatoli Kaminski an. Präsident Smirnow landete auf dem dritten Platz, weshalb es eine Stichwahl zwischen Schewtschuk und Kaminski gab. Die Stichwahl gewann Schewtschuk mit 73,9 % der Stimmen, so dass er am 30.12.2011 als neuer Präsident vereidigt wurde. Der Machtverlust des amtierenden Präsidenten spricht für eher freie Wahlen. Zu den Wahlen im November 2015 vgl. Constantinescu, Maria, Machtwechsel in Transnistrien, in: Wostok 2015, S. 19 ff.

2. Konflikt zwischen Georgien und Abchasien auf der einen und Südossetien auf der anderen Seite

a. Abchasien

aa. Überblick über die Entwicklung bis zum Ersten Weltkrieg

Die Abchasen haben eine eigene von Georgien unabhängige Geschichte[40]. Gegen Ende des 18. Jhs weitete das russische Zarenreich seinen Herrschaftsbereich im Kaukasus aus. Das alte Königreich Georgien wurde 1801 russisch und die westlich anschließenden Gebiete folgten in den Jahren darauf. Im Jahre 1810 fiel auch das Fürstentum Abchasien an das Russische Reich, existierte aber zunächst noch unter russischer Herrschaft weiter, bis es von Russland im Jahr 1864 endgültig beseitigt wurde. Im Jahre 1878 begann die russische Kolonisation Abchasiens, im Jahre 1886 stellten Abchasen mit fast 86 % Bevölkerung aber immer noch die klare Mehrheit in der Region. Zu diesem Zeitpunkt waren etwa 1,6 % der Einwohner Abchasiens Russen, 6,1 % Georgier und Mingrelier.

bb. Entwicklung nach dem Ersten Weltkrieg

Nach der russischen Oktoberrevolution gab es in Abchasien Bemühungen, sich der Nordkaukasischen Bergrepublik anzuschließen, was jedoch scheiterte. Vielmehr schickte der neue georgische Staat bereits im Juni 1918 mit Unterstützung des deutschen Kaiserreichs Soldaten nach Abchasien, die die Region besetzten mit der Folge, dass Abchasien nun Teil des neuen georgischen Staates wurde. In der abchasischen Geschichtsschreibung wird dieser Akt als gewaltsame Annexion Abchasiens durch Georgien qualifiziert, in der georgischen ist von der „Wiederherstellung der Integrität Georgiens" die Rede.[41]

---

[40]   Vgl. dazu Kokejew, Alexandr/Otyrba, Georgi, Der Weg in den Abchasienkrieg, Untersuchungen des FKKS13/97, S. 1 ff., http://fkks.uni-mannheim.de/publikationen/fkks13.pdf; Grenzen dieser Welt. Historisch-politische Grenzräume, Projekt des WiPo-LK, Kaukasus, 21.4.2009, abrufbar unter: http://wipo.mieo.de/thema/sonstige-grenzen/kaukasus-sonstige-grenzen/.

[41]   Kokejew/Otyrba (Anm. 40), Der Weg in den Abchasienkrieg, S. 6, in: Untersuchungen des FKKS 13/1997. Vgl. auch: Coppieters, Bruno, Westliche

Obwohl die georgische Regierung hart gegen bolschewistische und separatistische Bewegungen, die insbesondere in Abchasien Zustimmung fanden, vorging, wurde Abchasien, dem im Jahr 1921 noch gewisse Autonomierechte gewährt wurden, im März 1921 von der 9. Armee der Roten Armee besetzt. Die gesamte Demokratische Republik Georgien und damit auch Abchasien wurden nun Teil der Sowjetunion. Am 28. März 1921 wurde die Abchasische Sozialistische Sowjetrepublik (Abchasische SSR) gegründet. Sie war nun eine eigenständige Sowjetrepublik, unabhängig von der georgischen Sowjetrepublik und rechtlich allen anderen Sowjetrepubliken gleichgestellt. Die Eingliederung nach Georgien erfolgte erst im Jahr 1931 auf Befehl Stalins[42]. Die Abchasische SSR wurde innerhalb der georgischen Unionsrepublik als Abchasische Autonome Sozialistische Sowjetrepublik konstituiert. Damals handelte es sich lediglich um eine Veränderung der Verwaltungsgrenzen innerhalb der Sowjetunion. Die georgische Teilrepublik nutzte die Eingliederung Abchasiens, um zwischen den Jahren 1937 und 1956 100.000 Georgier nach Abchasien umzusiedeln, um dadurch den georgischen Bevölkerungsanteil in Abchasien zu steigern.[43] Im Jahr 1959 hatte Abchasien über 400.000 Einwohner, von denen nur noch 15,1 Prozent Abchasen waren und denen etwa 39 Prozent Georgier gegenüberstanden. Schon vor dem Ende der Sowjetunion kam es in Abchasien zu Bestrebungen zur Wiederherstellung der eigenen nationalen Unabhängigkeit. So forderte im Jahre 1988 Abchasien die Wiederherstellung der Abchasischen Unionsrepublik innerhalb der Sowjetunion.[44]

Sicherheitspolitik und der Konflikt zwischen Georgien und Abchasien. Bundesinstitut für Ostwissenschaftliche und Internationale Studien, 1999.

[42] Ott (Anm. 21), Das Recht auf Sezession als Ausfluss des Selbstbestimmungsrechts der Völker, S. 286. - Als Strafaktion für die angebliche Kollaboration mit deutschen Besatzungstruppen wurden zudem unter Stalin ganze Völker umgesiedelt. Vgl. Pabst, Volker, Vom Kaukasus nach Kasachstan, http://www.nzz.ch/vom-kaukasus-nach-kasachstan-1.18247197.

[43] Kokejew/Otyrba (Anm. 40), Der Weg in den Abchasienkrieg, S. 8, abrufbar unter: http://fkks.uni-mannheim.de/ publikationen/fkks13.pdf.

[44] Kokejew/Otyrba (Anm. 40), Der Weg in den Abchasienkrieg, S. 10, in: http://fkks.uni-mannheim.de/ publikationen/fkks13.pdf.

cc. Entwicklung nach der Wende 1990

Nach dem Zerfall der Sowjetunion wurden die Abchasen durch den stärker werdenden georgischen Nationalismus bedroht[45]. Die Rekonstruktion der Selbstständigkeit wird dabei dadurch erschwert, dass sich Russland und Georgien auf die Geschichte berufen, um die Legitimität ihrer eigenen Gebietsansprüche zu untermauern[46]. Die Georgische SSR war eine der ersten Unionsrepubliken, die sich von der Sowjetunion lossagte. Seitdem strebte Abchasien eine Sezession von Georgien an, da viele Abchasen in einem unabhängigen Georgien kulturelle Unterdrückung wie zur Zeit des Stalinismus befürchteten. Als sich die Sowjetunion mit der Alma-Ata-Erklärung am 21. Dezember 1991[47] endgültig auflöste, erklärte Georgien alle Verträge, die in der Sowjetzeit (1921-1991) unterzeichnet worden waren, für nichtig. Am 23. Juli 1992 wurde die Unabhängigkeit Abchasiens ausgerufen.[48] Am 14. August 1992 rückten daher georgische Einheiten in Abchasien ein. Dabei ging es auch um den Status der georgischen und abchasischen Sprache.[49] Im Laufe des Jahres 1993 erlitt Georgien in Abchasien schwere Niederlagen, so dass

---

[45] Langner, Heiko, Krisenzone Südkaukasus, Berg-Karabach, Abchasien und Südossetien im Spannungsfeld von Identität, Völkerrecht und geostrategischen Interessen, 2009, S. 10.

[46] Kokejew/Otyrba (Anm. 40), Der Weg in den Abchasienkrieg, S. 4, in: http://fkks.uni-mannheim.de/publikationen/fkks13.pdf.

[47] In der Alma-Ata-Erklärung vom 21.12.1991, die die Staatsoberhäupter Russlands und der übrigen Nachfolgerepubliken der Sowjetunion, nämlich Armenien, Aserbaidschan, Weißrussland, Kasachstan, Kirgisistan, Moldawien, Tadschikistan, Turkmenistan, Ukraine und Usbekistan (die drei baltischen Staaten Estland, Lettland und Litauen betrachten sich nicht als Nachfolgestaaten der UdSSR) – in der damaligen Hauptstadt Kasachstans, Alma-Ata (heute: Almaty), unterzeichneten, wurde die Sowjetunion für aufgelöst erklärt: „Mit der Schaffung der Gemeinschaft Unabhängiger Staaten hört die Union der Sozialistischen Sowjetrepubliken auf zu bestehen. Die Mitglieder der Gemeinschaft garantieren gemäß ihren verfassungsmäßigen Vorschriften die Erfüllung der internationalen Verpflichtungen, die sich aus den Verträgen und Vereinbarungen der früheren UdSSR ergeben".

[48] Langner (Anm. 45), S. 10; Robert-Cuendet, Sabrina, Aspects historiques et juridiques de la crise d´août 2008: des conflits interethniques à la guerre ouvert avec la Russie, in: Annuaire Français de Droit International (AFDI) 54 (2008), S. 173 ff. (177); Nußberger, Angelika, The War between Russia and Georgia – Consequences and Unresolved Questions, in: Göttingen Journal of International Law (GJoIL) 1 (2009), S. 341 ff. (353).

[49] Langner (Anm. 45), S. 10; Ott (Anm. 21), Das Recht auf Sezession als Ausfluss d. Selbstbestimmungsrechts der Völker, S. 287.

sich im Herbst 1993 die georgischen Truppen endgültig aus Abchasien zurückzogen.

Im Jahre 1994 wurde durch Russland ein Waffenstillstand vermittelt[50]. Seitdem übt die georgische Regierung keine Kontrolle mehr über Abchasien aus. Im Oktober 2001 begann in der georgisch-abchasischen Grenzregion erneut ein bewaffneter Konflikt zwischen georgischen Partisanen und abchasischen Sicherheitskräften. Die im Juli 2002 vom UN-Sicherheitsrat verabschiedete Abchasien-Resolution[51] sah einen Verbleib als autonome Republik im Staat Georgien vor. Obgleich regelmäßig Verhandlungen zur Beilegung des Konfliktes zwischen Abchasien und Georgien stattfanden, brachten sie keinen Erfolg.

Unter dem neuen georgischen Staatspräsidenten Micheil Saakaschwili, der 2003 an die Macht kam, gelang es Georgien im Jahr 2006 die Kontrolle über das obere Kodori-Tal von Abchasien zurückzuerlangen und in diesem Gebiet eine pro-georgische Verwaltung einzuführen.[52] Im August 2008 wurde in beiden Kammern des russischen Parlaments der Beschluss gefasst, Abchasien (gleichzeitig mit Südossetien) als selbstständigen Staat anzuerkennen.[53] Als zweites Land nach Russland erkannte Nicaragua am 3. September 2008 die Unabhängigkeit Abchasiens an. Am 10. September 2009 erklärte der venezolanische Präsident Hugo Chávez bei einem Besuch in Moskau, sein Land erkenne Abchasien ab sofort

---

[50] Langner (Anm. 45), S. 10; Nußberger (Anm. 48), in: GJoIL 1 (2009), S. 362; Ott (Anm. 21), Das Recht auf Sezession als Ausfluss des Selbstbestimmungsrechts der Völker, S. 287.

[51] Für das Papier stimmten 62 Länder, 16 waren dagegen, 84 Staaten enthielten sich.

[52] Im Juli 2006 marschierten georgische Streitkräfte in das Tal ein und übernahmen die Kontrolle des oberen Kodori-Tals. Dieser Teil des Tales erhielt im September 2006 von der georgischen Regierung den Namen Ober-Abchasien. Der untere Teil gehört zum abchasischen Bezirk Gulripschi und wird von GUS-Friedenstruppen kontrolliert, die in Lata stationiert sind. Vgl. https://de.wikipedia.org/wiki/Kodori-Tal.

[53] Von russischer Seite wurde auf die Unabhängigkeit des Kosovo verwiesen, die für Russland eine massive Provokation gewesen sei. Vgl. CAP: Kreml hält dem Westen den Kosovo-Spiegel vor (28. August 2008), abrufbar unter: http://www.cap-lmu.de/aktuell/interviews/2008/merkur.php.

als unabhängigen Staat an.[54] Am 15. Dezember 2009 erfolgte die Anerkennung Abchasiens durch den Pazifik-Staat Nauru.[55] Vanuatu[56] erkannte im Frühjahr 2011 die Unabhängigkeit Abchasiens zunächst an. Im Mai 2013 wurde nach einigem Hin und Her die Anerkennung endgültig zurückgezogen.[57] Mit den postsowjetischen Republiken Transnistrien, Berg-Karabach und Südossetien unterhält Abchasien ebenfalls diplomatische Beziehungen. Russland möchte Abchasien langfristig in die Eurasische Union aufnehmen. Dazu wäre es allerdings erforderlich, dass alle Mitgliedstaaten, darunter auch Belarus, Kasachstan und Armenien, die Unabhängigkeit des Landes anerkennen. Dies brächte sie aber in eine offene Konfrontation mit Georgien.

b. Südossetien

Anfang des 19. Jahrhunderts wurde Südossetien als Teil Georgiens ein Teil Russlands. Nach der Oktoberrevolution 1917 spaltete sich Südossetien von Russland ab, wobei die Menschewiken eine eigene Regierung gründeten. Erst im Februar 1921 wurde das Gebiet von den Bolschewiken zurückerobert. Südossetien wurde dann ein autonomes Gebiet innerhalb Georgiens.[58] In Südossetien kam es wie in Abchasien zu einem Konflikt wegen der Versuche Georgiens, Georgisch als herrschende Sprache in Südossetien einzuführen.[59] Im Jahre 1990, also zu einem Zeitpunkt als die Sowjetunion noch existierte, erklärte Südossetien seine Souveränität[60]. Ein Jahr später kam es zu einem gewaltsamen Konflikt, der dann im Jahre 1992

---

[54] Vgl. https://www.cancilleria.gob.ni/publicaciones/r_abjasia.pdf.

[55] www. telgraph.co.uk/news/worldnews/australiaand thepacific/ nauru/6813915/Nauru-recognises-South-Ossetia-and-Abkhazia. html.
Nauru ist ein Inselstaat mit etwa 10.000 Einwohnern und nach der Fläche der drittkleinste und nach der Einwohnerzahl neben Tuvalu der zweitkleinste anerkannte Staat der Welt.

[56] Vanuatu ging 1980 aus dem seit 1906 bestehenden britisch-französischen Kondominium Neue Hebriden hervor und hat heute ca. 267.000 Einwohner.

[57] Vgl. http://www.globalpost.com/dispatch/news/afp/130520/vanuatu-scraps-recognition-georgia-breakaway-region.

[58] Poitier, Tim, Conflict in Nagorno-Karabakh, Abkhasia and South Ossetia. A Legal Appraisal, 2001, S. 12 f.

[59] Langner (Anm. 45), S. 11.

[60] Robert-Cuendet (Anm. 48), in: AFDI 54 (2008), S. 173 ff. (177); Langner (Anm. 45), S. 11; Nußberger (Anm. 46), in: GJoIL 1 (2009), S. 341 ff. (353).

durch die Vermittlung eines Waffenstillstands durch Russland beendet wurde.[61] In einem Referendum stimmte die Bevölkerung von Südossetien 1992 für die Unabhängigkeit von Georgien und für eine Aufnahme des Landes in die Russische Föderation.[62] Letztere erfolgte jedoch nicht.[63] Allerdings verkündete im Jahre 1992 das *de facto*-Parlament Südossetiens aufgrund eines Referendums die Unabhängigkeit Südossetiens.[64] Georgien betrachtet die Abspaltung als illegal. Südossetien unterhält diplomatische Beziehungen mit Russland, Nicaragua, Venezuela, Nauru, Tuvalu[65] sowie mit Abchasien und Transnistrien. Botschaften betreibt das Land in Russland und Abchasien, des Weiteren existiert eine diplomatische Vertretung in Transnistrien.

Der Konflikt eskalierte im Juli 2008 nach der Erschießung eines ossetischen Polizeioffiziers.[66] Aus diesem Grund drang am 8. August 2008 Georgien in die Hauptstadt von Südossetien ein, Russland reagierte mit militärischem Druck.[67] Es wurde der Vorwurf erhoben, Georgien habe an den Südosseten einen Völkermord begangen.[68] Eine von der EU beauftragte Untersuchungskommission kam zu dem Ergebnis, dass Georgien die militärische Auseinandersetzungen begonnen[69] und damit gegen internationales Recht verstoßen

---

[61]   Langner (Anm. 45), S. 11.

[62]   Nußberger, Angelika, South Ossetia, in: Max Planck Encyclopedia of Public International Law (MPEPIL), Rn. 11, in: http://opil.ouplaw.com/view/10.1093/law: epil/9780199231690/ law-9780199231690-e2068?prd=EPIL.

[63]   Nußberger South Ossetia (wie Anm. 62), RN 11

[64]   Nußberger (Anm. 48), in: GJoIL 1 (2009), S. 341 ff. (354); dies. (Anm. 62), in: Max Planck Encyclopedia of Public International Law (MPEPIL), Rn. 11, in: http://opil.ouplaw.com/view/ 10.1093/law:epil/978019 9231690 /law-9780199231690-e2068?prd=EPIL.

[65]   Tuvalu ist ein Inselstaat im Pazifischen Ozean und hat nicht ganz 11.000 Einwohner.

[66]   Gressel, Gustav, Der Krieg am Kaukasus, Geschehnisse und Konsequenzen, in: Reiter, Erich (Hrsg.), Die Sezessionskonflikte in Georgien, 2009, S. 15 ff. (22).

[67]   Gressel (Anm. 66), in: Reiter, S. 15 (22).

[68]   Robert-Cuendet (Anm. 48), in: AFDI 54 (2008), S. 173 ff. (177); Nußberger (Anm. 48), in: GJoIL 1 (2009), S. 341 ff. (359).

[69]   Independent International Fact-Finding Mission on the Conflict in Georgia, Report, Bd. 1, September 2009, S. 10 ff.; 19 ff., in: http://news.bbc.co.uk/2/shared/bsp/hi/pdfs/ 30_09_09_iiffmgc_report. pdf; ferner: http://eu-un.europa.eu/articles/en/article_9045_en.htm.

habe.[70] Russland wurde vorgeworfen, während des Konflikts in das georgische Kernland vorgedrungen zu sein.[71] Insbesondere wurde die Ausstattung der südossetischen Bevölkerung mit russischen Pässen (Passportisation) kritisiert[72]. Nach fünf Tagen endete der Konflikt mit der Vereinbarung einer Waffenruhe. Eine Anerkennung erfolgte durch Russland, Venezuela, Nicaragua und Nauru.

c. Resümee

Der Versuch Georgiens, Abchasien und Südossetien zurückzuerobern, scheiterte und der *status quo ante* wurde bestätigt. Die Sezessionsgebilde Abchasien und Südossetien werden nach wie vor nur von Russland, Nicaragua und einigen pazifischen Inseln

---

[70] Independent International Fact-Finding Mission on the Conflict in Georgia, Report, Bd. 1, September 2009, S. 22,
in: http://news.bbc.co.uk/2/shared/bsp/hi/pdfs/30_09_09_iiffmgc_report. pdf. Dort heißt es: "There is the question of whether the use of force by Georgia in South Ossetia, beginning with the shelling of Tskhinvali during the night of 7/8 August 2008, was justifiable under international law. It was not. Georgia had acknowledged that the prohibition of the use of force was applicable to its conflict in South Ossetia in specific legally binding international documents, such as the Sochi Agreement of 1992 or the 1996 Memorandum on Measures to Provide Security and Strengthen Mutual Trust between the Sides in the Georgian-South Ossetian Conflict. Even if it were assumed that Georgia was repelling an attack, e.g. in response to South Ossetian attacks against Georgian populated 23 villages in the region, according to international law, its armed response would have to be both necessary and proportional. It is not possible to accept that the shelling of Tskhinvali during much of the night with GRAD multiple rocket launchers (MRLS) and heavy artillery would satisfy the requirements of having been necessary and proportionate in order to defend those villages. It follows from the illegal character of the Georgian military assault that South Ossetian defensive action in response did conform to international law in terms of legitimate self-defence. However, any operations of South Ossetian forces outside of the purpose of repelling the Georgian armed attack, in particular acts perpetrated against ethnic Georgians inside and outside South Ossetia, must be considered as having violated International Humanitarian Law and in many cases also Human Rights Law. Furthermore, all South Ossetian military actions directed against Georgian armed forces after the ceasefire agreement of 12 August 2008 had come into effect were illegal as well".
[71] Independent International Fact-Finding Mission on the Conflict in Georgia, Report, Bd. 1, September 2009, S. 23 ff.,
in: http://news.bbc.co.uk/2/shared/bsp/hi/pdfs/30_09_09_iiffmgc_report. pdf.
[72] Independent International Fact-Finding Mission on the Conflict in Georgia, Report, Bd. 1, September 2009, S. 18, abrufbar unter:
http://news.bbc.co.uk/2/shared/bsp/hi/pdfs/30_09_09_iiffmgc_report. pdf.

anerkannt. Vanuatu[73] und Tuvalu[74] zogen nämlich 2013 und 2014 ihre Anerkennungen zurück.

III. *Uti-possidetis*-Prinzip

1. Allgemein

Das *Uti-possidetis*-Prinzip[75] ist eine Ausformung des völkergewohnheitsrechtlichen Effektivitätsgrundsatzes. Ursprünglich besagte das *uti-possidetis*-Prinzip, dass die Parteien einer kriegerischen Auseinandersetzung das Territorium behalten dürfen, das sie während des Krieges gewonnen und zum Zeitpunkt des Friedensschlusses in Besitz hatten. Heute hat das *uti-possidetis*-Prinzip das Ziel stabile politische Grenzen zu schaffen, damit vorhandene koloniale bzw. innerstaatliche Grenzen nach der Unabhängigkeit der kolonialen Besitzungen bzw. nach der Dismembration oder Sezession von Staaten Bestand haben.[76] Das Ziel der Anwendung des *uti-possidetis*-Prinzips besteht in dem Versuch, Streitigkeiten wegen der territorialen Zugehörigkeit eines Gebiets zu verhindern und einen Zustand der Unordnung und Schwäche zu vermeiden, der zu sezessionistischen Bewegungen führen könnte[77]. Die Nichtanwendbarkeit des *uti-possidetis*-Prinzips[78] würde dazu führen, dass es im Falle einer Dismembration keine Prinzipien gäbe, die helfen könnten, die

---

[73] Vgl. Vanuatu scraps recognition of Georgia breakaway region, Agence France Press, 20.5.2013, in: http://www.globalpost.com/dispatch/news/afp/130520/vanuatu-scraps-recognition-georgia-breakaway-region.

[74] Vgl. Tuvalu withdraws recognition of Georgian breakaway regions, by DFWatch staff, Democracy & Freedom Watch, 31.3.2014. Reporting on the State of Georgian Democracy, http://dfwatch.net/tuvalu-withdraws-recognition-of-georgian-breakaway-regions-20875-27597.

[75] Lateinisch „wie ihr besitzt"; vollständig: *uti possidetis, ita possideatis* – „wie ihr besitzt, so sollt ihr besitzen".

[76] Vgl. Blumenwitz, Dieter, *Uti possidetis iuris – uti possidetis de facto*. Die Grenze im modernen Völkerrecht. in: Dreier, Horst/Forkel, Hans/Laubenthal, Klaus (Hrsg.), Raum und Recht. Festschrift 600 Jahre Würzburger Juristenfakultät, 2002, S. 377 ff.

[77] Nesi, Giuseppe, L' uti possidetis nel diritto internazionale, 1996, S. 190.

[78] Nach einer Meinung ist allerdings das *uti-possidetis*-Prinzip in den Staaten nach der Dekolonisierung nicht mehr anwendbar, vgl. Johanson, Märta C., Self-Determination and Borders. The Obligation to Show consideration for the Interests of Others, 2004, S. 108.

erforderlichen Grenzziehungen zu vereinbaren.[79] Eine neue Klärung der Grenzen könnte zu großer Instabilität und zu Konflikten führen. Das *uti possidetis*-Prinzip ist damit jedenfalls auch außerhalb der Entkolonialisierung anwendbar und wird völkergewohnheitsrechtlich akzeptiert.

2. Anwendung auf Transnistrien, Abchasien und Georgien

a. Allgemein

Es stellt sich die Frage, ob das *uti possidetis*-Prinzip auf die Situation Transnistriens, Abchasiens und Südossetiens anwendbar ist und zu welchen Rechtsfolgen seine Anwendung führt.

Das *uti-possidetis*-Prinzip ist in Art. 5 der Alma-Ata-Erklärung vom 8. Dezember 1991[80] über die Gründung der Gemeinschaft Unabhängiger Staaten verankert,[81] ohne dass das Prinzip dort als solches *expressis verbis* angesprochen wird. Fraglich ist, ob nach willkürlichen innerstaatlichen Grenzänderungen, wie sie durch die Sowjetunion erfolgten, die Anwendbarkeit des Prinzips des *uti-possidetis* bestehen bleibt. Das Prinzip des *uti-possidetis* findet jedoch auch dann Anwendung, wenn die innerstaatlichen Grenzen möglicherweise willkürlich gezogen wurden.[82] Allerdings könnte die Beibehaltung der willkürlichen Grenzen in die Anwendbarkeit des Prinzips des *ex iniuria ius non oritur* fallen[83], da die rechtswidrige willkürliche innerstaatliche Grenzziehung damit verfestigt wäre. Die Nichtanwendung des *uti-possidetis*-Prinzips würde jedoch Rechtsunsicherheit bedeuten, die nicht zu einer Klärung der Grenzkonflikte beitrüge.

---

[79] Kohen, Marcelo G., Possession contestée et souveraineté territoriale, 1997, S. 460.

[80] Zur Alma-Ata-Erklärung vom 21.12.1991, vgl. Fußnote 47 oben.

[81] Langner (Anm. 45), S. 25; Kohen (Anm. 79), S. 446; Mirzayev, *Farhad*, Abkhazia, in: Walter, Christian/Ungern-Sternberg, Antje von/Abushov, Kavus (Hrsg.), Self-Determination and Secession in International Law, 2014, S. 191 ff. (201).

[82] So auch Mammadov (Anm. 7), S. 263.

[83] Peters, Anne, The Principle of uti possidetis iuris. How relevant is it for the issues of secession, in: Walter, Christian/Ungern-Sternberg, Antje von/Abushov, Kavus (Hrsg.), Self-Determination and Secession in International Law, 2014, S. 95 ff. (116).

b. Moldawien

Die Moldauische SSR hat die Alma-Ata-Erklärung unterschrieben, womit sie das vertraglich vereinbarte Prinzip des *uti-possidetis* angenommen hat. Transnistrien gehörte nach der willkürlichen Umstellung der inneren Grenzen der Sowjetunion zur Moldauischen SSR. Nach der Dismembration der Sowjetunion wurde gemäß der *uti-possidetis* -Doktrin Transnistrien somit ein Teil Moldawiens.

c. Georgien

Georgien war zunächst nicht Partei der Alma-Ata-Erklärung, jedoch schloss es sich mit Wirkung vom 3. Dezember 1993 an. Bereits am 31. Juli 1992 wurde Georgien Mitglied der Vereinten Nationen mit den Grenzen der ehemaligen Georgischen SSR.

Abchasien wendet ein, seine Umwandlung in eine Autonome Republik und die Verweigerung des Status einer voll berechtigten Sowjetischen Sozialistischen Republik sei willkürlich erfolgt. Das Prinzip des *uti-possidetis* findet – wie dargelegt – gleichwohl Anwendung. So kann auch Abchasien der zwischen den Partnern der Alma-Ata-Erklärung vereinbarte *uti-possidetis*-Grundsatz entgegengehalten und seine Zugehörigkeit zu Georgien gerechtfertigt werden, denn damals gehörte Abchasien nach der Verfassung Georgiens zu Georgien und diese administrativen Grenzen werden gemäß dem Prinzip des *uti-possidetis* in internationale Grenzen transformiert. Abchasien ist daher völkerrechtlich weiterhin als ein Teil Georgiens anzusehen.[84]

Die Konfliktlage in Südossetien ist der Abchasiens ähnlich. Auch dieses Gebiet gehörte gemäß der Verfassung der Georgischen SSR zu Georgien.[85] Südossetien wendet ebenfalls die Rechtswidrigkeit seiner Eingliederung in Georgien 1918 ein und plädiert für die

---

[84] Mirzayev (Anm. 82), in: Walter/Ungern-Sternberg/Abushov (Hrsg.), S. 191 ff. (202); Langner (Anm. 45), S. 25.

[85] Mammadov (Anm. 7), S. 266; Peters, Anne, The Principle of uti possidetis iuris. How relevant is it for the issues of secession, in: Walter, Christian/Ungern-Sternberg, Antje von/Abushov, Kavus (Hrsg.), Self-Determination and Secession in International Law, 2014, S. 95 ff. (121).

Nichtanwendbarkeit des *uti-possidetis*-Prinzips, das diese rechtswidrige Eingliederung bestätigen würde.[86]

Die Aufnahme Georgiens in die Vereinten Nationen in seinen Grenzen, innerhalb deren Abchasien und Südossetien lagen, sowie die Anerkennung des *uti-possidetis*-Grundsatzes durch die Alma-Ata-Erklärung sprechen dafür, Abchasien und Südossetien völkerrechtlich weiterhin als einen Teil Georgiens zu betrachten. Dieses Ergebnis wurde durch eine Resolution des UN-Sicherheitsrats bestätigt, mit der die Souveränität und territoriale Integrität Georgiens betont wurde.[87]

3. Resümee

Transnistrien war zur Zeit der Dismembration der Sowjetunion Teil der Moldawischen Sowjetrepublik, Abchasien sowie Südossetien waren Teile Georgiens. Wendet man also das Prinzip *uti-possidetis* auf die Unabhängigkeit Moldawiens und auf die Unabhängigkeit Georgiens von der Sowjetunion an, so steht Moldawien die territoriale Souveränität über Transnistrien und Georgien die territoriale Souveränität über Abchasien und Südossetien zu.[88]

IV. Das Selbstbestimmungsrecht der Völker u. das Sezessionsrecht Transnistriens, Abchasiens und Südossetiens

Transnistrien, Abchasien und Südossetien sind aus dem Blickwinkel aller nicht anerkennenden Staaten stabilisierte *de facto*-Herrschaften. Sie berufen sich auf das Selbstbestimmungsrecht der

---

[86] Waters, Christopher, South Ossetia, in: Walter, Christian/Ungern-Sternberg, Antje von/Abushov, Kavus (Hrsg.), Self-Determination and Secession in International Law, 2014, S. 175 ff. (182).

[87] UN-Sicherheitsrat, Resolution S/1993/876 vom 19.10.1993, Nr. 1.

[88] Zur territorialen Souveränität vgl. Gornig, Gilbert, Territoriale Souveränität und Gebietshoheit und das Selbstbestimmungsrecht der Völker, in: Gornig, Gilbert/Michel, Adrianna/Bohle, Christina (Hrsg.), Territoriale Souveränität und Gebietshoheit. Selbstbestimmungsrecht und Sezession aus interdisziplinärer Sicht. Territorial Sovereignty and Territorial Jurisdiction. The Right of Self-Determination and Secession. An Interdisciplinary View. Schriftenreihe Europäische Studien, Bd. 7, 2015, S. 11 ff.

Völker, um ihre Unabhängigkeit zu erreichen und streben nach internationaler Anerkennung für ihre *de facto*-Herrschaften, die dann anerkannte Staaten wären und noch mehr unter dem Schutz der internationalen Ordnung und des Völkerrechts stehen würden. Jeder Versuch der Staaten Russland und Georgien die von ihnen geforderten Gebiete zurückzuerobern, würde gegen das Gewalt- und Annexionsverbot und damit gegen zwingendes Völkerrecht verstoßen. Wenn sich Transnistrier, Abchasen und Südosseten auf das Selbstbestimmungsrecht berufen, müssen sie auch Träger des Selbstbestimmungsrechts der Völker sein.

1. Träger des Selbstbestimmungsrechts
a. Allgemein

Die Art. 1 IPbürgR und Art. 1 IPwirtR geben allen Völkern das Recht auf Selbstbestimmung. Träger des Selbstbestimmungsrechts sind also Völker, ein Begriff, der nicht einfach auszulegen ist.[89] Der Begriff könnte in einem objektiven ethnischen oder territorialen Sinne zu verstehen sein oder sich subjektiv auf den Willen von Menschen zur gemeinsamen Schicksalsgestaltung beziehen. Es könnte aber auch auf die inner-staatliche Verfasstheit des Volkes abzustellen sein, so dass das Staatsvolk als Träger des Selbstbestimmungsrechts in Betracht kommen könnte. Es könnte schließlich auch die Bevölkerung einer Region bzw. Provinz oder letztlich sogar der Einzelne Träger des Selbstbestimmungsrechts sein.

Nach herrschender Meinung sind jedenfalls Staatsvölker Subjekte des Selbstbestimmungsrechts. Das Staatsvolk ist aber nicht das einzige mögliche Subjekt des Selbstbestimmungsrechts, da ansonsten das Selbstbestimmungsrecht inhaltlich nicht wesentlich von der dem Staat zustehenden Souveränität zu unterscheiden wäre. Versteht man unter dem Volk nur das Staatsvolk, so erweist sich das Selbstbestimmungsrecht als ein grundsätzlich konservierendes, den *status quo* der heutigen Staatenwelt legitimierendes Prinzip.

---

[89]   Zur Frage, ob die Einwohner Hongkongs Träger des Selbstbestimmungsrechts sind, vgl. Gornig, Gilbert H., Hongkong, 1998, S. 95 ff.

Zählt man auch von separatistischen Bewegungen geleitete Völker zu den Völkern im Sinne des Selbstbestimmungsrechts, so erhält das Selbstbestimmungsrecht die Sprengkraft eines revolutionären Prinzips. Das Selbstbestimmungsrecht kommt seiner Intention nach jedenfalls „allen Völkern" gleichermaßen zu. Auch auf dem Gebiet eines Staates lebende Völker und Volksgruppen sind Subjekte des Selbstbestimmungsrechts. Es besteht gerade ein besonderes Bedürfnis zum Schutz derjenigen Völker bzw. Volksgruppen und Minderheiten, denen die Selbstbestimmung in einem eigenen Nationalstaat versagt ist. Es handelt sich bei einem Volk um eine Personenmehrheit, die durch ein gemeinsames Bewusstsein bzw. einen gemeinsamen politischen Willen verbunden ist. Das Zusammengehörigkeitsgefühl, die Selbsterfahrung als eigene Identität, kann dabei durch objektive Faktoren, wie gemeinsame Sprache, Kultur, Religion, Abstammung und Geschichte mitgeprägt sein. Diese objektiven Gestaltungselemente vermögen das Vorhandensein eines Volkes im Sinne des Selbstbestimmungsrechts nur zu indizieren, nicht aber abschließend zu determinieren.[90] Im Übrigen kommt es hinsichtlich des Trägers Volk mehr auf das Zusammengehörigkeitsgefühl an als auf ethnische Aspekte, wie die Beispiele der Schweiz und der USA belegen.

Schließlich wird noch die Möglichkeit genannt, das Volk nach der *uti-possidetis*-Regel zu bestimmen; danach steht das Selbstbestimmungsrecht einer in Grenzen einer Verwaltungseinheit lebenden Bevölkerung, über die Fremdherrschaft ausgeübt wird, zu. Nach dieser Regel erfolgte in den meisten Kolonien die Dekolonisierung. Die Kolonialvölker bildeten unabhängige Staaten in den Grenzen der Kolonie und ohne Rücksicht auf ihre ethnische Zusammensetzung.[91] Auch daraus wird im Übrigen die Schlussfolgerung gezogen, dass für das Subjekt des Selbstbestimmungsrechts ethnische Kriterien nicht maßgebend sind. Die Anwendung dieser Regel war unvermeidbar, weil die ethnischen Gruppen in vielen Kolonien nach

---

[90] Thürer, Daniel, Das Subjekt des Selbstbestimmungsrechts, in: Politische Studien, Sonderheft 6, 1993, S. 30 ff. (32).
[91] Zur Dekolonisierung vgl. Thürer (Anm. 90), S. 126 ff.

Größe, geographischen Verhältnissen und Entwicklungsstand zur Staatsbildung nicht geeignet waren. Es ist also durchaus akzeptabel, eine Gruppe, die nicht durch gemeinsame ethnische Merkmale gekennzeichnet ist, als Subjekt des Selbstbestimmungsrechts zu bezeichnen, wenn sie innerhalb der Grenzen einer territorialen Verwaltungseinheit lebt, die von einem ethnisch Differenten voll beherrscht wird. In der – rechtlich unverbindlichen – Resolution 1541 (XV) vom 15. Dezember 1960[92] wurde erklärt, dass die Entscheidung über die Art der Selbstbestimmung "should be the result of the freely expressed wishes of the territory's peoples acting with full knowledge of the change in their status, their wishes having been expressed through informed and democratic process (...)". Hier kommt zum Ausdruck, dass es um die Bevölkerung eines Territoriums geht und nicht um das Vorliegen eines Volkes oder einer Volksgruppe.[93] In der "Declaration on Principles of International Law Concerning Friendly Relations and Co-operation Among States in Accordance with the Charter of the United Nations"[94] heißt es: "The territory of a colony or other Non-Self-Governing Territory has, under the Charter, a status separate and distinct from the territory of the state administering it; and such separate and distinct status under the Charter shall exist until the people of the colony or Non-Self-Governing Territory have exercised their right to self-determination in accordance with the Charter ....". Auch daraus kann geschlossen werden, dass auch die Einwohner eines sich nicht selbstregierenden Territoriums Träger des Selbstbestimmungsrechts sind. Diese Ansicht wird in den Ausführungen des Internationalen Gerichtshofes zu Südwestafrika bestätigt[95].

Subjekt des Selbstbestimmungsrechts kann aber nur sein, wer auf einem abgegrenzten Territorium siedelt. Ausgeschlossen sind somit zum einen Nomadenstämme ohne festes Territorium und zum

---

[92] Text: Djonovich, Dusan, United Nations Resolutions. Series I. Resolutions adopted by the General Assembly, vol. VIII (1960-1962), 1974, S. 153 f.

[93] Auf diese Resolution beruft sich auch der Internationale Gerichtshof in seinem Gutachten über die Western Sahara vom 16.10.1975, ICJ-Reports 1975, S. 33.

[94] Res. 2625 (XXV), Text: Djonovich, Dusan, United Nations Resolutions. Series I. Resolutions adopted by the General Assembly, Bd. 13 (1970-1971), 1976, S. 337 ff.

[95] Vgl. Western Sahara Case, in: ICJ-Reports 1975, S. 12 ff.

anderen ethnische Minderheiten, die nicht in einem geschlossenen Gebiet leben, sondern verstreut im von der Mehrheit der Bevölkerung beherrschten Gebiet. Das Selbstbestimmungsrecht gebietet es aber, dass bestimmte unter Gewalt oder Druckausübung emigrierte und nun zerstreut lebende Teile der Gebietsbevölkerung ebenfalls das Selbstbestimmungsrecht genießen.[96]

Subjekt des Selbstbestimmungsrechts ist also unbestritten entweder das Staatsvolk, das durch den Staat, die Staatsgewalt und die Staatsgrenzen bestimmt ist, oder das Volk im subjektiven Sinne, das durch ethnische Kriterien wie Abstammung, Sprache, gemeinsame Geschichte und Kultur mitgeprägt sein kann. Schließlich können auch die Einwohner einer Verwaltungseinheit Träger des Selbstbestimmungsrechts der Völker sein. In der Regel ist in diesem Fall aber auch ein Zusammengehörigkeitsgefühl gegeben, sodass man diese Menschen auch als Volk oder Volksgruppe qualifizieren kann. Die Subjekte haben verschiedene Rechte. Das Staatsvolk kann nur Subjekt des defensiven Selbstbestimmungsrechts sein, das auf die Verteidigung des bestehenden Territorialstatus gerichtet ist. Das Volk im ethnischen Sinne dagegen ist Subjekt des offensiven Selbstbestimmungsrechts.[97] Dieses kann gegenüber dem Staat geltend gemacht werden, der über das Volk herrscht. Es kann auf die Änderung des Territorialstatus gerichtet sein.

b. Transnistrier, Abchasen und Südosseten als Träger des Selbstbestimmungsrechts

aa. Transnistrien

In der Moldauischen SSR umfassten die Rumänen die Mehrheit der Bevölkerung Bessarabiens.[98] In Transnistrien lebten 40 % Moldauer, 28 % Ukrainer, 24 % Russen und 8 % sonstige

---

[96] Die gegenteilige Auffassung hätte zur Folge, dass territorial zerstreut lebende Völker und Volksgruppen, wie etwa die Juden vor der Gründung des Staates Israel, nicht Völker im Sinne des Selbstbestimmungsrechtes sein konnten. Dasselbe gilt heute für die Gruppe der Sinti und Roma.

[97] Vgl. dazu Murswiek, Dietrich, Offensives und defensives Selbstbestimmungsrecht, in: Der Staat, Bd. 23 (1984), S. 523 ff. (532 ff.).

[98] EGMR, Urteil vom 8.7.2004, Ilascu and others vs. Moldova and Russia, Az.: 48787/99, Rn. 28, unter: http://hudoc.echr.coe.int/eng?i=001-61886#{"itemid":["001-61886"]}.

Nationalitäten.[99] Seit Ende des Krieges von 1992 nahm der prozentuale Bevölkerungsanteil der Russen zu, während die Bevölkerungszahl ebenso wie in Moldawien sank. Bei der Volkszählung im November 2004 wurden in Transnistrien rund 555.000 Einwohner gezählt, die sich aus etwa 31,9 % Moldauern, 30,3 % Russen und 28,9 % Ukrainern zusammensetzen. Dazu kommen Minderheiten wie Bulgaren (2,5 %), Juden, Armenier, Tataren, Gagausen und Weißrussen.[100] Die transnistrische Volkszählung im Jahr 2004 ergab eine Zahl von 2.071 Deutschen in Transnistrien.[101] Dabei handelt es sich zum großen Teil um Russlanddeutsche, die sich erst vor einigen Jahrzehnten dort niedergelassen hatten.

Im Jahre 1940, dem Gründungsjahr der Moldawischen SSR, wurden die auf dem Territorium damals lebenden Rumänen in Moldawien sowie die rumänische Sprache in die moldawische Sprache umbenannt.[102] Allerdings musste infolge einer Bestimmung der Regierung der Sowjetunion die sogenannte moldawische Sprache mit kyrillischen Buchstaben geschrieben werden, so wie es bis zum heutigen Tag in Transnistrien der Fall ist.[103] Die moldawische Sprache ist also keine eigene Sprache, sondern wurde künstlich durch die kyrillische Schreibweise von der rumänischen Sprache abgespalten. Allerdings bleibt bei den russischsprachigen Moldauern, Russen und Ukrainern Russisch die verbindende Sprache. Die Amtssprachen sind Russisch, Moldawisch und Ukrainisch. Gegen das einigende Band der Moldawischen Sprache spricht, dass Moldauisch als Gemeinschaftssprache in Transnistrien, wie auch in Bessarabien, in ihrer Gestalt von der sowjetischen Regierung künstlich entwickelt wurde und von keinem Volk natürlicherweise gesprochen wurde.

---

[99] EGMR, Urteil vom 8.7.2004, Ilascu and others vs. Moldova and Russia, Az.: 48787/99, Rn. 28, unter: http://hudoc.echr.coe.int/eng?i=001-61886#{"itemid" ["001-61886"]}.

[100] Vgl. https://de.wikipedia.org/wiki/Transnistrien#Sprache. Ferner: http://pop-stat.mashke.org/pmr-ethnic-loc2004.htm

[101] Vgl. http://pop-stat.mashke.org/pmr-ethnic-loc2004.html.

[102] Mammadov (Anm. 7), S. 72.

[103] Mammadov (Anm. 7), S. 72.

Die Mehrheit der in Transnistrien lebenden Bevölkerung gehört der russisch-orthodoxen Kirche an. Bedingt durch die antireligiöse Politik der Sowjetunion sind viele Bewohner Transnistriens Atheisten. Es gibt auch eine katholische Minderheit, es handelt sich häufig um Personen polnischer Abstammung. Die Baptisten in Transnistrien sind in 25 Ortsgemeinden mit rund 4.000 Mitgliedern zusammengeschlossen. Eine große Rolle spielte in der Vergangenheit die bedeutende jüdische Gemeinde in Transnistrien. Die Juden in Transnistrien wurden während der deutsch-rumänischen Besatzung durch den Holocaust größtenteils ermordet. Die Mehrheit der verbliebenen Juden wanderte nach dem Zerfall der Sowjetunion aus.[104]

Rumänen, Ukrainer, Russen und Menschen weiterer Volksgruppen haben aus dem Blickwinkel der Transnistrien anerkennenden Staaten die „Staatsangehörigkeit" Transnistriens und gehören damit gemeinsam zum Staatsvolk des Landes. Für alle anderen Staaten ist Transnistrien eine *de facto*-Herrschaft, so dass es sich bei den Landeszugehörigen genau genommen nicht um Staatsangehörige und ein Staatsvolk handelt, sondern um Zugehörige zu einer *de facto*-Herrschaft. Die Russen, die keinen historischen Bezug zu Transnistrien haben, stellen keine Minderheit im Sinne des Völkerrechts dar, da es sich um Einwanderer handelt, die nicht zu den autochthonen Bewohnern gehören.[105]

Fraglich ist, ob die Einwohner Transnistriens, also Rumänen, Ukrainer, Russen und Menschen anderer Volksgruppen in Transnistrien, Träger des Selbstbestimmungsrechts sind. Es könnte das gemeinsame Schicksal dieser in Transnistrien wohnenden Menschen unterdessen zum Entstehen einer Volksgruppe beigetragen haben, da

---

[104] https://de.wikipedia.org/wiki/Transnistrien#Religion.

[105] Zur Definition der Minderheit vgl. Gornig, Gilbert, Die Definition des Minderheitenbegriffs aus historisch-völkerrechtlicher Sicht, in: Blumenwitz, Dieter/Gornig, Gilbert H./ Murswiek, Dietrich (Hrsg.), Ein Jahrhundert Minderheiten- und Volksgruppenschutz. Staats- und völkerrechtliche Abhandlungen der Studiengruppe für Politik und Völkerrecht, Bd. 19, 2001, S. 19 ff.; ders., Schutz von Minderheiten und Volksgruppen in einer europäischen Friedensordnung, in: Gornig, Gilbert/Rafael, Angel Manuel (Hrsg.), Minderheitenschutz. Eine interdisziplinäre Betrachtung. Minority Protection. An International View. Schriftenreihe Europäische Studien, Bd. 3, 2013, S. 73 ff. (108 ff.).

man sich mit großer Mehrheit, wenn der Abstimmung zu trauen ist, für einen Anschluss an Russland ausgesprochen hat. Rumänen, Russen und Ukrainer haben sich in Transnistrien allerdings nicht zu einem Volk mit Zusammengehörigkeitsgefühl und eigener Identität entwickelt. Es liegt daher kein transnistrisches Volk im Sinne des Selbstbestimmungsrechts der Völker vor. Man ist in erster Linie Rumäne, Ukrainer, Russe und nicht Transnistrier. Die eher atheistische sowjetische Ideologie ließ in keinem Gebiet die Entfaltung der historischen Religion zu, so dass die Religion als ein vereinigendes Kriterium im Falle von Transnistrien wegfällt. Auch ist die Beziehung der Gruppen zum Territorium von Transnistrien unterschiedlich. Rumänen und Ukrainer bewohnen das Gebiet bereits seit der Zeit vor Konstituierung der Sowjetunion, spätestens aber ab dem 18. Jahrhundert. Die Russen hingegen wurden erst zur Zeit der Sowjetunion in dieses Gebiet umgesiedelt.[106]

Ein Volk soll deswegen ein Recht zur Selbstbestimmung haben, weil es sich von anderen ethnischen Gruppen unterscheidet und die reale Möglichkeit haben sollte, diese Individualität in der selbständigen Gestaltung seines Lebensraums verwirklichen zu können. Eine gemeinschaftliche Trägerschaft des Selbstbestimmungsrechts durch zwei unterschiedliche Volksgruppen würde die Verwirklichung der Individualität jedes Volkes nicht ermöglichen. Rumänen, Ukrainer und Russen haben in Transnistrien nur getrennt, jedes Volk für sich, das Selbstbestimmungsrecht. Die Rumänen werden es wahrscheinlich für den Anschluss an Moldawien ausüben, während die Ukrainer das Recht eher im Sinne eines Anschlusses an die Ukraine und die Russen im Sinne eines Anschlusses an Russland ausüben werden. Da aber alle Volksgruppen vermischt beisammen leben und nicht territorial voneinander getrennt, besteht keine Abspaltungsmöglichkeit eines Gebietsteils. Vielmehr ist die Bevölkerung – und nicht das „Volk" von Transnistrien – daher als Selbstbestimmungsträger anzusehen, wollte diese doch mit großer Mehrheit den Anschluss an Russland.

---

[106] Mammadov (Anm. 7), S. 73.

bb. Abchasen

Die Bevölkerung Abchasiens bewohnt ihr traditionelles Territorium etwa seit dem vierten Jahrhundert nach Christus[107]. Die Abchasen haben eine eigene Sprache. Im 6. Jahrhundert nahmen die Abchasen von Byzanz das Christentum an.[108] Nach der Eingliederung von Abchasien in Georgien 1931 erfolgte ein Zuzug von Georgiern nach Abchasien, so dass der Anteil der Abchasen 1990 nur noch ca. 17,8 Prozent betrug. Die Abchasen stellen, nachdem viele der Georgier wieder nach Georgien zurückgewandert sind, eine Gruppe dar, die ihr historisch bestimmtes Territorium bewohnt und eine Zusammengehörigkeit entwickelt hat und über ethnische, religiöse und sprachliche Besonderheiten verfügt. Auch besteht ein Wille zur Bewahrung der eigenen Identität, da die Abchasen ihre Kultur und ihre Sprache stets durch spezielle abchasische Schulen auch in der Zeit der Sowjetunion unterstützten und sich immer um die Unabhängigkeit von Georgien bemühten. Die Abchasen sind damit ein Volk im Sinne des Selbstbestimmungsrechts der Völker.[109]

cc. Südosseten

Die Südosseten sind Nachfahren der Alanen[110] und bewohnen das Territorium von Südossetien etwa seit dem 13. Jahrhundert. Die Südosseten umfassen zwei Drittel der Bevölkerung in Südossetien.[111] Wie die Abchasen haben sie ihre eigene Sprache sowie eine Religion, die sich von der Religion der Georgier unterscheidet. Die Südosseten sind nämlich Mitglied der russisch-orthodoxen Kirche, während die Georgier zur Autokephalen Georgischen Orthodoxen Apostelkirche gehören. Im Verlauf der Geschichte und insbeson-

---

[107]   Poitier (Anm. 58), S. 9.

[108]   Poitier (Anm. 58), S. 8.

[109]   Poitier (Anm. 58), S. 8 f.

[110]   Die Alanen waren ein iranisches Volk, ein östlicher Teilstamm der Sarmaten. Sie siedelten ab dem 2. Jahrhundert v. Chr. im nördlichen Kasachstan und nordöstlich des Kaspischen Meeres, zogen aber seit der Mitte des 1. Jhs n. Chr. in die südrussischen Steppen zwischen Wolga und Don. Die Alanen sind Vorläufer der heute im Kaukasus lebenden Osseten. Vgl. http://www.sarmaten-steppenkultur.de/index.php/ geschichte/alanen/.

[111]   Mammadov (Anm. 7), S. 73.

dere während der nationalistischen Bewegungen ab 1988 kommt aber der Wille der Südosseten zum Ausdruck, eine eigene Identität zu haben und zu bewahren und ein Zusammengehörigkeitsgefühl zu entwickeln. Folglich sind auch die Südosseten ein Volk im Sinne des Selbstbestimmungsrechts der Völker.

2. Inhalte des Selbstbestimmungsrechts

a. Rechtsdogmatische Einteilung

aa. Internes und externes Selbstbestimmungsrecht

Beim Selbstbestimmungsrecht lässt sich zunächst ein internes und ein externes Selbstbestimmungsrecht unterscheiden. Das interne Selbstbestimmungsrecht bezeichnet das Recht eines Volkes, sein politisches und wirtschaftliches System frei zu wählen. Beim externen Selbstbestimmungsrecht geht es um die Festlegung der Verhältnisse zu anderen Völkern bzw. deren Staaten. In diesen Fällen geht es um ein staatlich organisiertes bzw. um ein staatlich nicht organisiertes Volk. Beim externen Selbstbestimmungsrecht kann wiederum zwischen einem offensiven und einem defensiven Selbstbestimmungsrecht unterschieden werden.

bb. Offensives und defensives Selbstbestimmungsrecht

Beim offensiven Selbstbestimmungsrecht geht es um die Veränderung eines mit dem Selbstbestimmungsrecht nicht übereinstimmenden Territorialstatus, beim defensiven Selbstbestimmungsrecht, um die Abwehr eines äußeren Eingriffs in den Territorialstatus.[112] Das Selbstbestimmungsrecht enthält also nicht nur das Recht eines Volkes, politische Unabhängigkeit oder andere staatliche Formen anzustreben, sondern auch das Recht, einen vorhandenen Status aufrechtzuerhalten und zu sichern.

Im Bereich des hier interessierenden offensiven Selbstbestimmungsrechts sind zwei Konstellationen zu unterscheiden. Die eine heute nicht mehr so aktuelle Konstellation ist die Frage der

---

[112] Murswiek, Dieter, Offensives und defensives Selbstbestimmungsrecht, in: Gornig, Gilbert/Horn, Hans-Detlef/Murswiek, Dietrich, Das Selbstbestimmungsrecht der Völker – eine Problemschau, 2013, S. 95 ff.

Selbstbestimmung der Kolonialvölker.[113] Zum anderen geht es um den Fall, dass sich ein Volk aus dem von einem Mehrheitsvolk geprägten Staat abspalten will. Hier gerät das Selbstbestimmungsrecht in Widerstreit zu den Souveränitäts- und Einheitsvorstellungen des von der Abspaltung bedrohten Staates.

cc. Positives und negatives Selbstbestimmungsrecht

Soweit es um die Loslösung von einem Staat geht, lässt sich schließlich ein positives und ein negatives Selbstbestimmungsrecht unterscheiden.

Beim positiven (aktiven) Selbstbestimmungsrecht geht die Initiative zur Begründung eines neuen Status vom Volk selbst aus. So kann das Selbstbestimmungsrecht als Recht eines Volkes oder einer Volksgruppe, die auf einem Teil des staatlichen Territoriums geschlossen siedelt, betrachtet werden, sich bei Vorliegen bestimmter Voraussetzungen von diesem Staat zu lösen und entweder einen eigenen Staat zu bilden oder sich einem anderen Staat anzuschließen. Jeder Versuch, einen Zustand zu schaffen und zu erhalten, der das Selbstbestimmungsrecht verletzt, ist damit völkerrechtswidrig.

Das negative (passive) Selbstbestimmungsrecht hingegen schützt eine Bevölkerung vor Veränderungen der Staatsgrenzen gegen ihren Willen, also vor unerwünschten Zessionen, Fusionen und Annexionen. Es gibt der Bevölkerung eines bestimmten Territoriums das Recht, einen Souveränitätswechsel zu verhindern. Das negative Selbstbestimmungs-recht ist nicht mit dem defensiven Selbstbestimmungsrecht identisch. Zwar geht es beim negativen Selbstbestimmungsrecht um die Aufrechterhaltung eines Status, der Unterschied zum defensiven Selbstbestimmungsrecht liegt aber darin, dass es hier auch um das Selbstbestimmungsrecht eines Volkes bzw. einer Volksgruppe geht und nicht nur um das Selbstbestimmungsrecht eines Staatsvolkes auf Verteidigung eines bestehenden Zustands.

---

[113] Sie hatten das Recht, sich in einem eigenen unabhängigen Staat zu konstituieren, sich in einen vorhandenen unabhängigen Staat zu integrieren, jeden anderen politischen Status frei zu wählen.

b. Inhalt

Wegen der Anerkennung des Selbstbestimmungsrechts als Bestandteil des Völkerrechts könnte gefolgert werden, dass nunmehr auch der Inhalt des Selbstbestimmungsrechts klar umrissen sei. Es werden allerdings auch heute in der Völkerrechtslehre Schwierigkeiten bei der Festlegung des Inhalts des Selbstbestimmungsrechts nicht bestritten, zumal völkerrechtliche Dokumente nur unzureichend Auskunft über den Inhalt des Selbstbestimmungsrechts geben.

aa. Völkerrechtliche Vereinbarungen

Das Selbstbestimmungsrecht hat in den verschiedenen völkerrechtlichen Dokumenten keine abschließende, alle Streitfälle regelnde Definition erfahren. Zu erwähnen sind die Satzung der Vereinten Nationen vom 26. Juni 1945[114] und die Art. 1 der insoweit übereinstimmenden beiden Menschenrechtspakte der Vereinten Nationen vom 19. Dezember 1966[115]. In der Erklärung der Generalversammlung „über Völkerrechtsgrundsätze betreffend die freundschaftlichen Beziehungen und die Zusammenarbeit zwischen den Staaten gemäß der Satzung", der sog. Friendly Relations-

---

[114] Die Weltorganisation hat das Ziel, „freundschaftliche, auf der Achtung vor dem Grundsatz der Gleichberechtigung und Selbstbestimmung der Völker beruhende Beziehungen zwischen den Nationen zu entwickeln (...)" (Art. 1 Ziff. 2, 55 UN-Charta). Die Satzung der UNO hat also in Art. 1 Ziff. 2 zwei Elemente miteinander kombiniert: das Element der Gleichberechtigung, das gemäß Art. 2 Ziff. 1 für die Mitgliedstaaten gilt, und das Element der „Selbstbestimmung der Völker". Text: BGBl. 1973 II, S. 431 ff.; Schwartmann, Rolf (Hrsg.), Völker und Europarecht, 10. Aufl., 2015, Nr. 10.

[115] Text des Paktes über bürgerliche und politische Rechte: BGBl. 1973 II, S. 1534 ff.; Schwartmann (Anm. 115), Nr. 33; Text des Paktes über wirtschaftliche, soziale und kulturelle Rechte: BGBl. 1973 II, S. 1570 ff. Sie enthalten eine Umschreibung des Selbstbestimmungsrechts der Völker, die gelegentlich als Legaldefinition bezeichnet wird. Dort heißt es, dass kraft des Selbstbestimmungsrechts die Völker frei über ihren politischen Status entscheiden und in Freiheit ihre wirtschaftliche, soziale und kulturelle Entwicklung gestalten. Absatz 2 des Art. 1 nennt das sog. wirtschaftliche Selbstbestimmungsrecht. Danach können alle Völker für ihre eigenen Zwecke frei über ihre natürlichen Reichtümer und Mittel verfügen, unbeschadet aller Verpflichtungen, die aus der internationalen wirtschaftlichen Zusammenarbeit auf der Grundlage des gegenseitigen Wohles sowie aus dem Völkerrecht erwachsen.

Declaration vom 24. Oktober 1970[116], wird diese Definition noch präzisiert. Zunächst haben – ähnlich Art. 1 der Menschenrechtspakte – kraft der Selbstbestimmung „alle Völker das Recht, ohne Eingriff von außen über ihren politischen Status zu entscheiden und ihre wirtschaftliche, gesellschaftliche und kulturelle Entwicklung frei zu verfolgen." Das Selbstbestimmungsrecht umfasst danach also wie Art. 1 der Menschenrechtspakte zwei Elemente, nämlich das Recht auf freie Bestimmung des politischen Status sowie das Recht eines Volkes, nach eigenem Gutdünken sein politisches, wirtschaftliches und soziales System zu bestimmen und seine kulturellen Ausdrucksformen zu entwickeln. Die freie Bestimmung des politischen Status wird in Absatz 4 konkretisiert. In der Erklärung heißt es: „Die Errichtung eines souveränen und unabhängigen Staates, die freie Vereinigung oder Verschmelzung mit einem unabhängigen Staat oder der Übergang zu irgendeinem anderen, vom Volk bestimmten politischen Status stellen Verwirklichungen des Selbstbestimmungsrechts durch das betreffende Volk dar. Jeder Staat ist verpflichtet, von Gewaltmaßnahmen Abstand zu nehmen, die vorerwähnte Völker daran hindern, den hier in Rede stehenden Grundsatz ihres Rechts auf Selbstbestimmung, Freiheit und Unabhängigkeit zu verwirklichen." Der Auslegung des Selbstbestimmungsrechts kann auch die KSZE-Schlussakte von Helsinki vom 1. August 1975[117] dienen. Dort heißt es im Prinzip VIII, dass kraft des Prinzips der Gleichberechtigung und des Selbstbestimmungsrechts der Völker alle Völker jederzeit das Recht haben, in voller Freiheit, wann und wie sie es wünschen, ihren inneren und äußeren politischen Status ohne äußere Einmischung zu bestimmen und ihre politische, wirtschaftliche, soziale und kulturelle Entwicklung nach eigenen Wünschen zu verfolgen. Die Charta von Paris für ein neues Europa vom 21. November 1990[118] bekräftigt das Selbstbestimmungsrecht der Völker.

---

116 Res. 2625 (XXV), Text: Schwartmann (Anm. 114), Nr. 11.
117 Text: Bulletin der Bundesregierung Nr. 102 vom 15.8.1975, S. 985 ff.
118 Text: Bulletin der Bundesregierung Nr. 137 vom 24.11.1990, S. 1409 ff.

bb. Stellungnahme

Festzuhalten ist jedenfalls, dass das Selbstbestimmungsrecht in allen seinen Ausprägungen einen territorialen Bezug hat. Daneben betrifft es die freie Entscheidung über den politischen Status von Völkern und Volksgruppen im weitesten Sinne. Dieser Status bedarf der Konkretisierung. Es lassen sich heute grundsätzlich folgende fünf Situationen für die Anwendung des Selbstbestimmungsrechts unter-scheiden, wobei die ersten drei Fallgestaltungen Ausdruck des offensiven, die beiden letzten Ausdruck des defensiven Selbstbestimmungsrechts sind:

- ein Volk fordert die Mitwirkung an der Regierung eines Staates oder eine bestimmte politische Organisation innerhalb eines bestehenden Staates,
- ein Volk fordert die völlige Unabhängigkeit und die freie Wahl seiner Regierungsform,
- ein Volk will sich von einem Staat lostrennen, um sich eine gesonderte nationale Identität zu schaffen oder sich einem anderen Staat anzuschließen und sich dabei mit einem anderen Volk oder anderen Teilen des eigenen Volkes zu vereinigen,
- ein Volk wehrt sich gegen Zession, Fusion und Annexion,
- ein Volk wehrt sich gegen Vernichtung und Vertreibung aus seiner Heimat[119]

---

[119] Vgl. zum Recht auf die Heimat: Zayas, Alfred M. de, Heimatrecht ist Menschenrecht. Der mühsame Weg zu Anerkennung und Verwirklichung, 2001; Gornig, Gilbert/Murswiek, Dietrich (Hrsg.), Das Recht auf die Heimat. Staats- und völkerrechtliche Abhandlungen der Studiengruppe für Politik und Völkerrecht, Bd. 23, 2006; Gornig, Gilbert, Das Recht auf Heimat und das Recht auf die Heimat. Völkerrechtliche Überlegungen, in: Weigand, Katharina (Hrsg.), Heimat. Konstanten und Wandel im 19./20. Jahrhundert. Vorstellungen und Wirklichkeiten, 1997, S. 33 ff.; ders., Das Recht auf die Heimat. Auch ein Beitrag zu Vertreibung und Enteignung im Völkerrecht, in: IFLA Informationsdienst für Lastenausgleich, BVFG und anderes Kriegsfolgenrecht, Vermögensrückgabe und Entschädigung nach dem Einigungsvertrag 1997, Nr. 11, S. 121 ff.

cc. Insbesondere: Sezession

(1) Allgemein

Problematisch ist hier, ob einem Volk nach dem Selbstbestimmungsrecht der Völker das Recht zugestanden werden soll, sich von einem Staatsgebiet abzuspalten. Im Wortlaut des das Selbstbestimmung verankernden Artikels der Menschenrechtspakte kommt nicht zum Ausdruck, dass einer Volksgruppe das Sezessionsrecht zugestanden werden sollte.[120] Vielmehr wurde gefordert, dass das Selbstbestimmungsrecht nicht zu einer Sezession ermutigen dürfe.

---

[120] Die Republik Somalia strebte von Anfang an die Vereinigung aller Somalis in einem Staat an. Die 1960 aus dem britischen und italienischen Protektoraten gegründete Republik Somalia umfasste nämlich nur einen Teil der somalischen Bevölkerung, der Rest lebte in Äthiopien, Kenia und Dschibuti. Die Folge waren erhebliche Spannungen und bewaffnete Auseinandersetzungen unter anderem mit Äthiopien. Somalia berief sich in diesem Konflikt insbesondere auf das Selbstbestimmungsrecht der Völker, das allen Somalis zustehe (Birhane, Yohannes, State Succession and Boundary Treaties: The Ethio-Somalia Boundary Dispute, in: Constantopoulos, D. S. [Hrsg.], National and International Boundaries. Thesaurus Acroasium, Bd. 14 [1983], S. 629 ff. [634 f., 644 f.]). Allerdings wurden die unter Berufung auf das Selbstbestimmungsrecht geltend gemachten territorialen Ansprüche sowohl von den betroffenen Staaten Äthiopien und Kenia als auch von der OAU bestritten. Kenia und Äthiopien lehnten jede Anwendung des Selbstbestimmungsrechts auf die somalische Bevölkerung ihrer Territorien mit der Begründung ab, dies beträfe die Kolonie nicht aber unabhängige Staaten (vgl. Touval, Saadia, The Organization of African Unity and African Border, in: International Organization, 1967, S. 102 ff.).

Burkina-Faso und Mali waren Teile des französischen Kolonialreichs French West Africa. Die Mali-Föderation und spätere Republik Mali erlangte 1960 die Unabhängigkeit, ebenso Obervolta, das sich 1984 in Burkina-Faso umbenannte. Die Tatsache, dass die Grenzen zwischen beiden Staaten durch den gemeinsamen französischen Kolonialherren nie offiziell festgelegt wurden, führte zu einem Grenzstreit. Mali begründete seine Ansprüche mit historischen und ethnischen Argumenten, indem es darauf hinwies, dass die Region geografisch schon immer ein Teil des Sudan und damit jetzt der Republik Mali gewesen sei (French Sudan war der offizielle Name Malis bis kurz vor der Unabhängigkeit, vgl. Oellers-Frahm, Karin, Frontier Dispute Case [Burkina Faso/Mali], in: Bernhard, Rudolf [Hrsg.], EPIL, Bd. 12, 1990, S. 122 ff.) Auch seien die Einwohner der Region ethnisch Somali. Demgegenüber berief sich Burkina Faso auf Art. 3 Abs. 3 der OAU-Charta sowie auf das in der Resolution von Kairo akzeptierte Prinzip der Übernahme der kolonialen Grenzen.

Eine völkerrechtliche Verpflichtung zur Gewährung von Autonomie für das Kosovo konnte sich für Jugoslawien – mangels vertraglicher Regelungen – nur aus dem Selbstbestimmungsrecht der Völker ergeben, wenn man annimmt, dass die Kosovo-Albaner ein Volk im Sinne des Selbstbestimmungsrechts sind.

(2) Selbstbestimmungsrecht und Souveränitätsprinzip

Im Schrifttum wurde behauptet, dass das Souveränitätsprinzip das Selbstbestimmungsrecht logisch ausschließe,[121] da das Selbstbestimmungsrecht immer die Forderung gegen einen bestehenden Staat auf Einschränkung, im äußersten Fall sogar auf Preisgabe seiner Hoheitsrechte für ein bestimmtes Gebiet enthalte. Ferner wird behauptet, dass in den Fällen, in denen formal ein staatsrechtliches oder staatsrechtsähnliches Band zwischen der Selbstbestimmungsgruppe und dem Rest des Gemeinwesens besteht, ein völkerrechtliches Sezessionsrecht als positives Recht nicht vorhanden sei. Wenn die Verfassung eines Bundesstaates selbst ein Sezessionsrecht vorsehe, wie das etwa bei der Sowjetunion theoretisch der Fall war, würden nur verfassungsrechtliche Grundsätze eingreifen. Eine wie immer geartete Treuepflicht einer Selbstbestimmungsgruppe zu ihrem Staat könne nur dann entfallen, wenn eine nicht mehr zumutbare Diskriminierung dieser Gruppe vorliege, die sich wesentlich gerade gegen diejenigen Gruppeneigenarten richtet, die für die Möglichkeit der Inanspruchnahme des Selbstbestimmungsrechts charakteristisch sind.

Das Selbstbestimmungsrecht der Völker und die Souveränität der Staaten stehen sich jedenfalls gegenüber. Auf der Konferenz von San Francisco wurde in der Sitzung vom 15. Mai 1945 das Selbstbestimmungsrecht umfassend erörtert und festgestellt, dass der Grundsatz den Zwecken der Charta nur insofern genüge, als er das Recht auf Selbstregierung für die Völker enthalte, aber nicht das Recht auf Abtrennung. In der Erklärung über die Gewährung der Unabhängigkeit an koloniale Länder und Völker vom 14. Dezember 1960[122] wird auch das Verhältnis zur Staatensouveränität umschrieben, wenn es heißt, dass die Staaten nationale Einheit, territoriale Integrität sowie Gleichheit genießen und gegen Einmischungen in

---

[121] Vgl. zur Problematik: Oeter, Stefan, Selbstbestimmungsrecht im Wandel. Überlegungen zur Debatte um Selbstbestimmung, Sezessionsrecht und vorzeitige Anerkennung, in: ZaöRV, Bd. 52 (1992), S. 741 ff.

[122] Resolution der Generalversammlung verabschiedet am 14.12.1960 1514 (XV). Erklärung über die Gewährung der Unabhängigkeit an koloniale Länder und Völker: abrufbar unter: http://www.un.org/depts/german/gv-early/ar1514-xv.pdf.

ihre inneren Angelegenheiten geschützt sind. Völker können nach der Erklärung also die Achtung ihrer „souveränen Rechte" und der „territorialen Integrität" verlangen. Damit wird zwar die gegenseitige Beziehung zwischen Souveränität und Selbstbestimmungsrecht der Völker anerkannt, eine Lösung im Falle eines Konflikts zwischen ihnen aber nicht angeboten. In der Erklärung von 1960 wird im Übrigen klargestellt, dass die Verwirklichung des Selbstbestimmungsrechts auf einem Rechtsanspruch, nicht nur auf einem politischen Grundsatz beruhe. Diesen Antagonismus von Selbstbestimmungsrecht der Völker und Souveränität der Staaten brachte auch die Friendly Relations-Declaration vom 24. Oktober 1970[123] zum Ausdruck. In Abs. 7 der Friendly Relations-Declaration heißt es: „Nichts in den vorhergehenden Absätzen darf dahin ausgelegt werden, als solle dadurch irgendeine Handlung gerechtfertigt oder begünstigt werden, welche die Unversehrtheit des Gebietes und die politische Einheit souveräner oder unabhängiger Staaten gänzlich oder teilweise zerstören oder antasten würde, wenn diese Staaten sich dem Grundsatz der Gleichberechtigung und Selbstbestimmung der Völker entsprechend verhalten und dementsprechend über eine Regierung verfügen, die das gesamte zum Gebiet gehörige Volk ohne Unterschied der Rasse, des Glaubens oder der Hautfarbe vertritt." Die Friendly Relations-Declaration stellt für den Fall der Lostrennung von einem bestehenden Staat strenge Voraussetzungen auf. Die internationale Gemeinschaft hat sich damals dafür entschieden, das Recht der bestehenden Staaten auf die Erhaltung ihrer politischen und territorialen Existenz zu verteidigen, sofern die Staaten Respekt für die Selbstbestimmung der Völker zeigen.[124] Man entfernte sich also von dem von Johann Caspar Bluntschli[125] ausgedrückten Gedanken, wonach jede Nation einen Staat bilden dürfe und jeder Staat aus einer Nation bestehen solle. Es ist allerdings

---

[123]   Vgl. oben IV.1.a.

[124]   White, R. C. A., Self-Determination: Time for a Re-Assessment? in: NILR, Bd. 28 (1981), S. 147 ff. (155), genügt ein Minimum an Respekt für das Selbstbestimmungsrecht.

[125]   Bluntschli, Johann Caspar, Allgemeine Staatslehre, 6. Aufl. 1866, S. 107; Heydte, Friedrich August von der, Zur jüngsten Entwicklung des Selbstbestimmungsrechts, in: Göttinger Arbeitskreis (Hrsg.), Recht im Dienst der Menschenwürde, Festschrift für Herbert Kraus, 1964, S. 137 ff. (150 f.).

nur schwer zu entscheiden, wann ein Staat im Innern Respekt für die Selbstbestimmung der Völker zeigt, den die Friendly Relations-Declaration fordert. Damit kann im konkreten Fall häufig nicht entschieden werden, ob die Sezessionsbestrebungen eines Volkes mit der Friendly Relations-Declaration vereinbar sind oder nicht.

Es stellt sich weiterhin die Frage, ob und wann die Auflösung oder Beeinträchtigung der territorialen Unversehrtheit und politischen Einheit von Staaten, also die Sezession eines Bevölkerungsteils, erlaubt ist. Dies lässt sich zwar mit einem *e contrario*-Schluss nach dem Wortlaut ohne weiteres bejahen. Die Kommissionsmitglieder waren sich hingegen einig, dass das Selbstbestimmungsrecht kein Sezessionsrecht in sich schließe. So warnte der britische Delegierte wiederholt vor dem Missbrauch des Prinzips als "a licence for secession". Dieser Inhalt war naheliegend, denn welcher Staat würde in der Generalversammlung der Vereinten Nationen einer Resolution zustimmen, die eine Blankoformel zur Auflösung seiner Existenz enthalten würde. Nicht behandelt wird in der Friendly Relations-Declaration die Frage, ob die Gebietsabtretung nach dem Selbstbestimmungsrecht der Zustimmung des betroffenen Volkes bedarf und ob eine Annexion aufgrund der Zustimmung der Bevölkerung des eroberten Gebiets legitimiert werden kann. Keine Erwähnung findet auch das so genannte wirtschaftliche Selbstbestimmungsrecht.

Auch im Konfliktfall wurde dem Souveränitätsprinzip Vorrang eingeräumt, da die Bevölkerung einer Kolonie in der Regel zu Unrecht nicht als ein Volk angesehen wurde, dem ein einheitliches Selbstbestimmungsrecht zustehe. So sind im Kongo seinerzeit sogar UNO-Truppen eingesetzt worden, um die Sezession Katangas vom Kongo zu unterbinden. Die Resolution 31/4 der Generalversammlung der Vereinten Nationen vom 21. Oktober 1976 verweigerte der Insel Mayotte die Sezession von der Republik der Komoren mit dem Hinweis, dass die der Komoren-Insel Mayotte von Frankreich aufgezwungenen Volksabstimmungen, in denen sich die Bevölkerung für ein Verbleiben bei Frankreich und gegen den Anschluss an die Komoren ausgesprochen haben, eine Verletzung der Souveränität des komorischen Staates und seiner territorialen Unversehrtheit darstellen. Nach diesem Prinzip der territorialen Souveränität oder – von außen gesehen – Integrität dürfen die Grenzen eines Staates also nicht gewaltsam gegen seinen Willen geändert werden.

Man wird an ein Sezessionsrecht besondere Anforderungen stellen müssen, da - völkerrechtlich - das Souveränitätsprinzip zu beachten ist, - verfassungsrechtlich - das Volk bzw. die Volksgruppe eine Treue-pflicht gegenüber dem Staat hat und - politisch - einer Partikularisierung vorgebeugt werden sollte. Souveränität und Sezessionsrecht sind also zu einem Ausgleich zu bringen. Ein Sezessionsrecht wird man jedenfalls bei einer nicht mehr zumutbaren Diskriminierung der Gruppe annehmen können. Diese Diskriminierung muss sich gerade gegen die Gruppeneigenarten richten. Solche diskriminierenden Maßnahmen wären etwa Sprachverbote, Verbot der Eheschließung unter Gruppenangehörigen, um eine Assimilierung zu beschleunigen, Ausschluss von Staatsämtern, von Wahlen, von Erwerbsrechten. Es kommt also darauf an, ob der Staat eine Gruppe absondern möchte. Insgesamt gesehen reicht die Souveränität der Staaten also nur so weit, wie sie durch das Völkerrecht nicht eingeschränkt wird. Eine Beschränkung der Souveränität kann jedenfalls durch das Selbstbestimmungsrecht der Völker erfolgen. Man kann also einem Volk dann ein *ius secedendi* zugestehen, wenn der Staat, zu dem es als Minderheit gehört, die Selbstbestimmung innerhalb des Staates versagt. Die Frage, ob eine Minderheit auch Träger des Selbstbestimmungsrechts ist, wird unterschiedlich beantwortet[126], wird aber zu bejahen sein, da eine Minderheit eine Volksgruppe ist, die grundsätzlich neben dem Volk als Träger des Selbstbestimmungsrechts anerkannt ist.[127]

---

[126] Heintze, Hans-Joachim, Selbstbestimmungsrecht der Völker und Minderheitenrechte im Völkerrecht, 1994; ders., Autonomie, Selbstbestimmungsrecht der Völker und Minderheitenschutz, in: Der Staat, Bd. 36 (1997), S. 399 ff.; Thiele, Carmen, Selbstbestimmungsrecht und Minderheitenschutz in Estland, 1999.

[127] Anders Murswiek, Dietrich, Das Verhältnis des Minderheitenschutzes zum Selbstbestimmungsrecht der Völker, in: Blumenwitz, Dieter/Gornig, Gilbert/Murswiek, Dietrich (Hrsg.), Ein Jahrhundert Minderheiten- und Volksgruppenschutz, 2001, S. 83 ff. (86).

Die Tatsache, dass die Beachtung des Diskriminierungsverbots im Innern eine Sezession eines Volkes oder einer Volksgruppe unter Berufung auf das Selbstbestimmungsrecht verhindern kann, bringt die enge Verknüpfung zwischen dem Selbstbestimmungsrecht der Völker und dem Volksgruppenrecht zum Ausdruck. Soweit also ein Staat, getragen von einer andersvölkischen Volksgruppe, die Volksgruppenrechte respektiert, verliert das Selbstbestimmungsrecht seine Sprengkraft. Vielvölkerstaaten oder Mehrvölkerstaaten haben es damit selbst in der Hand, durch Beachtung der Rechte der in ihrem Staatsverband lebenden Volksgruppen eine rechtlich mögliche Sezession zu verhindern. Allerdings darf nicht übersehen werden, dass Sezessionsbestrebungen eines Volkes vom Heimatstaat häufig mit Maßnahmen beantwortet werden, die die Möglichkeit einer rechtlich zulässigen Sezession eröffnen.

Das Selbstbestimmungsrecht ist im Übrigen nicht ausschließlich als Sezessionsrecht zu betrachten; es kann zwar dazu führen, dass sich ein Volk oder eine Volksgruppe aus einem andersvölkischen Staat herauslöst. Ebenso kann sich aber das Volk oder die Volksgruppe unter Berufung auf das Selbstbestimmungsrecht dazu entschließen, im Staatsverband zu bleiben.

(3) Zustimmung der Bevölkerung

Die Frage, ob zusätzlich zur Entscheidung des Souveräns eine Gebietszession der Zustimmung der unmittelbar betroffenen Bevölkerung bedarf, ist nach geltendem Völkerrecht umstritten.[128] Hugo Grotius[129] und Samuel Pufendorf[130] forderten bereits im 17. Jahrhundert aus naturrechtlichen Erwägungen eine Zustimmung der Bevölkerung bei einem Gebietswechsel. Nach Auffassung von

---

[128] Zustimmend: Kiss, A., The People's Right to Self-Determination, in: Human Rights Law Journal 1986, S. 165 ff. (171 f.).
Ablehnend: Klein, Eckart, Das Selbstbestimmungsrecht der Völker und die deutsche Frage, 1990, S. 45; Zieger, Gottfried, Gebietsveränderungen und Selbstbestimmungsrecht, in: Blumenwitz, Dieter/Meissner, Boris (Hrsg.), Das Selbstbestimmungsrecht und die deutsche Frage, 1984, S. 73 ff. (83 ff.); Uibopuu, Henn-Jüri, Plebiscite, in: Bernhardt, Rudolf (ed.), EPIL 8 (1985), S. 434 ff. (438).
[129] Grotius, Hugo, De iure belli ac pacis, 1625, liber 2, cap.6,sec. 4.
[130] Pufendorf, Samuel, De iure naturae et gentium, 1627, liber 8, cap. 5, § 9.

Pufendorf sollte im Übrigen nicht nur der Teil der Bevölkerung, der an einen anderen Staat fallen soll, zustimmen, sondern auch der Teil des Volkes, der unter der bisherigen Souveränität verbleibt.[131] Das hätte natürlich zur Folge, dass sich in der Regel das Mehrheitsvolk durchsetzen würde. US-Präsident Woodrow Wilson forderte in seiner Botschaft an den Kongress vom 11. Februar 1918, „daß Völker und Provinzen nicht von einer Staatsoberhoheit in eine andere herumgeschoben werden, als ob es sich lediglich um Gegenstände oder Steine in einem Spiel handelte (...)". Jede Gebietsfrage müsse „im Interesse und zugunsten der betroffenen Bevölkerung" getroffen werden.[132] Sie postulierten also bereits die Zustimmung der Bevölkerung zu einer Gebietszession. In den Friedensverträgen von Rijswijk vom 30. Oktober 1697[133] und von Utrecht vom 11. April 1713[134] hatten sich die Bewohner der abzutretenden Gebiete innerhalb einer bestimmten Frist für die Aufrechterhaltung der bisherigen Loyalitätsbeziehungen zu entscheiden und konnten, falls sie sich anders entschieden, unter Mitnahme ihres Guts auswandern. Auch wurden in Avignon und im Venaissin 1791, in Savoyen 1792 und Nizza 1793 Plebiszite abgehalten,[135] um über den weiteren Status der Gebiete zu befinden.[136] Ferner wurde aufgrund des französisch-sardinischen Vertrags von Turin vom 24. März 1860[137] in Savoyen

---

131 Vgl. hierzu ausführlich Klein (Anm. 128), S. 13.

132 Vgl. Hohlfeld, Johannes, Dokumente der Deutschen Politik und Geschichte von 1848 bis zur Gegenwart, Bd. II. Das Zeitalter Wilhelms II. 1890-1918, o.J., S. 395 f.

133 Vgl. Art. 17 des Vertrages zwischen dem Reich und Frankreich. Text: Parry, Clive (ed.), The Consolidated Treaty Series, Bd. 22 (1697-1700), 1969, S. 5 ff.

134 Texte: Parry, Clive (ed.), The Consolidated Treaty Series, Bd. 27 (1710-1713), 1969, S. 475 ff.; vol. 28 (1713-1714), 1969, S. 37 ff.

135 Vgl. Wambaugh, Sarah, A Monograph on Plebiscites, 1920, S. 33 ff., vgl. a. die Dokumente ebenda, S. 173 ff., 269 ff.; Heidelmeyer, Wolfg., Das Selbstbestimmungsrecht der Völker, 1973, S. 11 f.; Klein (Anm. 128), S. 12.

136 Die Bevölkerung sprach sich für einen Anschluss an die Franz. Republik aus. Dieser Wille der Bevölkerung wurde als Ersuchen zur Aufnahme in den franz. Staatsverband nach Paris übermittelt, dort stimmte die Nationalversammlung für den Anschluss. Vgl. Wambaugh (Anm. 134), S. 33 ff.; Heidelmeyer (Anm. 134), S. 11 ff.

137 Art. 1 S. 2 Traité relatif à la Réunion de la Savoie et de l'Arrondissement de Nice à la France vom 24. März 1860, Text: Parry, Clive (ed.), The Consolidated Treaty Series, Bd. 122 (1860), 1969, S. 24 ff. Vgl. auch Wambaugh (Anm. 135), S. 75 ff.

und Nizza eine Abstimmung darüber durchgeführt, ob die Gebiete an Frankreich fallen sollen.

In den Friedensverträgen von Versailles und Saint Germain wurde die Zession von sechs deutschen bzw. österreichischen Grenzgebieten von der Durchführung von Plebisziten abhängig gemacht, nämlich von Nordschleswig, den preußischen Gebieten von Allenstein und Marienwerder, Oberschlesien,[138] Burgenland[139], Kärnten[140] und Saar[141]. Zudem sah der Versailler Friedensvertrag eine „consultation populaire" zur Bestätigung der Zession von Eupen und Malmedy[142] vor. Eine weitere in den Friedensverträgen nicht vorgesehene Abstimmung wurde in Ödenburg durchgeführt.[143] Nach dem Zweiten Weltkrieg wurden im französisch-italienischen Grenzgebiet von Tenda und Briga[144] und im Saargebiet[145] Volksabstimmungen abgehalten.[146]

---

[138] Vgl. Friedensvertrag v. Versailles (Text: RGBl. 1919, S. 687 ff.): Art. 109 ff.; 94 ff.; 88.

[139] Art. 2 des Protokolls von Venedig vom 13.10.1921, Text: LNTS, Bd. 9, S. 203.

[140] Art. 45 d. Vertrags v. St. Germain, Text: Jahrb. d. Völkerrechts, Bd. 7 (1922), S. 250.

[141] §§ 34 ff. der Anlage zu Art. 45-50 des Friedensvertrags von Versailles; vgl. Wambaugh, Sarah, The Saar Plebiscite, 1940.

[142] Art. 34 Versailler Friedensvertrag.

[143] Andere Plebiszite wurden geplant, aber nicht durchgeführt: in Tacna und Arica beim Grenzstreit zwischen Chile und Peru (vgl. Art. 3 Friedensvertrag zwischen Chile und Peru vom 20.10.1883, Text: Parry Clive [ed.], The Consolidated Treaty Series, Bd. 162 [1883], 1978, S. 454 ff.); dazu Wambaugh (Anm. 134), S. 156 ff. Teschen beim Konflikt zwischen der Tschechoslowakei und Polen und Wilna beim Konflikt zwischen Litauen und Polen; vgl. Wambaugh, Sarah, Plebiscites since the World War I - II, 1933.

[144] Italien musste gemäß Art. 6 lit. a in Verbindung mit Art. 2 des Friedensvertrages die in der Nähe von Nizza gelegenen Gebiete an Frankreich abtreten. Die Volks-abstimmung erfolgte dann aber aufgrund des Art. 27 der franz. Verfassung vom 23.10.1946; vgl. Bastid, Suzanne, Le Rattachement de Tende et de la Brigue, in: Revue générale de droit international public, Bd. 53 (1949), S. 321 ff.

[145] Vgl. hierzu Menzel, Eberhard, Die Diskussion über die gegenwärtige Rechtsstellung des Saarlandes, in: Europa-Archiv 1954, S. 6599 ff.

[146] Ein Beschluss des Sicherheitsrats der Vereinten Nationen von 1948 sah die Durchführung eines Plebiszits zwischen Indien und Pakistan wegen Kaschmir vor; es fand aber nicht statt; vgl. Heidelmeyer (Anm. 135), S. 151; Abenroth, Wolfgang, Kaschmir, in: Strupp, Karl/Schlochauer, Hans-Jürgen (Hrsg.), Wörterbuch des Völkerrechts, Bd. 2, 2. Aufl., 1961, S. 210 ff.

Es ist allerdings nicht zu verkennen, dass in den meisten Fällen eines Gebietswechsels die Bevölkerung nicht gefragt wurde.[147] Völkergewohnheitsrecht konnte also wegen fehlender Praxis insoweit nicht entstehen. Es wäre jedoch nicht zu verstehen, sollte das Selbstbestimmungsrecht als demokratisches Prinzip[148] nicht den Fall einer Zession erfassen. Könnte ein Staat ohne Berücksichtigung des Willens der Bevölkerung über ein Gebiet verfügen, würde das Selbstbestimmungsrecht eines Volkes zur Farce werden. Im Übrigen könnte jeder vom Volk unter Berufung auf das Selbstbestimmungsrecht erfolgte Anschluss an einen anderen Staat ohne weiteres wieder in einem völkerrechtlichen Vertrag rückgängig gemacht werden. Auch die Zession muss daher vom Selbstbestimmungsrecht erfasst sein.

Die gewaltsame Einverleibung eines fremden Staatsgebiets mit dem Willen, es als territorialer Souverän zu beherrschen, also die Annexion, ist völkerrechtlich verboten. Sie verstößt gegen das völkerrechtliche Annexionsverbot[149], das sich aus dem Kriegsverbot ableitet, ist aber auch – wenn das Volk widerspricht – mit dem Selbstbestimmungsrecht der Völker unvereinbar[150], da dem Volk ein neuer Souverän aufgedrängt würde.

Das Selbstbestimmungsrecht der Völker wird in der Regel ausgeübt, um einem Volk den Aufbau eines eigenen Staat-sverbands zu ermöglichen. Das Ziel, die ethnischen, kulturellen und sprachlichen Bedingungen individueller Entfaltung für ein Volk zu wahren, wird am besten verwirklicht, wenn sich das Volk in einem eigenen Staat organisiert. Dort kann es seine spezifischen Besonderheiten und seine nationale Identität im Rahmen seiner eigenen Rechtsordnung zur Geltung bringen. Minderheitenschutz ist demgegenüber dort nötig, wo die Wahrung der ethnischen Besonderheiten durch

---

[147] Zieger (Anm. 128), in: Blumenwitz/Meissner, S. 83, kommt daher zum Schluss, dass sich „heute kaum noch ein geltender Völkerrechtsgrundsatz des Inhalts nachweisen (lässt), daß vor einem Gebietswechsel die betroffene Bevölkerung befragt worden sein und zugestimmt haben muß".

[148] Vgl. Thürer (Anm. 91), S. 40 f.

[149] Zum Annexionsverbot vgl. Zieger (Anm. 128), in: Blumenwitz/Meissner, S. 77.

[150] Vgl. auch Zieger (Anm. 128), in: Blumenwitz/Meissner, S. 77.

staatliche Selbstbestimmung nicht möglich ist, und das ist sehr häufig der Fall. Die Verwirklichung der nationalen Selbstbestimmungsidee im Rahmen eines Nationalstaats gelingt selten auch nur annähernd vollständig. Meist ist es nicht möglich, die Grenzen des Nationalstaats mit den angestandenen Siedlungsgrenzen der Völker und Volksgruppen zur Deckung zu bringen. Dafür gibt es vielfältige politische, historische und geographische Gründe. Oftmals sind die Siedlungsgebiete der Volksgruppen zu zersplittert, vielfach gibt es gerade in den Grenzregionen Gebiete mit Mischbevölkerung. Egal, wie man die Grenze zieht, es bleibt immer auf der einen oder anderen Seite eine ethnische Gruppe in der Minderheit. Die ethnischen Minderheiten, die nicht der Mehrheitsbevölkerung eines Nationalstaates angehören, bedürfen dann eines besonderen Schutzes, um sich innerhalb dieses Staates zu behaupten.

b. Anwendung der Erkenntnisse auf Transnistrien, Abchasien und Südossetien

aa. Völkerrecht

(1) Problem

Transnistrien, Abchasien und Südossetien streben gegen den Willen des Staates, dessen Teil sie sind, eine Sezession an. Die drei Gebiete haben zudem die Aufnahme in die russische Föderation beantragt. Folglich handelt es sich um Sezessionsbestrebungen mit angestrebter anschließender Inkorporation in einen anderen bestehenden Staat.

Da nach dem Prinzip der territorialen Souveränität die Grenzen eines Staates nicht gewaltsam ohne seinen Willen geändert werden dürfen, können Transnistrien gegen Moldawien, Abchasien und Südossetien gegen Georgien nicht einfach Gewalt anwenden, um ihre Unabhängigkeit durchzusetzen und sich abzuspalten. Ferner stellt sich die Frage, ob der Altstaat sein Territorium, das ihm gegen seinen Willen durch Sezession entzogen wurde, mit Anwendung von Gewalt zurückerobern darf. Der Versuch der Zurückerlangung eines sich für unabhängig erklärten Staates wurde beispielsweise

2008 durch Georgien vorgenommen, als Georgien versuchte die Kontrolle über Südossetien und Abchasien wiederzuerlangen.

Ob und wenn ja in welcher Form die Wahrnehmung des äußeren Selbstbestimmungsrechts durch eine einseitige Sezession völkerrechtlich zulässig sein kann, hängt davon ab, in welchem Verhältnis man hier das Prinzip der Selbstbestimmung zum Recht der territorialen Integrität sieht. Es stellt sich also die Frage, ob Transnistrien, Abchasien oder Südossetien überhaupt ein völkerrechtliches Sezessionsrecht zustand. Transnistrien, Abchasien und Südossetien haben nämlich keine Versuche unternommen, ihr inneres Selbstbestimmungsrecht gegenüber Moldawien bzw. Georgien geltend zu machen, da sie von Anfang an nur das Ziel der Unabhängigkeit vor Augen hatten.

(2) Transnistrien

Transnistrien bemühte sich um die Aufnahme in die Russische Föderation. Die *Bevölkerung* Transnistriens genießt nach der hier vertretenen Ansicht das Selbstbestimmungsrecht, hat aber innerhalb Moldawiens nicht eine derartige Verletzung des inneren Selbstbestimmungsrechts erfahren, dass eine Sezession gerechtfertigt wäre. Vielmehr entwickelte sich Transnistrien von Anfang an unabhängig von Moldawien.

(3) Abchasien

Die Sezessionsbestrebungen Abchasiens Ende der 1980er Jahre erfolgten wegen der Umwandlung der Abchasischen SSR in die Abchasische ASSR.

Nach der Unabhängigkeitserklärung Abchasiens 1990 war Georgien um eine friedliche und beide Seiten zufriedenstellende Lösung des Konflikts bemüht. Am 5. März 1996 legte Georgien dem Sicherheitsrat der Vereinten Nationen einen Vorschlag bezüglich des

Status Abchasiens vor.[151] Gemäß den darin enthaltenen Grundprinzipien soll Abchasien breite Autonomie eingeräumt werden. In der Abchasischen Republik würden die Legislative, Exekutive und Judikative innerhalb der ihr verfassungsrechtlich zugewiesenen Kompetenzen unabhängig sein. Zusätzlich wurde die Unterstützung der abchasischen Kultur und Tradition zugesichert. Die abchasische Sprache sollte zur zweiten Staatssprache erklärt werden.[152] Durch diesen Vorschlag wurde das innere Selbstbestimmungsrecht Abchasiens berücksichtigt. Es bestanden also nach dem Sezessionsversuch Abchasiens 1990 und vor dem Konflikt 2008 Möglichkeiten der Durchsetzung der inneren Selbstbestimmung Abchasiens. Folglich besaß Abchasien kein Sezessionsrecht wegen grober Verletzung des inneren Selbstbestimmungsrechts.[153] Im Falle Abchasiens bezieht sich die Begründung der Sezessionsbestrebungen nicht auf den Vorwurf des Völkermordes, sondern auf die innerstaatliche Herabstufung der Abchasischen SSR in eine autonome Republik noch zu Zeiten der Existenz der Sowjetunion.

(4) Südossetien

Südossetien erhob gegenüber Georgien den Vorwurf des Genozids. Dieser Vorwurf kann grundsätzlich ein Sezessionsrecht begründen. Die Anschuldigung Südossetiens bezieht sich zunächst auf die Zeit der Unabhängigkeitserklärung Georgiens 1918, als ein Konflikt zwischen den Bolschewiken Südossetiens und den Menschewiken Georgiens entbrannte.[154] Es handelte sich bei diesem Konflikt eher um eine politische Auseinandersetzung und nicht um eine Aggression Georgiens gegen das Volk Südossetiens.[155]

---

[151] Supplement for January, February and March 1996, Dokument S/1996/165. Ferner: Bericht des Generalsekretärs betreffend die Situation in Abchasien (Georgien) (S/1996/284). Fifty-first Year, Supplemen for April, May and June 1996. Vgl. auch: http://www.un.org/depts/german/sr/sr_96/sp96-20.pdf.

[152] Supplement for January, February and March 1996, Dokument S/1996/165.

[153] Mammadov (Anm. 7), S. 207.

[154] Nußberger (Anm. 48), GJoIL 1 (2009), S. 341 ff. (353).

[155] Nußberger (Anm. 48), GJoIL 1 (2009), S. 341 ff. (351).

Der völkerstrafrechtliche Tatbestand des Genozids verlangt, dass es sich um Handlungen gegen eine geschützte Gruppe handelt, die durch rassische, ethnische, religiöse oder nationale Merkmale gekennzeichnet ist, wie es in Art. 6 StGH-Statut zum Ausdruck kommt. Nach der insoweit ähnlich formulierten Völkermordkonvention bedeutet Völkermord eine der folgenden Handlungen, die in der Absicht begangen wird, eine nationale, ethnische, rassische oder religiöse Gruppe als solche ganz oder teilweise zu zerstören: Tötung von Mitgliedern der Gruppe; Verursachung von schwerem körperlichem oder seelischem Schaden an Mitgliedern der Gruppe; vorsätzliche Auferlegung von Lebensbedingungen für die Gruppe, die geeignet sind, ihre körperliche Zerstörung ganz oder teilweise herbeizuführen; Verhängung von Maßnahmen, die auf die Geburtenverhinderung innerhalb der Gruppe gerichtet sind; gewaltsame Überführung von Kindern der Gruppe in eine andere Gruppe. Eine nur politische Gruppe genügt dagegen nicht.[156] Somit scheidet hier die Verwirklichung des Tatbestands des Genozids aus. Zudem ist der Tatbestand des Genozids erst nach dem Zweiten Weltkrieg und den Nürnberger Prozessen entstanden.[157]

Ein weiterer Vorwurf bezieht sich auf Ereignisse in der Zeit zwischen 1989 und 1992. Das damalige militärische Vorgehen Georgiens wurde ebenfalls von Südossetien als Genozid bezeichnet.[158] Dieser Vorwurf ist jedoch zweifelhaft.[159]

Erneut wurde der Vorwurf des Völkermordes nach den Kämpfen von 2008 erhoben, in denen angeblich viele Südosseten ums Leben kamen.[160] Es sind in den Konflikten etwa 300 Menschen ums Leben gekommen. Allerdings ist der Nachweis eines mehrschichtigen Vorsatzes erforderlich. Verlangt wird der Vorsatz zur Tötung einer Person mit der Kenntnis ihrer Zugehörigkeit zu einer geschützten Gruppe, ferner[161] der *dolus specialis*, also eine genozidale

---

[156] Safferling, Christoph, Internationales Strafrecht, 2011, § 6 Rn. 17.
[157] Safferling, Christoph, Internationales Strafrecht, 2011, § 6 Rn. 4.
[158] Nußberger (Anm. 48), GJoIL 1 (2009), S. 341 ff. (357).
[159] Nußberger (Anm. 48), GJoIL 1 (2009), S. 341 ff. (357).
[160] Nußberger (Anm. 48), GJoIL 1 (2009), S. 341 ff. (359).
[161] Safferling (Anm. 156), Internationales Strafrecht, § 6 Rn. 30 f.

Absicht.[162] Von einem Völkermord kann somit auch im Konflikt von 2008 nicht die Rede sein.

Der Oberste Sowjet Südossetiens wies in seinem Memorandum über die Grenzen Südossetiens auch darauf hin, dass Südossetien im Jahre 1920 rechtswidrig von Georgien annektiert worden sei, also noch bevor am 16. Februar 1921 die Demokratische Republik Georgien von der Roten Armee besetzt und in die Sowjetunion eingegliedert wurde. Wegen der Zugehörigkeit Südossetiens und Georgiens zu Russland führte dies jedoch nicht zu einem Konflikt. Auch sei Südossetien und Nordossetien gegen den Willen des ossetischen Volkes voneinander getrennt worden. Allerdings waren Aggression und Annexion erst nach dem Inkrafttreten des Versailler Friedensvertrags am 10. Januar 1920 für die Vertragsparteien verboten. Der Briand-Kellogg-Pakt, der ein Kriegsverbot enthält, wurde erst am 27. August 1928 verabschiedet.[163] Allgemein verbindlich ist das Gewaltverbot frühestens mit der UN-Charta geworden. Von völkergewohnheitsrechtlicher Verankerung konnte keine Rede sein. Zudem war Georgien nicht Partei des Versailler Friedensvertrages. Überhaupt ist zweifelhaft, inwieweit innerstaatliche Rechtsgemeinschaften an das Völkerrecht gebunden sind. Somit wurde Südossetien durch die Annexion Georgiens völkerrechtsmäßig Teil Georgiens. Die Annexion Georgiens und die Trennung von Südossetien und Nordossetien begründet ebenfalls kein Sezessionsrecht für Südossetien.

bb. Verfassungsrecht

Hinzu kommt auch die verfassungsrechtliche Seite der Alma-Ata-Erklärung, nämlich die Tatsache, dass die damals existierenden Grenzen sich aus den jeweiligen sozialistischen Verfassungen ergeben.

---

162 Safferling (Anm. 156), Internationales Strafrecht, § 6 Rn. 36.
163 Text: http://www.jura.uni-muenchen.de/fakultaet/lehrstuehle/satzger/materialien/kellogg1928d.pdf.

Schon die erste Verfassung der Sowjetunion von 1924 sah in Art. 4 vor, dass sich jede Unionsrepublik von der Sowjetunion lösen könne.[164] Diese Regelung wurde in der Verfassung von 1977[165] in Art. 72 übernommen. Das Land Transnistrien hatte innerhalb der Moldauischen SSR keinen besonderen Status, vor allem war Transnistrien keine SSR, weswegen Transnistrien auch kein Sezessionsrecht gemäß Art. 72 der Verfassung der UdSSR von 1977 zustand. Abchasien verfügte über dieses Recht, als es noch den Status einer Unionsrepublik hatte, verlor das Sezessionsrecht jedoch, als Abchasien in eine autonome Republik innerhalb Georgiens umgewandelt wurde. Südossetien stellte ein autonomes Gebiet innerhalb der Sowjetunion dar, und verfügte ebenfalls nicht über ein verfassungsrechtlich garantiertes Sezessionsrecht.

V. Resümee

Bislang steht keinem der der drei infolge der Anwendung der *uti-possidetis*-Doktrin entstandenen Länder Transnistrien, Abchasien und Südossetien das Recht auf Sezession aufgrund des Selbstbestimmungsrechts der Völker zu. Eine gleichwohl erfolgende Anerkennung der *de facto*-Herrschaften Abchasien und Südossetien als Staaten könnte aber durchaus zur Befriedung der Region beitragen. Die Anerkennung würde jedenfalls die Abhängigkeit von dem jeweiligen „Beschützerstaat" Russland reduzieren, allerdings sicher Georgien verstimmen. Russland dürfte allerdings nichts gegen Anerkennungen einzuwenden haben, da es selbst Abchasien und Südossetien anerkannt hat. Eine danach erfolgende militärische Intervention Russlands in eines dieser Länder wäre dann ein Angriff auf einen von der Staatengemeinschaft anerkannten Staat und somit ein Verstoß gegen das zwingende völkerrechtliche Gewaltverbot und das Interventionsverbot.

---

[164] Art. 4. „Jeder Unionsrepublik bleibt das Recht auf freien Austritt aus der Union gewahrt". Text: http://www.verfassungen.net/su/udssr23-index.htm.
[165] Text: http://www.verfassungen.net/su/udssr77-index.html.

Verzeichnis der Referenten/Autoren

Dr. Niels von **Redecker**: e08-1@Auswaertiges-Amt.de

Dr. Dr. h.c. Alfred **Eisfeld**: Calsowstr. 54, 37085 Göttingen, 0551-4885880, A.Eisfeld.clio@gmx.de

Professor Dr. Lauri **Mälksoo**: Centre for EU-Russia Studies, Univ. of Tartu, Lossi 36-327, 51003 Tartu (Estland), 00372-737- 5938, Lauri.Malksoo@ut.ee

Dr. Jurgita **Baur,** LL.M.: ehem. wiss. Mitarbeiterin am Lehrstuhl für öffentliches Recht, Völkerrecht und Europarecht der Universität Marburg, Jurgita.Baur@yahoo.de

Dr. Adrianna A. **Michel**: ehem. wiss. Mitarbeiterin am Lehrstuhl für öffentliches Recht, Völkerrecht und Europarecht der Universität Marburg; Turnierstraße 1, 38100 Braunschweig, Adrianna17@web.de

Botschafter a. D. Ernst-Jörg v. **Studnitz**: Im Hagen 25, 53639 Königswinter, 02244-915561, EJvSt@t-online.de

Professor Dr. Alexander **Salenko**, LL.M.: Immanuel Kant Baltische Föderale Universität (IK-BFU), Lehrstuhl für Völker- und Europarecht, Juristisches Institut (ehem. Juristische Fakultät), ul. Aleksandra Nevskogo, 14к2, Kaliningrad, Russland, Alexander.Salenko@gmail.com

Dr. Aldona **Szczeponek**, LL.M.: ehem. wiss. Mitarbeiterin am Lehrstuhl für öffentliches Recht, Völkerrecht und Europarecht der Universität Marburg, Aldona_Sz@web.de

Professor Dr. Vadzim **Samaryn**: Belarussische Staatliche Universität, Juristische Fakultät, Nezavisimosti-Prosp. 4, 220050 Minsk, Belarus, + 375 29 775 66 30, SamarynV@BSU.by

Andrij **Kudrjačenko**: Akad. der Wiss 01030 Kiew, Volodymyrska, 54, + 380 (44) 2396444, Kudani@ukr.net

Professor em. Dr. Dr. h.c. mult. Gilbert **Gornig**: Philipps-Universität Marburg, Lehrstuhl für öffentliches Recht, Völkerrecht und Europarecht, Gilbert.Gornig@web.de